Aventuriers, voyageurs et savants
À la découverte archéologique de la Syrie
(XVIIe-XXIe siècle)

ANNIE SARTRE-FAURIAT

Aventuriers, voyageurs et savants

À la découverte archéologique de la Syrie (XVIIe-XXIe siècle)

CNRS ÉDITIONS
15, rue Malebranche – 75005 Paris

© CNRS ÉDITIONS, Paris, 2021
ISBN : 978-2-271-13708-1

Sommaire

Abréviations	9
Introduction	15
PRÉAMBULE. **Pèlerinages, affaires commerciales et premières observations (IVe-XVIIe siècle)**	21
PREMIÈRE PARTIE. **Le temps des « antiquaires » aventuriers (fin XVIIe-début XIXe siècle)**	35
I. L'aventure passe par Palmyre	37
II. En route vers la Syrie du Nord et la vallée de l'Euphrate	55
III. Retour à Palmyre : Wood, Cassas et autres aventuriers	77
IV. La découverte d'un nouvel espace : le Hauran en Syrie du Sud	99
DEUXIÈME PARTIE. **Le temps des savants et des expéditions scientifiques (milieu XIXe-début XXe siècle)**	147
I. Les premiers savants : Wetzstein, Waddington et de Vogüé	151
II. La permanence des aventuriers	159
III. De l'exploration individuelle aux expéditions collectives	169
TROISIÈME PARTIE. **L'archéologie en Syrie du mandat français à la guerre civile (1920-2011)**	193
I. Le mandat français et l'organisation de l'archéologie au Levant	195
II. Les grands chantiers archéologiques en Syrie sous le mandat	203

III. La Syrie indépendante et le développement des recherches 221
IV. Bilan depuis 2011 et perspectives d'avenir pour la recherche en Syrie 261

Conclusion 281
Bibliographie 285
Index des lieux 289
Index des personnes 295

Abréviations

AAAS	*Annales Archéologiques Arabes Syriennes*, Damas (antérieurement *AAS Annales Archéologiques Syriennes*)
APSA2011	Association for the Protection of Syrian Archaeology, Strasbourg
BAH	Bibliothèque Archéologique et Historique, Presses de l'Ifpo, Beyrouth
BEO	*Bulletin d'Études Orientales*, Presses de l'Ifpo
CRAI	*Comptes-rendus de l'Académie des Inscriptions et Belles Lettres*, Paris
DGAMS	Direction Générale des Antiquités et des Musées de Syrie, Damas
GCS	Die Griechischen Christlichen Schriftsteller der ersten drei Jahrhunderte, Leipzig
Ifpo	Institut français du Proche-Orient
IGLS	*Inscriptions Grecques et Latines de la Syrie*
I.Syrie	W. H. WADDINGTON, *Inscriptions Grecques et Latines de Syrie, recueillies et expliquées*, Paris, F. Didot, 1870
JRGS	*Journal of the Royal Geographical Society*, Londres
PEFQSt	*Palestine Exploration Fund Quarterly Statement*, Londres
REA	*Revue des Études Anciennes*, Bordeaux
Travels AT	J. S. BUCKINGHAM, *Travels among the Arab Tribes inhabiting the countries East of Syria and Palestine including a journey from Nazareth to the mountains beyond the Dead Sea and from thence through the plains of Hauran to Bozra, Damascus, Tripoly, Lebanon, Baalbeck and by the valley of the Orontes to Seleucia, Antioch and Aleppo*, Londres, 1825
ZAE	*Zeitschrift für Allgemeine Erdkunde*, Berlin
ZDPV	*Zeitschrift des deutschen Palästina-Vereins*, Wiesbaden

rte générale de la Syrie

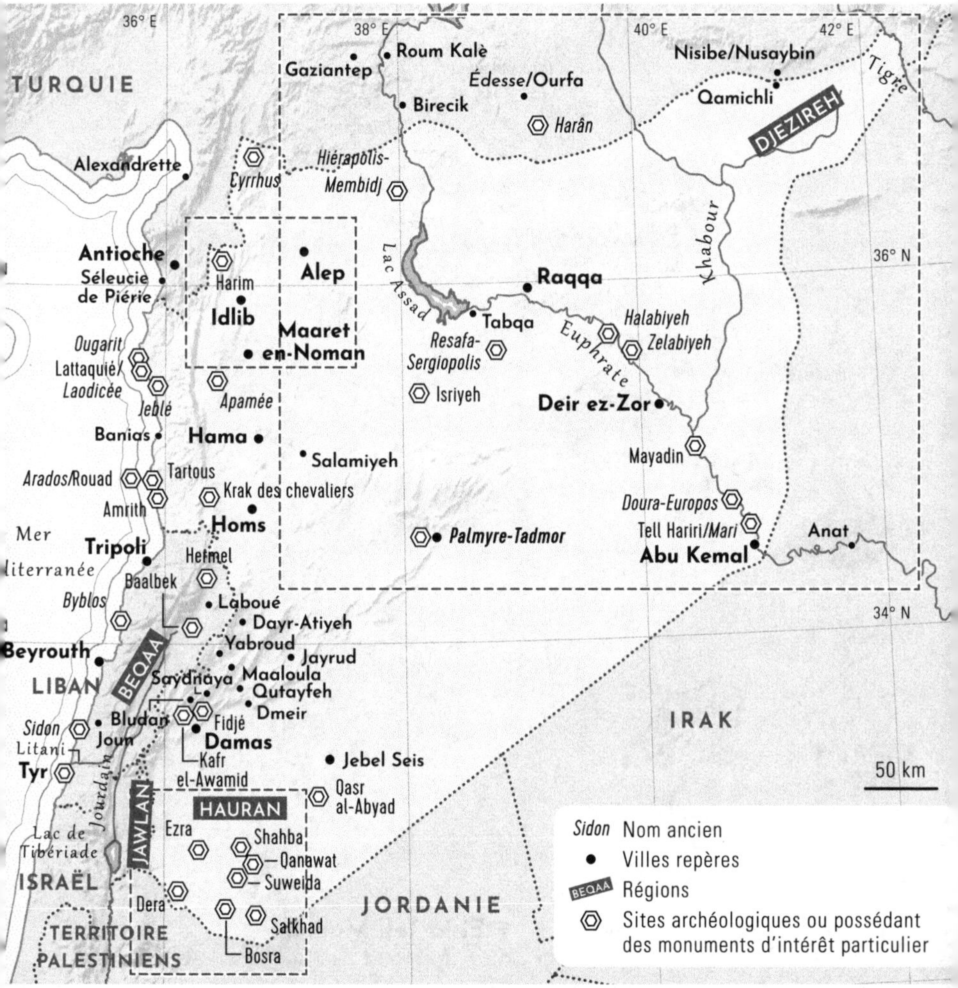

La Syrie du Nord

○ Villes mortes
▬ Jebel du Massif Calcaire
● Villes repères

● Afrin
◀ Vers Antioche

TURQUIE

JEBEL SEMAN

○ Brad
○ Kafr Nabu
○ Qalota
○ Basufan
○ Qal'at Sim'an
○ Deir Seman
○ Réfadé
○ Sitt er-Rum
○ Qatura
○ Fafertin
— Burjkeh
○ Deir Tazzé
○ Kharab Shams
○ Burj Haidar
○ Sheikh Barakat
○ Mushabbak

JEBEL HALAQA
○ Qasr el-Banat
○ Bab al-Hawa
○ Harim
○ Dar Qita
○ Babisqa
○ Tourmanin
○ Bettir
○ Baqira
○ Dana-Nord
○ Qirqbizé
○ Banaqfur
○ Sarmada
○ Qalb Lozeh
○ Dehès
○ Surkanya
○ Beshindeleya
○ Behyo

● Alep

JEBEL BARISHA
○ Deir Seta

JEBEL AL-ALA

JEBEL DUWEILI

SYRIE

● Idlib

JEBEL WASTANI

○ Riha
○ Kafr Lata

JEBEL RIHA

● Ebla-Tell Mardiq

JEBEL ZAWIYEH
○ Mghara
○ Frikya
○ Ruweiha
○ Ramé
○ Deir Sambil
○ Djeradeh
○ Al-Bara
○ Serjilla
○ Dana-Sud
○ Ba'uda
○ Tarutin
○ Khibet Hass
○ Kafr Ambil
○ Hass

● Maaret en-Noman

10 km

La Syrie du Sud (Hauran)

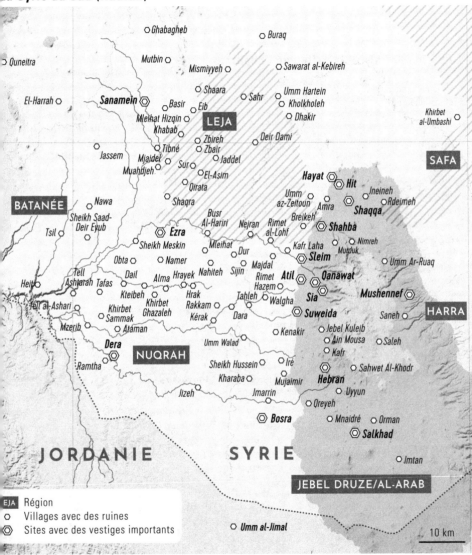

- **Région**
- ○ Villages avec des ruines
- ⬡ Sites avec des vestiges importants

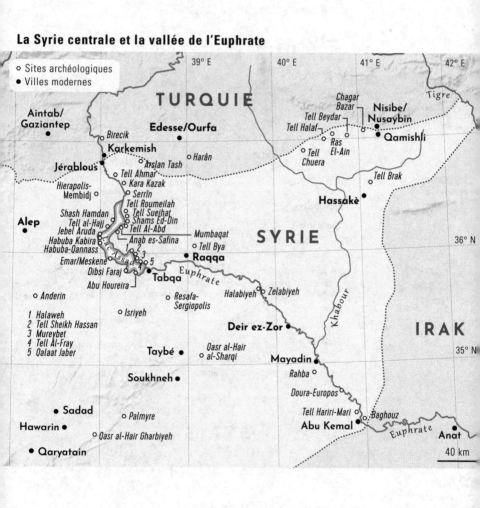

La Syrie centrale et la vallée de l'Euphrate

Introduction

Bien que, dès la fin de l'Antiquité, le Proche-Orient ait toujours été une terre de passage pour les voyageurs, on constate que les raisons pour lesquelles ils se déplacent et leurs centres d'intérêt n'ont pas toujours été identiques. Non seulement ils ont varié au cours du temps mais, d'une manière assez générale, la curiosité à l'égard des monuments du passé n'est survenue qu'assez tard. C'est en effet seulement à partir de la fin du XVIIe siècle que se manifeste l'envie d'aller voir des vestiges archéologiques pour eux-mêmes et c'est seulement deux siècles plus tard que l'on se préoccupe d'en faire réellement l'étude. Plusieurs raisons peuvent expliquer ce phénomène : d'une part, les motifs du voyage et, d'autre part, les régions que les voyageurs parcourent, ou sont autorisés à parcourir en fonction des dangers potentiels. Jusqu'au XVIIe siècle, en effet, à une ou deux exceptions près, la plupart des voyageurs ne passent en Syrie que dans le but de se rendre en pèlerinage à Jérusalem et ils ne s'aventurent guère en dehors des itinéraires préétablis. Ceux qui arrivent par le nord, par voie de terre, entrent en Syrie par Antioche et ceux qui choisissent la voie maritime abordent le pays soit par le port d'Alexandrette soit, plus fréquemment, par celui de Tripoli, plus au sud, avant de descendre par voie terrestre le long de la côte phénicienne jusqu'en Palestine. Ceux qui arrivent par le sud débarquent à Jaffa et effectuent le parcours inverse pour s'arrêter, comme la plupart des autres voyageurs, essentiellement à Damas et à Alep. D'une manière générale, ce qui les intéresse avant tout ce sont les mœurs des habitants et plus particulièrement de ceux qu'ils appellent les « Turcs », c'est-à-dire les musulmans sédentaires et, de manière moins évidente, celles des « Arabes » c'est-à-dire les Bédouins du désert.

Il n'est peut-être que l'itinéraire suivi dans le dernier quart du Ve siècle par Isidore de Gaza et Damascius en Syrie qui se distingue de tous ceux qui ont pour but principal Jérusalem ou des lieux évoqués dans les Écritures. Les deux philosophes néoplatoniciens pérégrinent en effet en Syrie en quête des traces du paganisme dans un monde devenu chrétien. Ils se rendent notamment en Syrie du Sud, réputée pour être un conservatoire de la culture antique et censée abriter des lieux mythiques, en particulier les eaux du Styx, fleuve des Enfers qui, selon la mythologie grecque, séparait le monde des morts de celui des vivants[1]. Une tradition littéraire plaçait le fleuve en Arabie dans la haute vallée du Yarmuk qui, par plusieurs aspects, correspondait à l'image que s'en faisaient les Anciens[2]. Des propos de Damascius dans la *Vita Isidori*, on croit déduire que voyager à son époque n'est pas chose exceptionnelle, car il oppose les désirs d'Isidore qui veut être « le témoin direct » de l'existence des « endroits étonnants ou sacrés ou célèbres », aux aspirations de ceux qui voyagent de manière « futile et amollissante et dont le but est de béer d'admiration devant les édifices humains et les beautés des villes[3] ». On ne sait à quels lieux Damascius fait allusion et si la Syrie fait partie de ces destinations touristiques de luxe et superficielles qu'il dénonce. D'une manière générale en effet, les témoignages de ce type de voyages dont nous possédons les traces concernent plutôt la Grèce ou l'Égypte[4] et il ne

---

1. M. TARDIEU, *Les paysages reliques. Routes et haltes syriennes, d'Isidore à Simplicius*, Louvain-Paris, Éditions Vrin, 1990.
2. Porphyre, ΠΕΡΙ ΣΤΥΓΟΝ, qui envisageait toutes les localisations de ce fleuve mythique.
3. Damascius, *Vita Isidori*, édit. C. Zintzen, Hildesheim, 1967, fr. 38.
4. A. SARTRE-FAURIAT, « Le monument à l'époque romaine en Méditerranée orientale : de l'histoire au mythe », dans *La visite du monument*, Clermont-Ferrand, PUBP, coll. « Histoires croisées », 2004, p. 49-60. *Id.*, « Voyages et

Introduction 17

semble pas que des lieux particuliers, témoins des civilisations passées, aient fait l'objet de déplacements touristiques en Syrie. Même lorsque l'empereur romain Hadrien vient en 129-130 dans la partie orientale de l'Empire, rien n'est signalé comme particulièrement remarquable en Syrie sur le plan historique ou monumental qui ait motivé l'arrêt ou un détour de l'empereur. Cela tranche avec son passage en Asie Mineure où il semble s'être rendu en divers endroits célèbres par leur histoire, leurs grands hommes ou leurs paysages exceptionnels. C'est ainsi qu'il s'arrêta à Ilion, prétendument le site de Troie, où il reconstruisit la « tombe d'Ajax » tombée en ruine, mais aussi à Pergame capitale des Attalides dont certains monuments, comme le spectaculaire théâtre, témoignaient de l'époque hellénistique (IIe siècle av. J.-C.), ou encore aux sources sulfureuses de Pamukkalé près de *Hiérapolis* de Phrygie et à Sattai dont les « terres brûlées » étaient la conséquence d'éruptions volcaniques[5].

Que pouvait-il rester de visible des temps anciens en Syrie qui aurait pu attirer le « touriste » à l'époque romaine ? Les sources sont trop peu nombreuses pour le savoir précisément mais, de toute façon, rien ne pouvait être comparé à la monumentalité de la Grèce ou de l'Égypte. Beaucoup de sites des hautes époques s'étaient évanouis sous les tells et sous les sables, désintégrés en surface par l'érosion en raison des modes de construction en argile crue. Les sites d'époque grecque ayant été, quant à eux, bien souvent détruits par les tremblements de terre, les reconstructions successives en avaient fait des villes neuves. C'était le cas d'Antioche ou d'Apamée, rebâties constamment, où plus grand-chose de spectaculaire ne subsistait du passé grec.

Le passage par la Syrie resta donc longtemps plus utilitaire que touristique et cela le demeura jusqu'au XVIIe siècle, malgré l'intérêt que suscita à partir du IVe siècle le pèlerinage aux lieux saints

---

voyageurs en Orient dans l'Antiquité romaine », *Les Dossiers de l'Archéologie*, n° 285, juillet-août 2003, p. 40-53.
5. A. SARTRE-FAURIAT, « Hadrien et les voyages dans l'Orient grec », *Les Dossiers de l'Archéologie*, n° 273, avril 2002, p. 46-53.

dont les itinéraires pouvaient conduire, en dehors des ports et des villes de la côte méditerranéenne, à Alep ou à Damas. Utilitaire, la Syrie le devint encore plus à partir du XVIe siècle lorsque les puissances occidentales nouèrent des relations diplomatiques avec l'Empire ottoman pour des raisons autant politiques et religieuses qu'économiques[6]. France, Saint-Empire romain germanique, villes d'Italie, Britanniques, délèguent alors diplomates, espions et commerçants à Constantinople, puis à Alep. Certains d'entre eux, hommes cultivés, se prennent toutefois d'intérêt pour les monuments du passé ; c'est le cas du diplomate prussien Augier Ghiselin von Busbeck, en poste à Constantinople entre 1553 et 1558, auquel on doit la découverte et la première publication du texte des *Res Gestae Divi Augusti*, gravé sur le temple d'Auguste à *Ancyre* (aujourd'hui Ankara[7]). Grand amateur d'objets d'art, il est sans doute aussi l'un des premiers diplomates à contribuer à enrichir les collections royales ou privées grâce aux quelque deux cent quarante œuvres et collections numismatiques qu'il rapporta de son séjour dans l'Empire ottoman. Un peu plus tard, en 1590, c'est le joaillier italien Gasparo Balbi qui séjourne à Alep avant de partir pour l'Inde[8], et qui y précède dans cette quête de pierres précieuses le marchand français Jean-Baptiste Tavernier qui en fait commerce pour le compte de Mazarin et de

---

6. O. SALMON, *Alep dans la littérature de voyage européenne pendant la période ottomane (1516-1918)*, Alep, Dar al-Mudarris et Dar Mardin, 2011.
7. *Itinera Constantinopolitanum et Amasianum*, 1581. Ce texte, qui était gravé sur des tables de bronze apposées sur les obélisques en façade du tombeau d'Auguste à Rome, fut reproduit pour être exposé en divers lieux de l'Empire. Plusieurs fragments en grec ont été retrouvés dans des villes d'Asie Mineure (*Ancyre*, Antioche de Pisidie et Sardes). Auguste y développait ses actes et réalisations depuis le début de sa carrière politique ; à défaut d'être totalement objectif, le texte est un témoignage irremplaçable sur le règne d'Auguste. H. Omont se trompe quand il dit que c'est à un certain Laisné, qui voyage en 1670-1671, que l'on doit la première mention du temple d'Auguste à *Ancyre* et de son inscription (*Missions archéologiques françaises en Orient aux XVIIe-XVIIIe siècles*, Paris, 1902, p. 47-49) ; toutefois, ce voyageur qui cherchait à acquérir des manuscrits pour le compte de Louis XIV fit un croquis du bâtiment et en donna une courte description.
8. G. BALBI, *Viaggio dell'Indie orientali di Gasparo Balbi, gioielliero Venetiano*, Venise, 1590.

Introduction 19

Louis XIV. Dans la relation des six voyages qu'il fit en Orient entre 1631 et 1644, il s'arrête à chaque fois à Alep où il décrit et énumère toutes les marchandises qui s'y échangeaient (soie, poil de chèvre, noix de gale et écorces de glands utilisées dans le corroyage, savon, etc.) au milieu d'une foule cosmopolite de marchands venus d'Orient et d'Occident, sur les intérêts et les droits desquels veillaient des consuls de leur nationalité. L'étape d'Alep, comme le dit Tavernier, est absolument indispensable « tant pour disposer de ses affaires que pour attendre que la caravane soit assemblée quand on ne veut pas aller seul avec un guide[9] ».

C'est cet afflux de marchands aventuriers à partir du XVIe siècle qui va contribuer progressivement à la découverte de la Syrie et de son passé. Ce sont en effet des marchands anglais qui, partis d'Alep en 1678, furent les premiers occidentaux connus à réussir à gagner Palmyre, et ce sont aussi des marchands se rendant en Perse qui décrivirent les premiers la vallée de l'Euphrate, route moins périlleuse que celle du désert où des chefs arabes rançonnaient les caravanes et menaçaient la vie des voyageurs. Mais il faut attendre la fin du XVIIe siècle et surtout le XVIIIe siècle pour voir se développer réellement les voyages destinés exclusivement à la découverte de sites archéologiques, soit depuis l'Occident par ceux que l'on appelle les « antiquaires », soit de la part de diplomates ou de missionnaires installés sur place. Malgré cela, certaines régions, plus ou moins faciles à explorer, devront attendre encore un siècle avant d'être connues : c'est le cas de la Syrie du Sud où le premier véritable explorateur n'arriva qu'en 1805.

Sans que les voyages d'agrément ou de curiosité pour découvrir les vestiges du passé ne cessent, entre le milieu du XIXe siècle et le début du XXe, la Syrie voit progressivement arriver des scientifiques et des savants. Leur but est d'inventorier les richesses

---

9. J.-B. TAVERNIER, *Les six voyages de Jean-Baptiste Tavernier écuyer baron d'Aubonne, en Turquie, en Perse et aux Indes*, Paris, G. Clouzier et Cl. Barbin, 1776.

patrimoniales de ce pays que les voyageurs ont fait connaître, et d'en faire l'étude. C'est la période des premiers corpus d'inscriptions, des missions de prospections archéologiques en Syrie du Nord et du Sud de la part de savants venus d'Europe ou d'Amérique. La Première Guerre mondiale met un coup d'arrêt aux travaux d'un grand nombre de missions et c'est sous le mandat de la France sur la Syrie et le Liban à partir de 1920 que sont relancées les recherches, désormais organisées et appuyées par des institutions chargées de les gérer. Les travaux des archéologues et des historiens se multiplient et bon nombre de chantiers ouverts durant cette période se poursuivent après l'indépendance (effective en 1946). À la suite de l'appel de la Syrie, des missions de pays étrangers sont envoyées sur place. De nombreux autres sites vont être explorés et leurs découvertes vont contribuer à faire progresser les connaissances sur l'histoire plurimillénaire de la Syrie.

Ce patrimoine d'une richesse exceptionnelle, qui remontait à l'aube de l'humanité, et dont ce pays était dépositaire, subit depuis 2011 la plus grande catastrophe que l'on ait connue depuis la Seconde Guerre mondiale. Destructions et pillages massifs de tous les sites par les armées et les fanatiques religieux ont anéanti des vestiges qui avaient survécu à des milliers d'années, privant à jamais, non seulement les Syriens, mais aussi le reste du monde, de connaître des pans entiers d'une histoire qui leur était commune.

Préambule

Pèlerinages, affaires commerciales et premières observations (IVe-XVIIe siècle)

La pratique du pèlerinage à Jérusalem et en Palestine se développe surtout au début du IVᵉ siècle, comme en témoigne le récit d'Eusèbe de Césarée dans la *Démonstration évangélique* écrite entre 314 et 320[10]. Auparavant, malgré quelques voyages sur les lieux de la passion du Christ ou sur les ruines du Temple, ce genre de pratique n'est pas vraiment encouragé par l'Église elle-même. La venue d'Hélène, mère de l'empereur Constantin, à Jérusalem en 326 et la découverte de la « vraie croix » lors de sa présence vont contribuer à populariser les pèlerinages aux lieux saints.

Les récits connus de ces pérégrinations se succèdent, depuis celui de l'Anonyme de Bordeaux en 333, considéré comme la plus ancienne description d'un pèlerinage en Terre sainte[11], jusqu'à celui de l'évêque Gaulois Arculf vers 670[12], en passant

---

10. Eusèbe, *Démonstration évangélique*, VI, XVIII (GCS 23, p. 278), qui dit : « de nos jours encore, quand ceux qui croient en Jésus-Christ accourent de tous les pays de la terre, non plus comme autrefois pour célébrer une fête à Jérusalem, ni pour adorer dans le temple qui s'élevait autrefois en cette ville, mais pour y apprendre l'histoire du siège et de la ruine de Jérusalem, et pour adorer sur le mont des Oliviers, qui est près de la ville ».
11. « Itinerarum a Burdigala Hierusalemusque », *Itinera et alia geographica*, Corpus christianorum, series latina, Turnhout, Brepols, 1965.
12. Le personnage, inconnu par ailleurs, aurait fait le récit de ses neuf mois passés à Jérusalem à l'abbé irlandais Adomnan d'Iona (Écosse) qui s'en servit pour écrire son traité *De locis sanctis* entre 679 et 688.

par le voyage d'Égérie de 381 à 384[13]. Tous ont pour objectif de se rendre sur le tombeau du Christ, dont on avait perdu l'emplacement après la révolte juive de 135 et la création de la colonie romaine d'*Aelia Capitolina* où les remaniements urbains avaient profondément modifié l'organisation de Jérusalem[14]. Des fouilles, menées sous Constantin après 325, mirent au jour une sépulture qui fut unanimement reconnue dès ce moment-là comme étant celle du Christ. Les recherches avaient été effectuées près du forum de la colonie romaine du IIe siècle dont le lieu semblait correspondre à la localisation donnée par l'Évangile selon saint Jean : « à l'endroit de la crucifixion dans un jardin », c'est-à-dire proche du Golgotha[15]. Parallèlement, on se livra à une véritable quête de localisation des lieux où s'étaient déroulés des événements relatés par la Bible ou par les Évangiles[16]. D'autres « lieux saints », selon la terminologie qui s'impose au IVe siècle, vont rapidement s'ajouter au circuit des visites des pèlerins. Au départ, ce sont ceux qui sont directement en rapport avec la vie de Jésus, comme la grotte de la nativité à Bethléem ou le Mont des Oliviers à Jérusalem. Mais avec le temps, ce statut va s'étendre aux sépultures des martyrs ou de saints personnages, aux lieux de dépôts des reliques, qui finissent par constituer, selon les mots de Pierre Maraval, une véritable « géographie sacrée » du déplacement des fidèles, pas seulement en Palestine, mais dans l'ensemble de l'Orient[17].

La Syrie, de ce point de vue, entre dans cette géographie dès le IVe siècle, surtout en raison des sépultures de martyrs. C'est ainsi

---

13. P. MARAVAL, *Récits des premiers pèlerins chrétiens au Proche-Orient*, Paris, Éditions du Cerf, 1996 et *Id.* (éd.), *Égérie. Journal de voyage (Itinéraire)*, SC 296, Paris, Éditions du Cerf, 1982, réimpr. 1997 et 2002 ; *Id.*, *Lieux saints et pèlerinages d'Orient. Histoire et géographie, des origines à la conquête arabe*, Paris, Éditions du Cerf, 2004 ; rééd. Paris, CNRS éditions, 2011.
14. Cf. C. ARNOULD-BÉHAR, « L'espace urbain d'Aelia Capitolina (Jérusalem) : rupture ou continuité ? », *Histoire urbaine*, 13, 2005/2, p. 85-100.
15. Évangile selon saint Jean (19, 41).
16. P. Maraval énumère quelques lieux et objets identifiés, comme la grotte où les rois mages s'étaient arrêtés, la poutre où Jésus enfant s'était assis, le livre dans lequel il avait appris à lire, ou encore les pierres qui avaient servi à la lapidation de saint Étienne ! Cf. *Lieux saints*, *op. cit.*, p. 37.
17. Cf. P. MARAVAL pour ces différents lieux.

Introduction 25

qu'à partir du ve siècle et jusqu'à la conquête arabe, des pèlerins se rendent à *Resafa*, ville dans la steppe au sud-est de Raqqa, lieu de sépulture de saint Serge, martyrisé sous Dioclétien (entre 300 et 305), et sur laquelle fut édifiée une basilique en 431[18]. En Syrie du Nord, c'est autour de la colonne du saint stylite Siméon que fut élevée une basilique dans la deuxième moitié du ve siècle. À Apamée, dans la vallée de l'Oronte, les sépultures de saint Antonin et saint Maurice, deux martyrs locaux, étaient devenues objets de vénération aux côtés d'autres reliques prestigieuses, comme un morceau de la vraie croix. En Syrie du Sud, à Bosra, un martyrium est dédié aux saints Serge, Léonce et Bacchus en 512-513, tandis qu'à Ezra, sur la bordure ouest du plateau du Trachôn, on vient se recueillir sur les reliques de saint Georges, saint Elie et saint Serge dans des églises édifiées entre 515 et 542 sur les vestiges de temples païens ; deux sont encore en service aujourd'hui.

Malgré la conquête arabe et la fermeture de l'accès à certains sites en fonction des fluctuations politiques, les pèlerinages se poursuivent pendant tout le Moyen Âge, pour s'accentuer à partir de la prise de Jérusalem en 1099 par les croisés[19]. Mais tous ceux qui prolongent leur voyage en dehors de l'itinéraire habituel pour se rendre ou revenir de Jérusalem et des lieux saints célèbres ne sortent pas vraiment des sentiers battus et, lorsqu'ils évoquent tel ou tel bâtiment, ce sont bien souvent aux églises ou aux couvents qu'ils consacrent l'essentiel de leurs observations. Ainsi par exemple, saint Willibald, pèlerin anglo-saxon du VIIIe siècle, ne signale-t-il lors de son passage à *Émèse* (Homs) que la grande église édifiée par sainte Hélène pour abriter la tête de saint Jean-Baptiste, et à Damas le souvenir d'Ananie et l'église élevée sur le lieu de la conversion de saint Paul[20].

---

18. E. KEY-FOWDEN, *The Barbarian Plain. Saint Sergius between Rome and Iran*, Berkeley-Los Angeles-Londres, University of California Press, 1999.
19. « Pèlerinages en Orient », dans *Croisades et pèlerinages. Récits, chroniques et voyages en Terre sainte xiie-xvie siècles*, Paris, Robert Laffont, coll. « Bouquins », 1997, p. 879-1435.
20. Cf. C. LARRINGTON, « Willibald », dans *Oxford Dictionary of National Biography*, Oxford University Press, 2004.

C'est encore le cas bien plus tard, entre 1546 et 1549, de Pierre Belon, un Français originaire du Mans. Après avoir visité la Grèce, il arrive à Constantinople et, de là, se rend en Égypte, en Terre sainte et en Syrie[21]. Il fait partie de l'escorte de Gabriel de Luetz, seigneur d'Aramont, envoyé en ambassade à Constantinople auprès de Soliman le Magnifique pour le compte de François Ier. Il est accompagné du diplomate et homme politique Jean de Montluc et d'un autre savant, Pierre Gilles d'Albi, chargé de recueillir des manuscrits et des antiquités pour le roi. Belon, qui est avant tout un apothicaire et un naturaliste, a laissé un récit de ses observations, orientées surtout vers la botanique, la faune, les mœurs des populations, mais elles sont aussi parfois agrémentées de remarques sur les lieux qu'il traverse. Ses seules étapes en Syrie sont Damas, Homs et Alep dont il ne livre que des descriptions sommaires. À Damas, il est avant tout frappé par l'abondance de l'eau et des jardins, il énumère un certain nombre de monuments parmi lesquels les souqs couverts, la grande mosquée, les murailles, et note que les faubourgs sont deux fois plus étendus que la ville elle-même. Mais il s'attache davantage à décrire les produits locaux (les prunes, la vigne), le travail du coton ou les plantes médicinales que les monuments. En revanche, lors de son passage à Homs, il signale la citadelle bien visible au sommet de la colline, qu'il attribue aux Romains, et il est surtout l'un des premiers à faire état d'un grand tombeau antique à deux étages, recouvert d'une pyramide, sur lequel une inscription en grec était, selon lui, dédiée à « Caius César ». Aucun commentaire supplémentaire ne vient éclairer le lecteur ; sans doute ne s'en juge-t-il pas capable ou bien cela ne lui évoque-t-il rien d'historique. À l'évidence, aussi bien la géographie que les vestiges du passé ne font pas partie de ses

---

21. *Les observations de plusieurs singularitez et choses mémorables trouvées en Grèce, Asie, Judée, Égypte, Arabie et autres pays étrangers, rédigées en 3 livres par Pierre Belon du Mans*, Paris, 1553. L'ouvrage a été maintes fois réédité à Paris en 1554, 1557, 1585 et 1588 et à Anvers en 1558. Cf. A. MERLE, *Voyage au Levant (1553). Les observations de Pierre Belon du Mans et de plusieurs singularités et choses mémorables, trouvées en Grèce, Turquie, Judée, Égypte, Arabie et autres pays étrangers (1553). Introduction, transcription et notes*, Paris, Chandeigne, 2001.

Introduction 27

spécialités. Il confond en effet Baalbek dans la plaine de la Beqaa avec Césarée de Philippe aux sources du Jourdain, Hama avec Tartous, puis Tartous avec Tarse puisqu'il en fait la ville de saint Paul ; il se croit en Cilicie à Maaret en-Noman (qui est en Syrie du Nord) et en Commagène à Alep. Lors de son passage à Baalbek, ses quelques observations sur les ruines se limitent à évoquer « un château où l'on voit neuf hautes colonnes plus grosses que celles de l'hippodrome de Constantinople et une autre droite semblable à celle de Pompée près d'Alexandrie ». Il est évident que le site ne le passionne pas, même s'il le trouve beau. D'ailleurs, dit-il : « un homme curieux des antiquités ne pourrait voir tout ce qui est à Baalbek en huit jours, car il y a plusieurs choses antiques et fort notables », mais, il ajoute : « elles sont hors de notre observation, aussi nous ne nous y arrêtâmes pas longtemps[22] ». Nous ne saurons donc pas ce qu'est cet « édifice romain entier et fait de grosses pierres » qu'il dit avoir vu dans le village de *Lubon* sur sa route entre Baalbek et Homs et qu'il signale au détour d'une énumération des plantes locales ; il s'agit peut-être des restes du temple transformé en forteresse, à moins qu'il parle du monument de Hermel, un grand tombeau antique, situé près du village de Laboué, et que l'on peut encore admirer aujourd'hui. Quant à Alep, dont il compare l'étendue à Orléans, il n'en remarque que la citadelle. En revanche, il ne nous laisse rien ignorer de la manière dont les Turcs empalent les condamnés selon ce qu'il en a vu à Maaret en-Noman.

Quarante ans plus tard, en 1588, le gentilhomme français Jacques de Villamont n'est pas plus prolixe sur Homs ou Damas, seules villes de Syrie où il se rend en attendant que la peste ait quitté Tripoli d'où il entendait s'embarquer pour Jaffa afin de se rendre à Jérusalem[23]. Homs, dit-il, est une « grande et belle ville qui se ressent de son antiquité », sans donner plus de détails et, dans sa description de Damas, il fait seulement remarquer que la mosquée était un ancien temple. Il s'agit de fait du temple de

---

22. *Id.*, p. 342.
23. *Les voyages du seigneur de Villamont, chevalier de l'ordre de Jérusalem, gentilhomme ordinaire de la chambre du roy, divisez en trois livres*, Rouen, 1610.

Jupiter *Damaskenos* dont des vestiges importants sont encore visibles. La plupart de ses réflexions sur la région sont toutefois essentiellement en rapport avec des épisodes de la Bible (assassinat d'Abel par Caïn) ou les actes des apôtres (le séjour de Paul et la maison d'Ananie). Comme Belon, ce sont avant tout les jardins, les rues couvertes et la richesse de l'artisanat qui attirent son attention avec l'observation des mœurs des « Turcs ». Ainsi s'étend-il longuement sur les rites des mariages, leurs vêtements, leurs chevaux, les intérieurs des maisons ou sur les janissaires, aussi bien à Damas que dans l'ensemble du pays[24].

Avec l'aventurier, poète et musicien italien Pietro Della Valle, entre 1614 et 1618, on assiste à un circuit un peu plus original car, bien qu'ayant lui aussi séjourné longtemps à Constantinople, puis se soit rendu en Égypte et en pèlerinage à Jérusalem, il revient en Syrie et, après Damas puis Alep, il rejoint la vallée de l'Euphrate par le désert à Mayadin, pour gagner Bassora sur le golfe Persique d'où il s'embarque pour l'Inde[25]. Des grandes villes de Syrie, il ne dit rien de bien nouveau par rapport à ses prédécesseurs dont il connaît les récits, du moins celui de Belon qu'il cite plusieurs fois. À Damas, il ne signale, comme d'autres avant lui, que les grands jardins qui entourent la ville, les murailles, la rue droite et la maison d'Ananie ; la mosquée des Omeyyades ne l'intéresse que parce qu'on lui dit que c'était autrefois l'église de saint Zacharie. Les khans lui semblent seulement « forts agréables » et il note qu'ils sont tous en pierre et couverts de dômes. Et si la ville, étrangement, lui rappelle Naples par de nombreux côtés, il écrit toutefois qu'elle n'en a a « ni la beauté des bâtiments et des rues, ni cette politesse et civilité, non plus que l'éclat et la splendeur italienne[26] ». À Alep, seule la citadelle lui « plaît assez », car il ne trouve rien de particulier au reste qui « ne sont que les choses habituelles dans une grande ville » entièrement vouée au commerce

---

24. *Id.*, p. 228-258.
25. P. DELLA VALLE, *Viaggi di Pietro Della Valle il pellegrino, descritti da lui medesimo in Lettere familiari all'erudito suo amico Mario Schipano*, Rome, 1650.
26. *Id.*, p. 598-602.

Introduction 29

entre l'Orient et l'Occident. Aucun khan, aucune mosquée comme celle des Omeyyades, pourtant bien visibles à son époque, ne sont évoqués[27]. Il n'est guère qu'à Homs, qui lui fait se souvenir de la bataille que livra l'empereur romain Aurélien contre « la fameuse reine Zénobie », où il signale des quantités de marbres dans une ville détruite et quasi déserte. Il a vu lui aussi le tombeau monumental couvert d'une pyramide, mais il lit l'inscription mieux que Pierre Belon en restituant le nom de Gaios Ioulios au lieu de Caius César[28]. Toutefois, il ne donne pas davantage le texte en entier et ne décrit en rien le monument. Comme Pierre Belon, il s'interroge sur la localisation de l'Apamée antique que, lui aussi, pense être Hama, mais il refuse de l'assimiler à Tarse comme le faisait Belon.

Son apport le plus original est d'avoir été le premier, en allant d'Alep vers l'Euphrate, à parler de Taybé, un village fortifié dans le désert. Il dit y avoir vu dans un coin de la mosquée une inscription grecque avec deux lignes d'autres lettres « étranges » qu'il compare à de l'hébreu ou « du samaritain ». Bien qu'il dise en avoir pris une copie, il n'en donne cependant pas le texte et ne dit rien de son contenu[29]. Il est pourtant très fier d'en avoir donné une interprétation aux « pauvres idiots » locaux auprès desquels cela lui conféra la réputation d'être un grand savant car, « personne de ceux qui étaient passés là n'avait pu le faire ». Mais, alors qu'il est à une centaine de kilomètres de Palmyre, il ne fait aucune allusion à ce site fameux qu'il ne peut ignorer puisqu'il connaît l'*Histoire Auguste* grâce à laquelle, lors de son passage à Homs, il a pu faire allusion à la bataille entre Aurélien et Zénobie.

On ne sait à qui Pietro Della Valle pense quand il dit que personne avant lui n'avait pu déchiffrer l'inscription sur la pierre de Taybé, car l'autre voyageur connu pour être venu dans ce village est le jésuite portugais Manuel Godinho qui y passa bien plus

---

27. *Id.*, p. 617-630.
28. *Id.*, p. 609-611.
29. *Id.*, p. 665-666. L'inscription bilingue (grec et palmyrénien) a été publiée par W. H. Waddington, *Inscriptions Grecques et Latines de la Syrie*, Paris, F. Didot, 1870, n° 2631. Il s'agit d'une dédicace à Zeus *Kéraunios* pour le salut de l'empereur Hadrien par un habitant d'*Abila* de Décapole en 134 apr. J.-C.

tard, seulement en 1663. Peut-être s'agit-il de voyageurs dont lui ont parlé les autochtones, mais qui n'ont laissé aucun récit de leur voyage. Lorsqu'il passe à Taybé, M. Godinho revient alors des Indes par Bassora et Babylone et se rend à Alep, avant de gagner Antioche[30]. Il ne décrit rien de la bourgade où il fait étape, mais il dit toutefois avoir vu un « magnifique édifice carré en grande partie ruiné, tout de marbre le plus fin, avec des colonnes, des canalisations d'eau, des tours et des salles également en marbre qui ressemble au temple de Salomon[31] ». Cette description a laissé croire qu'il était allé à Palmyre, tout proche, et qu'il veut parler du temple de Bêl, mais aucun nom n'est donné au site évoqué : il serait curieux qu'il ait ignoré le nom de Palmyre. C'est pourquoi, il devait plutôt se trouver à Qasr al-Hair al-Sharqi, situé quelques kilomètres avant Taybé sur la piste qui vient de l'Euphrate, où subsiste un château omeyyade, bien que la mention du marbre soit troublante. Le château est effectivement au sein d'une grande enceinte carrée avec des tours et possède de vastes salles. Certains savants ont voulu cependant à toute force faire aller Godinho à Palmyre, s'appuyant sur un passage de son ouvrage où il évoque un changement d'itinéraire entre Anat (sur l'Euphrate) et Alep en raison des dangers causés par les « Arabes ». Au lieu de la voie directe habituelle, son guide lui aurait fait prendre une piste plus au sud pour leur échapper[32]. Toutefois, rien ne laisse penser que le détour se soit fait par Palmyre dont la dangerosité n'était pas à démontrer et il est étrange que le nom du site ne soit jamais prononcé, alors qu'il est bien connu des autochtones. En outre, à ce moment-là, l'enceinte du temple de Bêl est occupée par un village et Godinho n'y fait aucunement allusion ; ce qui renforce les doutes.

---

30. M. GODINHO, *Relaçao do novo caminho : que fez por terra e mar vindo da India para Portugal no anno 1663 o Padre Manuel Godinho da companhia de Jesus*, Lisbonne, 1665 ; *Id.*, avec introduction et notes de A. Machado Guerreiro, Lisbonne, 1974.

31. *Id.*, p. 188.

32. C'est la thèse que défend le Pr. portugais Manuel Cadafaz de Matos (communication personnelle) qui s'appuie sur un passage, absent de l'édition de 1665, et ajouté dans une nouvelle édition du voyage traduit et annoté par A. Machado Guerreiro (cf. note 30).

Introduction 31

Pas plus que ses prédécesseurs, le Français Jean de Thévenot en 1664 n'explore autre chose que Damas, Homs et Alep lors de son voyage de retour d'un grand périple commencé à Constantinople, poursuivi en Égypte et en Terre sainte avant de remonter par la côte phénicienne vers la Syrie[33]. Mis à part le tombeau à pyramide de Homs dont il dit « que les gens du lieu croient que c'est Caius César, le neveu d'Auguste, qui y est enterré », il ne signale aucune autre antiquité.

Le voyage du chevalier marseillais Jean de La Roque, entrepris en 1688 et publié en 1722, est consacré quant à lui uniquement à la Syrie et au Mont Liban[34]. Mais il se distingue de ses prédécesseurs par le fait qu'il est un des premiers à décrire soigneusement les ruines antiques de Baalbek « d'une grande magnificence et si admirables » où était passé avant lui Pierre Belon sans rien en dire. La Roque ne manque pas à ce sujet de relever avec ironie : « J'ajouterais ici le sentiment assez particulier de Pierre Belon, voyageur français, qui vint à Balbec en 1548. Quoique son livre porte le nom d'observations, Belon n'observa presque rien en ce lieu[35] ». Pendant les quatorze jours que La Roque passa sur le site, presque tous ont été employés à « la visite des ruines et de tous les monuments antiques » dont il fit aussi des croquis[36]. À Homs, largement détruite, il s'étonne de trouver encore des vestiges antiques, la citadelle et l'enceinte, et ne manque pas, lui aussi, de signaler le tombeau à pyramide et l'inscription fragmentaire qu'ont vue les autres voyageurs[37]. Curieusement, comme l'avait fait avant lui Belon, il confond

---

33. J. de THÉVENOT, *Relation d'un voyage fait au Levant dans laquelle il est curieusement traité des États sujets au Grand Seigneur, des Mœurs, Religions, Forces, Gouvernements, Politiques, Langues et Costumes des habitants de ce grand Empire et des singularités particulières de l'Archipel, Constantinople, Terre sainte, Égypte, Pyramides, Mumies, Déserts d'Arabie, La Mecque : et de plusieurs autres lieux de l'Asie et de l'Afrique, remarquez depuis peu et non encore décrits jusqu'à présent*, Paris, Th. Ioli, 1665.
34. J. DE LA ROQUE, *Voyage de Syrie et du Mont Liban*, Paris, H. Uytwerd, 1722.
35. *Id.*, p. 151.
36. *Id.*, p. 86-153.
37. *Id.*, p. 188-193.

Hama, où il décrit les norias et le pont sur l'Oronte, avec Apamée dont il sait que c'est une fondation de Séleucos Ier et que se trouvaient là les écuries des éléphants de l'armée séleucide[38]. Mais, il ne semble pas avoir eu connaissance que l'antique Apamée est un peu à l'écart de la route qu'il suit pour se rendre à Antioche.

À côté de ces voyageurs que le pèlerinage, les affaires commerciales ou la simple curiosité conduisent en Orient, il en est d'autres dont l'activité est consacrée à la recherche d'objets anciens dont l'Orient, dans son ensemble, passe pour être un réservoir d'une grande richesse. On a signalé plus haut que l'un des compagnons de Pierre Belon au milieu du XVIe siècle, le savant Pierre Gilles d'Albi, avait été chargé par le roi François Ier de rapporter des manuscrits pour sa bibliothèque. Cette activité, encore peu développée au XVIe siècle, devait devenir une véritable « chasse aux trésors » aux XVIIe et XVIIIe siècles et montrer que la France commençait à s'intéresser aux antiquités, pas pour en tirer des enseignements historiques, mais pour enrichir les collections privées[39].

Sous le règne de Louis XIV, Colbert, désireux de voir la Bibliothèque du roi rivaliser avec celle de Mazarin ou celle du chancelier Séguier, encourage vivement la recherche de manuscrits orientaux anciens « en grec, en arabe, en persan et autres langues orientales, excepté l'hébreu, parce que nous en avons ici quantité[40] », mais aussi de « médailles antiques des anciens empereurs romains » et d'objets antiques. Pour ce faire, il n'hésite pas à solliciter les ambassadeurs en poste, en particulier à Constantinople, ou les consuls, mais aussi des missionnaires et des particuliers, pourvus de lettres de recommandation et de listes précises d'objets recherchés. En 1671, un dominicain allemand, Johann Michael Vansleben[41], reçut ainsi la mission de se rendre

---

38. *Id.*, p. 193-197.
39. H. OMONT, *op. cit.*
40. Extrait de la mission donnée à M. de Monceaux au Levant, (cf. H. OMONT, *op. cit.*, vol. 1, p. 28), qui reçut des instructions extrêmement précises sur la nature, le contenu et la qualité des manuscrits recherchés, comme des monnaies, qui devaient être parfaites.
41. Son nom est orthographié aussi : Wansleben, Wanszleben, Vansleb.

Introduction 33

en Orient pour le compte du roi Louis XIV et de rapporter « de bons manuscrits et médailles anciennes », mais il est précisé que « s'il rencontre aussi parmi ces ruines des statues ou bas-reliefs, qui soient de bons maîtres, il tâchera de les avoir et de les mettre dans les mains de ces correspondants, ce que quelques-uns, qui ont voyagé depuis peu en ces pays-là, ont rapporté pouvoir être fait facilement... ». C'est dans cet ordre de mission que l'on trouve également pour la première fois un intérêt porté aux sites archéologiques : « à Baalbek, qui est au pied du Mont Liban, il y a des temples entiers et quantité de belles statues ensevelies sous les ruines... », et également aux inscriptions. Vansleben a aussi pour ordre de dresser le « recueil des inscriptions anciennes qu'il trouvera et tâchera de les copier figurativement... Il trouvera quantité de ces inscriptions dans les cimetières et sur les tombeaux, desquels il fera pareillement une description ».

Vansleben embarque à Marseille en mai 1671. Après une escale à Malte et à Chypre, il arrive à Tripoli en juin 1671 et fait route vers Alep. Dans sa correspondance avec Pierre de Carcavy, le bibliothécaire de Colbert, il signale quelques curiosités le long de sa route comme lorsqu'il passe à Tartous, où il ne reste que les ruines d'une église et des murailles, ou à Jéblé où il a un peu de mal à identifier le théâtre, car il dit voir un château « en forme de demi-lune » sous lequel il remarque « une structure assimilée au colisée ». D'Alep il ne dit rien, sinon qu'il y « a acheté quantité de livres et de médailles ». Reparti vers le sud, il passe à Hama, à Homs et arrive à Damas où il se contente de dire qu'il a visité la « maison de Judas où avait demeuré saint Paul » et le couvent des « Quarante martyrs sur la montagne », c'est-à-dire sur le Qassioun qui domine la ville. Ayant gagné Saïda, il fait alors voile vers l'Égypte avant de revenir à Constantinople en octobre 1673. Alors qu'il aurait dû poursuivre son voyage vers l'Éthiopie, Vansleben est rappelé en France par Colbert qui le soupçonne d'avoir dilapidé les fonds mis à sa disposition et qui refuse de lui rembourser davantage de frais. Son voyage est donc pour nous d'assez peu d'intérêt, sinon qu'il montre que la France portait grande attention aux richesses de l'Orient en matière de documents anciens. Toutefois, cette quête de manuscrits et de médailles [monnaies] contraignait les voyageurs qui s'y livraient à se rendre seulement dans les grandes villes : Constantinople et Smyrne pour la Turquie et essentiellement Alep pour la Syrie. Cela explique que peu d'entre eux aient laissé des récits de leur voyage et qu'aucun ne se soit rendu sur les sites archéologiques dont le seul intérêt pour eux aurait été de pourvoir aux objets qu'ils recherchaient. Pour en disposer, il leur aurait fallu procéder à des fouilles ou obtenir l'autorisation de les faire, ce dont ils n'avaient pas les moyens. Il était donc beaucoup plus simple pour eux de passer par des intermédiaires qui se trouvaient dans les grands centres urbains.

*
* *

Cette première période de l'exploration de la Syrie se révèle somme toute assez décevante. Les voyageurs, à l'exception de La Roque, vont tous à peu près dans les mêmes lieux et se préoccupent plus des mœurs des Turcs et des Arabes, c'est-à-dire des Bédouins, que des monuments qu'ils ont sous les yeux. On est même étonné de voir à quel point ils sont souvent indifférents aux pierres qui les entourent. En outre, on constate qu'ils ignorent bien souvent, ou ne le signalent pas, qu'il peut exister d'autres choses à visiter que Damas, Alep et la côte phénicienne. Il n'est jamais question par exemple d'aller en Syrie du Nord dans les villes mortes, apparemment totalement ignorées des visiteurs, même lorsqu'ils sont à Alep dont certaines sont très proches. Il n'est pas davantage fait allusion à d'autres parties de la Syrie comme le Hauran dont ils passent pourtant très près quand ils sont en Galilée. Il n'y a que Belon qui dit avoir longé le Trachôn, l'actuel plateau basaltique du Leja, en venant de Jérusalem à Damas, mais qui, d'après l'itinéraire qu'il décrit, est en réalité passé plus au nord-ouest, dans la région de Quneitra.

Ces deux régions, riches en monuments, devront encore attendre avant de voir arriver leur premier voyageur.

Première partie

Le temps des « antiquaires » aventuriers (fin XVIIᵉ-début XIXᵉ siècle)

I
L'aventure passe par Palmyre

Comme on vient de le voir, on ne connaît pas de relations de voyages qui, avant la fin du XVIIe siècle, témoignent exclusivement, ou même partiellement, de la volonté de découvrir des ruines antiques ou de visiter des sites historiques en Syrie. La plupart du temps, ce n'est qu'à l'occasion de pèlerinages, de missions diplomatiques ou d'intérêt pour la botanique, pour les populations autochtones et leurs mœurs que les voyageurs visitent ou se contentent de signaler sur leur route des vestiges du passé.

La redécouverte de Palmyre par des marchands et un pasteur anglais en 1678 puis en 1691 inaugure une nouvelle ère dans l'exploration de la Syrie où désormais vont se succéder des voyageurs érudits, désireux d'en découvrir l'histoire à travers des vestiges bien souvent spectaculaires.

Les voyages des Anglais Timothy Lanoy et Aaron Goodyear (1678 et 1691)

Le voyage de 1678

En 1678, des marchands anglais qui font du commerce à Alep, entendent raconter par des Bédouins de passage qu'il existe dans le désert des ruines « les plus importantes qu'ils n'aient jamais vues » dans un lieu que les populations locales leur désignent sous son nom arabe, Tadmor, mais dont ils savent que ce n'est autre que la cité que Grecs et Romains nommaient Palmyre. De fait, Palmyre n'a jamais été oubliée, ne serait-ce que par la connaissance qu'ont les personnes cultivées des textes anciens, en particulier de l'*Histoire Auguste*, sans parler de la Bible où il est dit, mais à tort, que la ville aurait été fondée par Salomon[42]. C'est en effet dans l'*Histoire Auguste*, série de biographies d'empereurs romains rédigée à la fin du IVe siècle par un auteur dissimulé sous six pseudonymes différents, que l'on trouve racontées les vies des empereurs ayant régné sur l'Empire, ou tenté de le faire, entre Hadrien et Carin (118-285). Parmi eux figurent deux personnalités qui se sont illustrées en Orient dans la deuxième moitié du IIIe siècle de notre ère, Odainath de Palmyre et sa femme Zénobie. Dans le contexte troublé des années 250 au cours desquelles la Syrie est en proie aux raids dévastateurs des Perses, un notable de Palmyre, Odainath, avec son fils Haîran, sont parvenus à repousser avec succès les envahisseurs. Après leur assassinat dans des conditions obscures en 267, Zénobie reprend la tête des troupes, soumet à son autorité plusieurs provinces romaines d'Orient (les trois Syries, l'Arabie, l'Égypte et une partie de l'Asie Mineure) et finit par se proclamer impératrice de Rome avec son jeune fils Wahballath en 272[43]. Tous les voyageurs qui évoquent Palmyre ou qui réussirent à s'y rendre connaissent l'histoire de Zénobie et ne manquent pas d'y faire référence, essentiellement à partir de ce texte. Bien que plus proche du roman que de la source historique fiable, son succès ne s'est jamais démenti, y compris jusqu'à nos jours chez les romanciers dont il est la source quasi unique.

Nul doute que les Anglais d'Alep ont lu cette histoire et veulent vérifier sur place les descriptions enthousiastes que les autochtones leur ont faites de la ville et de ses ruines grandioses. Leur intérêt pour le site est d'autant plus grand que, depuis des siècles, aucun Occidental avant eux n'a réussi à l'atteindre en raison de l'insécurité de la route et des Bédouins qui l'occupent périodiquement et en défendent farouchement l'accès. Poussés par la curiosité, ils décident de s'y rendre.

---

42. Cf. A. et M. Sartre, *Palmyre. Vérités et légendes*, Paris, Perrin, 2016, p. 17-20.
43. A. et M. Sartre, *Zénobie, de Palmyre à Rome*, Paris, Perrin, 2014.

L'aventure passe par Palmyre 39

C'est grâce à deux de ces marchands, Timothy Lanoy et Aaron Goodyear, que nous possédons le récit du voyage[44]. L'expédition compte une quarantaine de personnes, accompagnateurs et muletiers compris, toutes bien armées de fusils et de pistolets. La troupe quitte Alep au petit matin du 18 juillet 1678, et prend la route du sud-est *via* Anderin qu'elle atteint deux jours plus tard. Le regard des voyageurs est attiré par les ruines de deux ou trois églises et des inscriptions grecques d'époque chrétienne[45]. Continuant leur route, ils passent le lendemain à Briadîn, petite ruine au sud-est, où ils recopient une autre inscription grecque incomplète, mais précisément datée du 1er octobre 229 apr. J.-C., faisant état d'une consécration par plusieurs personnes[46]. Le 23 juillet au matin, alors qu'ils approchent de Palmyre, ils sont rejoints par des émissaires de l'émir Melkam, chef des tribus du désert, et par ceux du sheikh de la ville qui craignent que cette petite troupe ne soit composée de « Turcs » déguisés venus les capturer. Ils ont du mal à croire la réponse des voyageurs qui se disent être des « Francs » et n'être là que par curiosité, ce que les émissaires s'empressent d'aller rapporter aux deux chefs.

C'est donc avec méfiance que la troupe des voyageurs s'approche de Palmyre en longeant les collines. En grimpant sur l'une d'elles, pour être en position défensive, ils découvrent alors émerveillés les « vastes et nobles ruines et la plaine qui s'étend comme la mer vers le sud ». Des envoyés de l'émir étant venus les assurer de son amitié, ils délèguent alors deux des leurs pour lui rendre visite, tandis que, par ailleurs, un homme du sheikh de Palmyre, venu avec eux, se charge de transmettre les lettres de recommandation fournies par le pacha d'Alep. Pendant ce temps, les voyageurs patientent dans un endroit proche des ruines, attendant le retour des émissaires porteurs de l'assurance que l'émir leur accorderait sa protection. Quant à l'envoyé du sheikh, il les

---

44. Le journal du voyage de 1678 et de celui de 1691 furent publiés par la *Philosophical Transactions*, vol. 19, 1695-1697, p. 129-160, sous le titre « An extract of the Journals of two several Voyages of the English Merchants of the Factory of Aleppo, to Tadmor, anciently called Palmyra ».
45. Ils furent les seuls à les voir. W. H. Waddington, qui vient sur le site en 1861, ne les a pas retrouvées.
46. W. H. WADDINGTON, *I.Syrie*, 2637a.

invita à planter leurs tentes « pour une plus grande sécurité, sous les murs de la ville qui est dans les ruines d'un grand Palais dont les murs se dressent très haut ». Il s'agit certainement de l'enceinte du temple de Bêl, dans laquelle se trouvaient les maisons des habitants du site, maisons que les Anglais comparent, exceptées deux ou trois, à des « porcheries ».

Lassés d'attendre d'être reçus par le sheikh ou d'obtenir une réponse à leurs lettres, deux des Anglais, accompagnés d'un janissaire et d'un serviteur, se rendent alors auprès de l'émir avec des présents : « deux pièces d'étoffes rouges et quatre vertes, plus quelques autres affaires ». Celui-ci les reçut aimablement dans sa tente, leur offrit du café, de la viande de chameau ainsi que des dattes, et leur demanda d'expliquer les raisons de leur venue. Très méfiant, l'émir a du mal à croire qu'ils ne viennent que par curiosité et il soupçonne ces étrangers de chercher un trésor parce qu'ils comprennent le texte des inscriptions gravées sur les colonnes du site. D'autre part, considérant que les « Francs » connaissent désormais la route qui conduit à Palmyre, il craint que les Turcs n'en soient informés, il estime donc que le mieux pour lui serait d'éliminer les visiteurs. Magnanime toutefois, il annonce que « comme ils sont venus en amis », il se contentera d'un don de seulement « 4 000 dollars[47] », la moitié en argent et le reste en objets divers (épées, vêtements, tentes, etc.), sinon il pendra les envoyés et les deux « Francs », et passera les autres par les armes. Après avoir envisagé d'attaquer le campement de l'émir, les Anglais se décident à compter leur argent et réussissent à réunir uniquement 1 500 dollars en argent et en biens divers. C'est alors que le sheikh de Palmyre voulut à son tour obtenir quelque chose ; mais les Anglais lui firent comprendre que tout ce qui leur restait étant leurs propres vêtements et armes, il devrait donc se battre pour les obtenir. L'ayant ainsi intimidé, ils parviennent à sécuriser leur passage, et ils peuvent repartir pour Alep où ils arrivent le 29 juillet.

---

47. L'usage du mot « dollar » peut sembler étrange. En réalité, il s'agit de désigner ainsi la monnaie d'argent importée des Pays-Bas et devenue en usage dans l'Empire ottoman au XVIIe siècle. De leur nom, « thaler », dérive le mot « dollar » utilisé par les marchands anglais.

Ils n'avaient pu recopier en tout et pour tout qu'une seule inscription dans les ruines dont le texte montre qu'il s'agit de l'une de celles gravées sur les colonnes de la grande colonnade en l'honneur d'un grand notable local du IIIe siècle, Septimios Worôd[48].

À leur retour, le pacha d'Alep, mis au courant du chantage et des menaces qu'avaient subi les voyageurs, entreprit un peu plus tard d'éliminer l'émir Melkam. Sous le prétexte de vouloir en faire le roi des Arabes, il l'attira près d'Alep et le fit assassiner. Ceci explique peut-être que lors de leur deuxième tentative, les marchands anglais connurent une relative sécurité.

Le voyage de 1691

Les mêmes marchands tentèrent en effet une seconde expédition treize ans plus tard, en 1691, à laquelle se joignit le révérend anglais William Halifax ainsi qu'un peintre hollandais, Gerard Hofstede van Essen. Le voyage s'effectua cette fois-ci fin septembre-début octobre et compta trente hommes bien armés et munis de recommandations du « roi des Arabes », Hussein Abass, dont l'un des hommes leur servait de guide. Leur route diffère de celle du voyage précédent, car ils délaissent Andèrin à l'ouest pour traverser Isriyeh où ils parlent d'un château et d'un bâtiment en ruines au-dessus, sur le sommet de la colline. De forme oblongue, le bâtiment avait encore une porte très bien sculptée à l'extrémité est et des murs avec des pilastres sur des bases avec des chapiteaux. T. Lanoy et A. Goodyear pensaient avoir affaire à une chapelle chrétienne ou à un temple païen. En réalité, il s'agit certainement du temple d'époque romaine encore en place aujourd'hui.

Arrivés à Palmyre le 4 octobre, ils trouvent le site déserté par les tribus mais, malgré cela et le regret de laisser beaucoup de choses inexplorées, ils n'y restent que quatre jours, toujours inquiets de voir arriver les « Arabes des montagnes », ennemis de leur ami Hussein. Lanoy et Goodyear ne disent rien dans leur récit de ce qu'ils virent

---

48. Il s'agit de l'inscription *IGLS* XVII, 68, dans laquelle Septimios Worôd, ducénaire d'Auguste et argapet, est honoré en tant que patron et ami par le chevalier Ioulios Aurelios Septimios Iadès en 264 apr. J.-C. Ce personnage, par ailleurs destinataire de plusieurs autres inscriptions, joua un rôle important au IIIe siècle auprès d'Odainath. Cf. A. et M. SARTRE, *Zénobie, op. cit.*, p. 63-70.

sur place à Palmyre sinon qu'ils « avaient été très satisfaits de ce qu'ils avaient vu et bien contents d'avoir réchappé sans dommage d'un endroit aussi effrayant ; mais avec le regret d'avoir laissé beaucoup de choses derrière eux, qui mériteraient une attention particulière ». Ils préfèrent relater la suite de leur itinéraire qui les conduit sur l'Euphrate à Jaber, et Balis [Meskéné] où ils rencontrent, à proximité, le campement de Hussein[49]. Ce dernier s'enquiert de leur visite à Palmyre et, comme les Bédouins du site, il ne veut savoir qu'une chose : s'ils y avaient trouvé un trésor, ce qui fait dire à nos deux Anglais que « il est ancré dans la tête de ces gens que les Francs vont voir les ruines anciennes seulement parce qu'ils y trouvent des inscriptions qui leur indiquent où sont cachés les trésors, et qu'ils les retournent face au sol afin que personne ne les voie ou puisse les lire ». Le 16 octobre dans la soirée, ils étaient de retour à Alep.

La description du site antique de Palmyre et de ses monuments revint au révérend Halifax[50], alors que van Essen réalisa plusieurs dessins sur place dont il tira ensuite, lors de son retour à Alep, un tableau panoramique[51].

Ill. 2. Palmyre : extrait du panoramique réalisé en 1691 par G. Hofstede Van Essen (musée Allard Pierson, université d'Amsterdam).

---

49. En passant par le misérable village de Aracha, Soukhneh, Taybé, Resafa.

50. « A Relation of a Voyage from Aleppo to Palmyra in Syria ; sent by the Reverend Mr. William Halifax to Dr. Edw. Bernard, (Late) Savilian Professor of Astronomy in Oxford, and by him communicated to Dr. Thomas Smith. Reg. Soc. S. », *Philosophical Transactions*, vol. 19, octobre 1695-1697, p. 83-110.

51. Quelques-uns des croquis sont au British Museum. Le tableau est aujourd'hui au musée Allard Pierson, intégré à l'université d'Amsterdam, auquel il a été légué par Gerard van Papenbroeck en 1743. Cf. R. VAN BEEK, dans *Moi Zénobie, reine de Palmyre*, Paris, Skira, 2001, p. 202 et 325.

Le premier monument décrit par Halifax est le château qui se dresse sur la colline dominant le site au nord et qui ne peut être atteint à ce moment-là qu'en escaladant dangereusement les pentes, car le pont est rompu. Renseignements pris, il en attribue la construction à un prince druze du nom de Man-Ogle sous le règne « d'Amurath III », en 1585. Mais il dit en douter faute d'avoir trouvé de prince druze ayant exercé sa domination sur la région. On sait aujourd'hui que le château a été construit au XIIIe siècle par un émir de Homs et fut renforcé par la suite aux XVIe-XVIIe siècles par l'émir druze libanais Fakhr ed-Din. Halifax se déclare finalement déçu par l'édifice qu'il trouve irrégulier, sans aucune symétrie dans les agencements, mais il reconnaît que la vue qui s'offre de là aux visiteurs est « la plus belle qui soit dans tout ce pays » (cf. cahier central, ill. 3). Une vaste plaine s'étend à perte de vue au sud de la ville où il remarque ce qu'il appelle une « vallée du sel », qu'en bon pasteur il n'hésite pas à identifier à la vallée du sel évoquée dans la Bible, où le roi David aurait défait 1 800 Édomites[52] ; il s'agit en fait de ces vastes remontées salines visibles en fin d'été dans le désert là où l'eau s'est accumulée pendant l'hiver. À cette époque, la palmeraie est très dégradée, car le pasteur dit ne voir « rien de vert sauf quelques palmiers dans les jardins, et çà et là dans la ville ». La faible population du site et le manque d'entretien des canaux d'irrigation en étaient probablement responsables.

Le site dans son ensemble lui apparaît grandiose, mais le chaos de pierres est tel qu'il ne peut y distinguer ni chemin, ni murs qui permettraient de se faire une idée de l'aspect de la ville. En revanche, le temple « païen » encore partiellement debout lui paraît « le plus magnifique », mais à l'intérieur de l'enceinte, trente ou quarante familles « pauvres, misérables et sales », vivent dans des huttes en terre. Le contraste entre les deux situations est tel que le révérend ne peut s'empêcher de noter : « il n'y a pas au monde d'endroit où l'on voit tout ensemble les restes d'une ancienne grandeur et une plus affreuse désolation ».

Sur l'une des portes du bastion arabe qui fut construit sur l'enceinte du temple au XIIe siècle avec des remplois antiques, W. Halifax

---

52. II Samuel, VII, 3.

recopie sa première inscription grecque qui n'était autre que celle de la fondation du tombeau de famille de Septimios Odainath dans laquelle est déroulée la généalogie du personnage : « fils d'Airanès, fils de Ouaballathos, fils de Nasoros[53] ». Si le grec ne pose aucun problème de compréhension à Halifax, il est en revanche très intrigué par les caractères inconnus à la fin de l'inscription dont il signale qu'on les retrouve sous chaque inscription grecque du site. Il conclut, avec raison, qu'il s'agit certainement d'une traduction du texte grec dans la langue locale, sans qu'il puisse parvenir à la déchiffrer[54]. Cette intuition lui vient du fait qu'il a constaté qu'un mot a été martelé dans les deux textes au même endroit. Il est clair pour lui que « ce sont les mêmes et que la langue inconnue est la langue commune, tandis que le grec est la langue savante ».

Si une grande partie de la relation d'Halifax consiste à décrire le temple, son organisation intérieure et son décor, il s'émerveille aussi de la « multitude de colonnes debout ou à terre, éparpillées sur plus d'un mille de surface ». Tout en explorant divers secteurs des ruines, il recopie le texte de plusieurs inscriptions grecques gravées sur leur fût ou leur console dont il préfère laisser le soin d'en faire le commentaire « à plus compétent que lui », en l'occurrence son correspondant, le Pr Bernard à Oxford. Leur contenu le conduit néanmoins à suggérer que la cité devait être « indépendante avec un conseil et un peuple, bien que peut-être sous la protection d'un grand empire, les Parthes d'abord, puis les Romains[55] ». De fait, l'autonomie locale de la cité est assez bien déduite ainsi que la domination de Rome, mais Halifax se trompe en envisageant qu'elle ait été sous protection des Parthes, dont Palmyre n'a en effet jamais été dépendante. Se référant au texte de l'*Histoire Auguste*, Halifax ne manque évidemment pas d'évoquer l'histoire de Zénobie et Odainath qui, par leur implication dans les événements qui affectent la Syrie au

---

53. *IGLS* XVII, 545.
54. *IGLS* XVII, 53.
55. Ce sont les inscriptions honorifiques décernées par le Conseil et le Peuple : *IGLS* XVII, 159, recopiée sur une colonne de la colonnade qui part du grand arc en direction du nord vers le rempart (p. 92), et *IGLS* XVII, 305 gravée sur une colonne entre le sanctuaire de Bêl et la source Efqa vers l'ouest (p. 94).

IIIe siècle, ont contribué à rendre le lieu illustre. C'est d'ailleurs en s'appuyant sur ce texte et sur celui de l'une des inscriptions qu'il conclut que les Palmyréniens étaient « restés idolâtres et n'ont pas reconnu le vrai Dieu », étant donné les nombreuses références à plusieurs divinités païennes dans les inscriptions, alors que « Zénobie passait pour être juive ». La dépendance d'un texte peu fiable et l'absence d'autres sources à sa disposition expliquent ces jugements erronés que les historiens ont depuis corrigés[56].

Il n'est pas aisé de suivre l'itinéraire d'Halifax dans les ruines, car ses points de repère et son interprétation des édifices qu'il voit ne sont pas toujours identifiables. Il semble toutefois que, à partir du temple de Bêl, il ait suivi la rue à colonnade en direction du rempart[57], puis qu'il revint à la hauteur de la place du tétrapyle (« une magnifique entrée qui ouvre sur une noble place »). Il descendit ensuite le long de la grande colonnade si l'on en juge par les dimensions qu'il donne (plus de 800 m de long sur 40 m de large), du nombre de colonnes qu'il compte (129 auraient été encore debout, mais il estime qu'il devait y en avoir au moins 560), et des textes qu'il y a recopiés[58]. C'est dans l'un d'eux qu'Halifax a cru lire le mot « Ologesias[59] », et qu'il se livre alors à de multiples hypothèses sur son sens, hésitant entre plusieurs noms de lieux, *Getia* en Macédoine ou *Olgassos* en Bithynie, sans exclure que ce puisse être un nom de personne. On sait désormais qu'il s'agit du nom du comptoir commercial palmyrénien de Vologésias, situé dans la basse vallée de l'Euphrate, par lequel passaient les caravanes de Palmyre lors de leur voyage vers le golfe Persique.

D'une manière générale, les remarques d'Halifax montrent qu'il a très bien compris le sens de ces inscriptions destinées

---

56. Cf. A. et M. SARTRE, *Zénobie, op. cit.*, p. 150-156.
57. Car c'est là qu'il recopia l'inscription *IGLS* XVII, 159.
58. *IGLS* XVII, 89 et 53, qui sont tout près de la place du tétrapyle dans la section centrale de la colonnade, la section B, qui va du tétrapyle au grand arc ; *IGLS* XVII, 65, 69, 66, 58, 67, 63, qui sont toutes sur des consoles ou des fûts de colonnes situées dans la partie centrale de la section B de la grande colonnade.
59. *IGLS* XVII, 89.

à honorer et à perpétuer la mémoire de personnages importants dans la cité et que les consoles servaient à y placer leurs statues. Le long du tracé de la colonnade, il a remarqué également les conduites d'eau sulfureuse et évoque à cette occasion « le puits à un mile à l'ouest où les habitants se baignent » et qui est certainement la source Efqa où il recopia une dédicace à Zeus Très Haut sur un piédestal[60].

Il est plus difficile de suivre son parcours au-delà de la partie centrale de la grande colonnade, mais poursuivant vers le nord-ouest, il dut atteindre la colonnade transversale et l'ensemble de bâtiments formé par le temple d'Allat et le camp de Dioclétien dont il mentionne l'inscription dédicatoire parmi les ruines[61]. Il vit également le petit temple de Baalshamin qui lui paraît d'une architecture curieuse sans qu'il en donne la raison, peut-être est-ce dû à son absence de toit, mais il est surtout déçu de ne pouvoir mieux lire l'inscription gravée sur la console d'une des colonnes du portique en l'honneur d'un certain Malè Agrippa. Il aurait alors certainement compris qu'il s'agissait d'honorer ce citoyen de Palmyre pour avoir rénové le temple, l'avoir doté d'un porche à quatre colonnes et entretenu l'escorte d'Hadrien lors de la visite de l'empereur à Palmyre en 130 de notre ère[62]. Il se fit toutefois une raison en évoquant « la grande curiosité que sont les sépulcres en forme de tours carrées de quatre ou cinq étages de haut sur deux rangs le long de la route qui va au Nord ». Avant de les avoir vus de près, il s'imaginait avoir affaire pour certains à des clochers et, pour d'autres, à des bastions d'anciennes fortifications. De fait, plusieurs tombeaux de forme carrée ont été englobés dans la muraille tardive et pouvaient faire penser à des bastions. À l'inscription qu'il a recopiée, nous voyons qu'il a exploré la tour d'Elahbel dont une statue allongée ornait encore la niche au-dessus de la porte, ainsi que celle de Jamblique dont la date (83 apr. J.-C.) est la plus ancienne de celles qu'il a pu recueillir sur le site. Il termine là son récit dans la lettre qu'il adresse à son correspondant, espérant « ne

---

60. *IGLS* XVII, 343.
61. *IGLS* XVII, 121.
62. *IGLS* XVII, 145.

pas l'avoir ennuyé en le promenant dans l'ancienne et célèbre cité de Tadmor ».

Moins précis sur la suite du voyage que les deux Anglais qu'il accompagnait, il parle néanmoins de son passage à Taybé pour signaler sa découverte d'une inscription en grec suivi des mêmes lettres étranges que celles qu'il avait vues à Palmyre et qui est la même que celle qu'avait repérée Pietro Della Valle un siècle et demi plus tôt. Il confirme leur passage à *Resafa-Sergiopolis* dont les ruines devaient être en partie recouvertes par le sable, car il n'est pas du tout impressionné par le site spectaculaire où il ne signale que les ruines d'un monastère en gypse et des citernes. Après une brève halte sur l'Euphrate, les voyageurs rentrent à Alep 18 jours après leur départ.

Le premier voyage des Anglais à Tadmor en 1678 n'était pas passé inaperçu et fut assez vite connu par d'autres voyageurs de passage à Alep. C'est le cas du peintre flamand Cornelis de Bruijn (Corneille Le Brun en français) qui entreprend un grand voyage au Levant en 1674 et ne revient en Europe qu'en 1693[63]. Alors qu'il est à Alep en 1682-83, il explique qu'il aurait bien aimé se rendre à Tadmor « parce qu'il y a en ce lieu de très beaux restes d'Antiquités » mais, instruit par les habitants des mésaventures des marchands anglais et des dangers qu'il y a à s'y rendre, il y renonça. Toutefois, dans la publication de ses voyages, parue seulement en 1700, il donne intégralement le texte du récit du deuxième voyage de W. Halifax, publié en 1695, dont il a eu connaissance entre-temps. Nul doute que s'il avait pu aller à Palmyre, il aurait donné une description des ruines et fait des croquis car, à la différence de bien des voyageurs dont nous avons parlé précédemment, Le Brun s'intéressait vraiment aux ruines et aux antiquités. C'est ce que prouve le récit de son voyage en Turquie, où il décrit par exemple les monuments antiques de Smyrne, ou en Phénicie ceux de Tyr, ainsi

---

63. C. LE BRUN, *Voyage au Levant, c'est-à-dire dans les principaux endroits de l'Asie Mineure, dans les îles de Chio, Rhodes, Chypre, de même que dans les villes les plus considérables d'Égypte, de Syrie et de la Terre sainte*, Delft, 1700 ; Paris, G. Cavelier, 1714, p. 338.

que les nombreux croquis qu'il a faits des différents lieux où il s'est rendu. De même, alors qu'il est à Tartous pour quelques heures en attente d'une caravane qui doit le conduire à Alep, en profite-t-il pour « aller voir les ruines » de la ville et donner une description sommaire de l'église avec ses colonnes et sa voûte de couverture[64].

Curieusement toutefois, bien qu'il ne soit pas allé à Palmyre, on trouve dans son ouvrage un panoramique des ruines issu de la publication d'Halifax, mais dont il dit qu'il le retoucha « le rendant un peu meilleur par une addition d'un morceau de colonne de porphyre qui était à terre avec six colonnes qu'on voit au milieu de la taille-douce sur le bas de la planche marquée G ». Il explique que les changements qu'il a apportés au dessin viennent d'une représentation peinte réalisée à Palmyre par un certain Henri Lub qui l'avait rapportée à Amsterdam peu de temps avant la publication de Corneille Le Brun. Nous ne savons rien de ce personnage ni de son voyage apparemment non publié, sinon qu'il semble avoir passé dix-sept ans en Palestine et que son récit ait servi à Hadrian Reland pour écrire son *Histoire de la Palestine par les anciens monuments* paru en 1714 à Utrecht[65]. Cette mention est la preuve que d'autres voyageurs ont dû aller à Palmyre, mais que, faute de publication, leur passage nous est resté inconnu.

La publication de Halifax que Le Brun cite *in extenso* dans son ouvrage, bien qu'elle ait été faite dans une revue savante, eut incontestablement beaucoup de succès et, bien que cela ne soit pas dit expressément par l'auteur, elle est certainement à l'origine de l'ouvrage de l'ecclésiastique anglais Abednego Seller qui publia en 1696 une première synthèse historique sur Palmyre à partir des auteurs bibliques, des textes littéraires grecs et latins et des inscriptions recopiées sur place par le pasteur Halifax[66].

---
64. *Id.*, p. 329.
65. *Le Journal des Savants*, mars 1714, p. 95.
66. A. SELLER, *The antiquities of Palmyra, containing the History of the City and its Emperors from its Foundation to the Present Time, with an Appendix of critical Observations on the Names, Religion and Government of the Country and a Commentary on the Inscriptions lately found there*, Londres, S. Smith et B. Walford, 1696.

Les Français se lancent aussi dans l'aventure : Giraud et Sautet (1705), Granger (1735)

Deux voyageurs français dont le voyage en Syrie n'a fait l'objet d'aucune publication sont néanmoins connus pour avoir tenté eux aussi l'aventure de Palmyre au tout début du XVIIIe siècle. Il s'agit des sieurs Giraud et Sautet (on ne connaît pas leurs prénoms) dont le premier réalisa en 1705 un panoramique du site. Celui-ci, aujourd'hui perdu, est connu grâce à Pierre-Jean Mariette, collectionneur d'estampes, qui en 1763 avait fait une copie de l'original déposé à l'Institut de France le 19 mars 1706. Cette copie fut retrouvée à la fin de l'exemplaire personnel de Mariette du livre de Robert Wood et de James Dawkins, *Les ruines de Palmyre*, dont nous parlerons plus loin. Ce n'est qu'en 1901 que Paul Perdrizet publia dans la *Revue des Études Anciennes* l'ensemble des documents qui avaient été reliés à la fin du livre[67]. Il s'y trouvait le compte rendu de l'ouvrage de Wood par l'abbé Jean-Jacques Barthélémy pour le *Journal des Savants* de 1754, et le mémoire du même Barthélémy *Réflexions sur l'alphabet et la langue de Palmyre*[68] qu'il fut, la même année, avec l'orientaliste et pasteur anglais John Swinton[69], le premier à déchiffrer, quelques mois après la parution du livre de Wood et Dawkins. Y étaient adjointes deux inscriptions palmyréniennes conservées à Rome[70], une lettre du voyageur Granger relatant son séjour à Palmyre (voir *infra*) et un dossier sur les antiquités de Palmyre. Dans ce dernier étaient consignées des réflexions de Mariette sur les antiquités du site,

---

67. P. PERDRIZET, « Les dossiers de P. J. Mariette sur Ba'albek et Palmyre », *REA*, t. 3, 1901, n° 3, p. 225-264.
68. J.-J. BARTHÉLÉMY, *Réflexions sur l'alphabet et la langue dont on se servait autrefois à Palmyre*, Paris, H. L. Guérin et L. F. Delatour, 1754.
69. J. SWINTON, *Philosophical Transactions*, 1753, p. 690-756.
70. Il s'agit d'une stèle bilingue consacrée par un citoyen de Palmyre aux dieux Aglibôl et Malakbêl et d'un autel dédié à Malakbêl et aux dieux de Palmyre, tous deux trouvés à Rome dans le quartier du Trastevere et aujourd'hui conservés au musée du Capitole. Cf. F. CUMONT, « L'autel palmyrénien du musée du Capitole », *Syria*, 9, 1928, p. 101-109. Les deux documents émanent de membres de la communauté palmyrénienne de Rome sous l'Empire.

datées de 1760, et un fragment de lettre du sieur Poullard, vice-consul de France à Tripoli de Syrie, qui évoque le voyage de Giraud et Sautet. S'y ajoutait la copie du panoramique faite par Mariette, une réflexion manuscrite sur *Les ruines de Palmyre de Wood* de l'architecte Soufflot et deux lettres inédites de l'abbé Barthélémy à Mariette.

Concernant le panoramique, Mariette se dit frappé par la ressemblance avec celui que publiera Wood en 1753, mais sachant que le dessin de Giraud a été remis directement à l'Académie des Inscriptions à Paris le 19 mars 1706 par l'abbé Bignon de la part du ministre et n'en est pas sorti, il est exclu que les Anglais en aient eu connaissance. Par ailleurs, Mariette remarque un détail qui montre qu'en un demi-siècle, quelques colonnes que les Français avaient vues debout étaient effondrées lors de la venue des Anglais.

La lettre que le consul de France à Tripoli, Poullard, adresse en 1705 au ministre de la Marine, le comte de Pontchartrain, en charge également des Académies, accompagnait les dessins réalisés à Palmyre et à Baalbek par Giraud et Sautet avec une relation de ce que les deux voyageurs avaient vu sur le site. Il y est question de quantités de marbre, de temples, de tours, de colonnades et d'un « palais » avec un double rang de colonnes, en réalité l'enceinte du temple de Bêl, le tout avec des « ornements parfaits et de très belles figures ». Le consul évoque aussi les « doubles inscriptions » sur les colonnes, en grec et dans une écriture « dont les lettres paraissent de l'hébreu ou du cophte ». C'est alors qu'il exprime son mécontentement que toutes les inscriptions n'aient pas été recopiées par Giraud et Sautet en raison de la peur qu'inspiraient les Arabes aux voyageurs, car, dit-il, elles « étaient si nécessaires pour l'éclaircissement de l'histoire ». Il espère toutefois les convaincre d'y retourner après qu'ils seront revenus de Perse, mais cela ne se fit apparemment pas. Poullard s'interroge aussi sur l'usage des « six tours dont une est encore dans tout son entier par le bas » et dont l'intérieur était garni, selon lui, de tablettes « pour une bibliothèque ». Il ne connaît visiblement pas l'usage des rangées de *loculi* superposés destinés à enterrer les défunts perpendiculairement aux parois de la tombe. Mariette quant à lui n'est pas très tendre avec le consul qu'il accuse de se donner le beau rôle auprès du ministre et d'avoir dépouillé Giraud et Sautet de leurs travaux contre son appui et un peu d'argent. De fait, ces deux voyageurs sont restés pratiquement inconnus faute d'avoir publié eux-mêmes leur voyage.

Ce ne fut pas totalement le cas de leur compatriote Claude Tourtechot, dit Granger, qui vient lui aussi en Orient entre 1730 et 1737. Médecin et chirurgien, après avoir officié à Marseille et Toulon lors de l'épidémie de peste de 1721, il résida à Tunis puis, après un séjour en France, accompagna en Égypte le consul de France, Pierre-Jean Pignon, nommé au Caire en 1730. Il explorait l'Égypte quand, en 1733, il reçut une commission du roi Louis XV pour travailler à « la recherche de tout ce qui peut contribuer à augmenter et perfectionner l'Histoire Naturelle[71] ». Parti de Cyrénaïque, il se rend à Candie (Crète), à Chypre, en Palestine et en Syrie, puis en Perse où il devait trouver la mort près de Bassora en 1737. Alors que son voyage en Égypte fut édité dès 1745, ceux qu'il effectua à Baalbek et à Palmyre ne sont connus que par ses lettres envoyées au comte de Maurepas, alors secrétaire d'État à la Marine et à la Maison du Roi. La lettre concernant Palmyre aurait dû être publiée dans une *Histoire de Palmyre* préparée par Antoine-Jean Saint-Martin, un orientaliste membre de l'Académie des Inscriptions, mais celui-ci mourut du choléra en 1832 sans avoir achevé son ouvrage qui fut archivé mi-imprimé mi-manuscrit à la Bibliothèque nationale[72]. C'est l'abbé Jean-Baptiste Chabot qui, à partir de la copie de Saint-Martin, publia la lettre dans le *Journal Asiatique* de 1897 et, tout en reconnaissant l'importance du voyage de Wood et Dawkins, ne peut s'empêcher de dire que la description des ruines par Granger, effectuée quelque quinze ans auparavant, était, en « plusieurs points, supérieure par l'exactitude, la netteté et la précision des détails à celle des explorateurs Anglais[73] ».

---

71. Cf. M. GHARAVI, « Un médecin des Lumières. Simon de Vierville et son voyage en Perse », dans *Européens en Orient au XVIIIᵉ siècle*, Paris, L'Harmattan, 1994, p. 37-38, où il est question de Granger.
72. *Nouv. Acq. 9123*, folios 253-279.
73. J.-B. CHABOT, « Les ruines de Palmyre en 1735 », *Journal Asiatique*, sept.-oct. 1897, p. 335-355.

Après avoir travaillé à Baalbek, et estimant qu'il n'avait plus rien à voir, Granger décide de se rendre à Damas où il arrive le 21 octobre 1735. De là, il envisage d'aller à Palmyre qui est alors à « huit jours de marche vers l'Est », où il entend non seulement voir les ruines, mais aussi herboriser ou, plus exactement, « y examiner la plante de laquelle les Arabes de ce pays tirent quantité de cendres qu'ils vont vendre jusqu'à Tripoli ». Cette cendre était le résultat de la combustion de plusieurs plantes du désert, dont une qui ressemble à la salicorne, qui donnait une sorte de soude naturelle, le *qilî*, utile à la fabrication du savon[74]. À cette date, la route de Palmyre est toujours aussi peu sûre, car Granger exprime sa crainte d'être « tué ou fait esclave par les Arabes qui y campent », mais il ne renonce pas pour autant « quoiqu'il [lui] en pût coûter ». Habillé à « l'arabe », et muni de « quelques bagatelles » pour obtenir des chefs des villages traversés des lettres de recommandation, il tente l'aventure début novembre 1735. Auparavant, il a confié ce qu'il avait de plus précieux aux Capucins chez qui il était hébergé avec ordre pour eux, s'il n'était pas revenu dans deux mois, d'expédier ses affaires au consul de France à Saïda en Phénicie[75].

Granger quitte Damas en direction du nord *via* Dayr-Atiyeh qu'il atteint trois jours plus tard. Là, il note que les habitants, mi-musulmans mi-syriaques, pratiquent les intermariages, les enfants mâles devenant musulmans, les filles chrétiennes. Bien que n'étant pas très tendre à l'égard des femmes et des hommes du village qu'il juge « fainéants et voleurs », Granger indique qu'ils ont pour occupation unique de fabriquer « des fusils et des pistolets très estimés ». Muni d'une escorte de six hommes

---

74. Cf. V. BONTEMPS, *Ville et patrimoine en Palestine. Une ethnographie des savonneries de Naplouse*, Paris, IISMM Karthala, 2012. Cette plante arbustive, appelée aussi Salsola Kali ou shnan, riche en carbonates de soude et de potasse, fournissait, réduite en cendre, l'agent alcalin nécessaire à la saponification. Elle est aujourd'hui remplacée par de la soude minérale.

75. À cette date, le consul de France pour la Syrie et la Palestine réside à Saïda (Seyde). Selon les listes établies par A. MÉZIN, *Les consuls de France au siècle des Lumières (1715-1792)*, Paris, ministère des Affaires étrangères, 1998. À la date où Granger est en Orient, il devait s'agir de Joseph Martin, en poste de 1732 à 1738.

et d'une lettre de recommandation du chef chrétien du village, il se dirige alors en direction de Qaryatain, village également mixte (turc et chrétien maronite) où, contre 12 sequins donnés au sheikh, il obtient qu'un « Arabe » l'accompagne à Palmyre et le ramène sain et sauf. Muni de pains d'orge, de raisins secs et d'une outre d'eau en peau de chèvre, il atteint Qasr al-Hair Gharbiyeh à six heures du soir où il se repose au pied de la « tour carrée en ruine ». La tour, vestige d'un ancien couvent byzantin, est encore dans le même état aujourd'hui. Il ne dit mot des vestiges du palais omeyyade qui devaient être pourtant bien visibles[76]. Avec son guide, ils atteignent Palmyre le lendemain à trois heures de l'après-midi après s'être arrêtés seulement trois heures dans la nuit pour se réchauffer à un feu de broussailles.

D'après la description de Granger, ils arrivèrent près d'un « aqueduc », en réalité un conduit d'eau, en contrebas de la route, auquel on accédait par seize marches et où il voit des lettres grecques sur les parois. On pourrait y reconnaître le conduit de la source Efqa à l'entrée du site le long duquel étaient dressés des autels et autres petits édicules votifs à Zeus très Haut, dont certains aujourd'hui sont encore en place[77]. Une demi-heure plus tard, Granger découvre des « tours carrées presque toutes entières » dont il a tendance à surestimer le nombre, car il en aurait vu « une centaine intacte et autant en ruine » ! Puis, à la sortie de la vallée des tombeaux, la ville s'offre à lui avec ses « deux cents colonnes encore sur pied », mais son aspect confus le déroute, au point qu'il dit ne pouvoir en distinguer ni le plan ni les monuments, à part le temple de Bêl « qui est dans l'enceinte d'un château » dont il décrit assez longuement l'enceinte, les sculptures et l'aménagement de la cella avec ses escaliers menant au toit. Il signale aussi le grand arc et quatre colonnes d'une seule pièce en « granit rouge » qui se trouvaient au-devant, dont deux étaient à terre. Ces colonnes constituaient la façade de ce qui fut par la suite identifié comme les thermes dits de Dioclétien où, de fait, de façon unique à Palmyre, on a

---

76. C'est la porte d'entrée de ce palais qui est aujourd'hui reconstituée sur la façade du Musée de Damas.
77. Cf. *IGLS* XVII, 342-350.

utilisé du granit d'Égypte pour les colonnes du porche. Pour ce qui est de la ville elle-même, Granger y voit surtout beaucoup de confusion dans ses centaines de colonnes ; il a du mal à distinguer « le plan des édifices ». Après avoir fait une rapide visite du château au sommet de la montagne, il examine quelques tours funéraires et il relève un détail curieux à l'intérieur de l'une d'elles, sans doute celle d'Elhabel ou de Jamblique en raison du plafond peint à caissons : la présence d'une « mosaïque » sur un mur de fond. Par ailleurs, dans l'un des hypogées d'une tour, il voit des corps « emmaillotés dans de très fines bandes de lin » qui lui ont semblé momifiés. Mais, empêché d'en démailloter un pour vérifier, il dut se contenter de la promesse d'un Bédouin, payé 12 sequins pour cela, de lui en apporter un à Saïda.

Granger se déclare malgré tout un peu déçu par le site, excepté le temple, et par ces ruines qui, « pour immenses qu'elles soient, ne sont rien en comparaison avec d'autres que l'on voit à Louxor » et qui récompensent bien peu « le curieux trop peu dédommagé des risques et des peines prises pour les visiter ». Il est vrai que, s'il fut à peu près bien reçu par le sheikh, ce dernier se montra très méfiant à l'égard de ce « Franc » venu sans doute « lui enlever ses secrets » et, malgré la protection d'un des chefs de la tribu que Granger avait connu à Alep et un cadeau de quelques sequins au sheikh, il se fit voler dans la nuit tout l'attirail des chevaux. Comme le constatait déjà Halifax près d'un demi-siècle plus tôt, l'oasis est toujours aussi squelettique, Granger n'y compte en effet que dix à douze palmiers seulement et une cinquantaine d'oliviers.

Il faut attendre encore une quinzaine d'années pour voir d'autres voyageurs venir à leur tour explorer la Syrie et se lancer à la découverte de nouveaux secteurs, en se rendant en particulier pour la première fois dans les villes mortes du nord de la Syrie.

II
En route vers la Syrie du Nord et la vallée de l'Euphrate

Premières explorations (1644-1723)

Au XVIIe siècle, les marchands ou les pèlerins qui débarquaient à Alexandrette (aujourd'hui Iskanderun) et se rendaient à Alep empruntaient une route depuis laquelle il était possible d'apercevoir les ruines de certaines « villes mortes ». C'est sous ce terme que l'on désigne l'ensemble des villages antiques (près de huit cents), dans tous les Jebels de Syrie du Nord, qui semblent avoir été abandonnés du jour au lendemain par leurs habitants. C'est la route que prend Jean-Baptiste Tavernier lors de son deuxième voyage vers la Perse en 1638. Il remarque en effet des « ruines d'anciens monastères dont quelques-uns sont encore presque tout entiers bâtis de pierre de taille » et signale qu'il voit « à une demi-journée tirant au Nord le monastère de Saint Siméon le Stylite » dont il sait qu'il y subsiste un « reste de colonne qui est encore sur pied ». Il ne semble pas s'y être rendu, mais il dit que « les Francs qui vont à Alep se détournent d'ordinaire pour aller voir ce lieu ». Cela n'est pas très étonnant car, on l'a vu, le monastère de Saint-Siméon faisait partie des lieux de pèlerinage fréquentés dès l'Antiquité (cf. *supra*, p. 25). Toutefois, Tavernier trouve beaucoup plus d'intérêt aux citernes voûtées en pierre de taille encore intactes, qui se trouvent entre les ruines, qu'aux bâtiments eux-mêmes[78].

---

78. J.-B. TAVERNIER, *op. cit.*, p. 133-134.

Le but de son voyage n'étant en rien touristique (cf. *supra*, p. 18-19), il ne se livre à aucune découverte autour d'Alep, pressé de poursuivre sa route vers la Mésopotamie. Néanmoins, lors de son troisième voyage en 1644, au lieu de prendre la route du « grand désert » par Taybé qu'il avait emprunté la deuxième fois et d'atteindre l'Euphrate à Anat, il rejoignit le fleuve à Birecik puis, après l'avoir traversé, continua sa route en direction d'Ourfa (anc. *Édesse*) et Diyarbekir. Alors que Tavernier s'occupe peu d'antiquités, il s'intéresse malgré tout à Ourfa en raison de réminiscences bibliques selon lesquelles la ville aurait été le lieu de séjour d'Abraham, et les Chroniques arméniennes rapportent que l'un de ses rois, Abgar, aurait été baptisé par un apôtre de Jésus[79]. En réalité, la Bible (Genèse, 11.31 et 12.4-5) associe Abraham à une ville appelée Harân que l'on a assimilée à celle qui se trouve au sud d'*Édesse*. Les deux affirmations relèvent plus de la légende que de la réalité. Mais en raison de cela, il a « la curiosité de voir tout ce qu'il y a de remarquable dans la ville » (le château, la fontaine, les mosquées, les églises) et il signale des sépultures antiques chrétiennes dans des grottes[80]. Il poursuit sa route vers Mossoul à travers la Mésopotamie par Mardin et Nisibe sans qu'il n'évoque pour cette dernière son passé antique si ce n'est que, dans le cimetière arménien, il dit avoir vu une pierre « avec des caractères romains à demi effacés » que les habitants vénèrent en raison de la croyance « qu'elle avait servi de piédestal à une statue de saint ».

Ce n'est que quarante-trois ans plus tard qu'un nouveau voyageur relate son passage en Syrie du Nord : l'érudit pasteur anglais Henry Maundrell lorsqu'il se rend d'Alep à Jérusalem en pèlerinage en 1696-1697. L'originalité de ce pèlerin aventureux est d'être le premier à signaler, lors de sa descente de la côte de Phénicie, les monuments d'Amrith au sud de Tartous dans un lieu qu'il appelle « la fontaine aux serpents ». Il décrit soigneusement « ces monuments barbares » dont il fait éga-

---

79. *Histoire du roi Abgar et de Jésus*, traduction, introduction et notes par A. Desremaux, Turnhout, Brepols, 1993.
80. J.-B. TAVERNIER, *op. cit.*, p. 173.

lement des croquis, donne des dimensions et dresse les plans des structures souterraines[81]. Ces monuments, que l'on appelle aujourd'hui meghazils, devaient être explorés avec l'ensemble du site seulement un siècle et demi plus tard, en 1860-1861, par Ernest Renan. Maundrell rapporte également qu'il a observé sur le site « une cour carrée taillée dans le roc » avec « au centre une structure carrée servant de piédestal à un trône fait de quatre grandes pierres » dans laquelle on reconnaît le Maabed, c'est-à-dire le temple du dieu Melqart. À quelque distance, il remarque aussi « une autre tour carrée en grosses pierres avec une belle corniche et deux chambres l'une au-dessus de l'autre » et signale de nombreuses sépultures ainsi que plusieurs autres vestiges antiques qui lui laissent penser que le site devait être habité autrefois.

Son itinéraire au jour le jour est très précis et il n'omet jamais de décrire, dans chaque site où il passe, les édifices qu'il voit et de donner les indications historiques ou mythiques et légendaires qui se rattachent à tel ou tel endroit. C'est ainsi qu'il rappelle que Lattaquié est une fondation du roi Séleucos qui baptisa la cité du nom de sa mère Laodicée et il se réfère souvent à Strabon pour rattacher ces villes à leur histoire, mais également à la Bible. Lucien de Samosate est sa référence lorsqu'il passe au nahr el-Qalb dont la rivière, le *Lycos* de l'Antiquité, prend une couleur rouge à certaines saisons, phénomène que l'on expliquait par le sang d'Adonis, blessé à mort par un sanglier dans la montagne[82]. Il prend même le temps de recopier des inscriptions, comme la dédicace en latin qui se trouve à l'entrée de la gorge du nahr el-Qalb ou celles en grec et en latin qu'il voit à Beyrouth, à Sidon sur des milliaires, ou à Tyr. Revenu de Jérusalem par le sud de la Beqaa et par la vallée du Barada, il atteint Damas où sa curiosité de chrétien le conduit surtout à voir les sites en relation avec saint Paul (maison d'Ananie, le lieu supposé de la conversion et la porte par laquelle l'apôtre s'est échappé de la

---

81. H. MAUNDRELL, *A Journey from Aleppo to Jerusalem at Easter AD 1697 to which is added an account of the author's journey to the banks of the Euphrates at Beer and the country of Mesopotamia*, Oxford, 1703, p. 20-21.
82. Lucien de Samosate, *Sur la déesse syrienne*, 72, 8.

ville), à aller au couvent de Saydnaya puis au mausolée de Nabi Abel dans la vallée du Barada. Mais il n'est pas en mesure de dire ce qu'est le « magnifique monument ancien » qui se dresse là et que, plus tard, Richard Pococke identifiera comme étant un temple romain[83]. Il ne manque pas de se rendre également à Baalbek dont il décrit les ruines et donne de très beaux croquis du site et des temples[84] avant de rejoindre Tripoli.

Pour retourner à Alep depuis Tripoli, Maundrell aurait voulu prendre un itinéraire différent de celui qu'il avait suivi à l'aller par la côte, et passer par l'intérieur pour se rendre à *Émèse* et Hama mais, mis au courant de certaines « perturbations » sur la route, sans qu'il dise lesquelles, il revient par le même chemin nous privant ainsi de ses observations sur ces sites. Une fois à Alep, en avril 1699, il prend la direction du nord-est et se rend à Membidj, l'ancienne *Hiérapolis*, qu'il appelle *Bambych*, dont il déplore qu'il « ne reste plus aucune trace de son ancienne splendeur, à part ses murailles ». La ville conservait en effet des éléments de fortification avec des portes et des tours, et il découvre aussi des bas-reliefs funéraires représentant « des bustes d'hommes et de femmes grandeur nature avec au-dessous deux aigles », qui sont, de fait, caractéristiques de cette région[85]. Tout près, sur les bords d'un grand puits, était encastrée « une pierre avec les figures en bas-relief de deux sirènes dont les queues formaient un siège dans lequel se tenait une femme nue ». La vaste dépression emplie d'eau avec des bâtiments autour qu'il décrit était certainement l'emplacement du lac sacré, associé au temple d'Atargatis, la *Dea Syria*, divinité tutélaire de la ville dans l'Antiquité. Plus tard[86], il est le premier à se rendre à Cyrrhus. La ville, dominée par un château sur la colline, est entourée de remparts mais totalement en ruine ; Maundrell y recueillit néanmoins quelques inscriptions. Au sud des ruines, il vit un mausolée à pyramide qui était intact, entouré de nombreux autels funéraires dont une seule inscription

---

83. H. MAUNDRELL, *op. cit.*, p. 131-132.
84. *Id.*, p. 133-137.
85. *Id.*, p. 257-258.
86. Il continua en effet son voyage en direction de Nisibe et revint à Alep par Aintab (act. Gaziantep).

lui parut lisible[87]. Ce voyageur, plus curieux que d'autres, fut une source d'inspiration pour ses successeurs et notamment pour Alexander Drummond qui entreprend en 1746 une expédition dans les mêmes sites avec son livre en main[88].

Ill. 5. Mausolée antique de Cyrrhus (Syrie du Nord)

Entre-temps, deux voyageurs hollandais, Johanes Aegidius van Egmont, ambassadeur des Provinces Unies à Naples, et John Heyman, professeur de langues orientales à Leyde, avaient laissé l'un et l'autre des versions manuscrites de leurs voyages respectifs en Orient. Ces voyages ne furent connus que bien plus tard

---

87. H. MAUNDRELL, *op. cit.*, p. 266-267. Le monument existe toujours (cf. ill. 5).

88. A. DRUMMOND, *Travels through different Cities of Germany, Italy, Greece and several parts of Asia, as far as the banks of the Euphrates: in a series of letters containing an account of what is most remarkable in their present state, as well as in their monuments of antiquities*, Londres, Strahan, 1754.

quand leurs récits furent réunis en un même ouvrage. Celui-ci fut édité en 1757 sous leurs deux noms par le neveu de Heyman, qui avait recueilli le carnet de voyage d'Egmont de son héritier. Il y ajouta les illustrations que l'on trouve dans l'édition des voyages de Cornelius Le Brun[89], sans faire la distinction entre ce qui revenait à l'un ou à l'autre. Les deux textes sont tellement bien fusionnés qu'ils semblent ne faire qu'un. Il est en outre difficile d'établir la date précise des deux voyages. Toutefois, Heyman, qui était pasteur de la communauté hollandaise de Smyrne entre 1700 et 1706, serait venu en Syrie entre 1707 et 1709[90] ; pour celui de van Egmont, mort en 1747, on le situe entre 1720 et 1723. Bien qu'ayant parcouru les mêmes espaces, ils n'auraient donc pas voyagé ensemble, mais c'est en tout cas par cet ouvrage que l'on sait que furent visités les sites de Saint-Siméon et de Qatura en Syrie du Nord.

Arrivés de Hollande *via* l'Espagne et l'Italie, ils suivent un itinéraire assez classique par les îles grecques, l'Asie Mineure (Smyrne, Éphèse entre autres), Rhodes et Chypre, puis la Terre sainte, l'Égypte et retour par la Phénicie jusqu'à Damas. Après un passage à Baalbek, dont ils contestent l'assimilation à Césarée de Philippe faite par Pierre Belon et qu'ils identifient avec raison comme *Héliopolis*, ils se livrent à une description des prestigieux vestiges architecturaux du site. Puis, remontant vers le nord par la plaine de la Beqaa, ils gagnent Tripoli où un muletier accepte de les conduire à Alep en quatorze jours en passant par Tartous, Banias, Jéblé, Lattaquié, Antioche et Alexandrette. En route, ils semblent avoir vu eux aussi les différents monuments de Amrith qui, près du « puits du serpent », correspondent, par la description qu'ils en font – « des tours avec des sépultures au-dessous » et « un grand trône dans une enceinte » –, au site côtier qu'avait décrit Henry Maundrell. Comme la plupart des

---

[89]. J. A. VAN EGMONT et J. HEYMAN, *Travels through part of Europe, Asia Minor, the Islands of the Archipelago ; Syria, Palestine, Egypt, Mount Sinaï*, etc., 2 vol., 1re édit. en néerlandais, Leyde, L. Davis et C. Reymers, 1757, trad. en anglais, Londres, L. Davis and C. Reymer, 1759. Cf. M. van den Boogert, dans *Christian-Muslim relations. A Bibliographical History*, vol. 13, Western Europe (1700-1800), Leyde-Boston, Brill, 2019, p. 466-471.

[90]. H. I. EL-MUDARRIS et O. SALMON, *Le consulat de France à Alep au XVIIe siècle*, Alep, El-Mudarris, 2009, p. 45.

En route vers la Syrie du Nord et la vallée de l'Euphrate 61

voyageurs venus avant eux dans les villes qu'ils traversent, ils remarquent l'église et le château de Tartous, le théâtre de Jéblé, qu'ils appellent « amphithéâtre », et l'arc à quatre baies de Lattaquié qui, bien qu'entouré de murs et couvert d'une coupole pour le transformer en mosquée, leur semble bien être un « arc de triomphe ». Le monument avait peut-être été auparavant une église, car il conservait un autel et des fragments de fresques. Ils se montrent très déçus par Antioche, la prestigieuse capitale de la province romaine de Syrie, qui n'est plus qu'un « assemblage de maisons mal construites d'un seul étage... et où le seul bâtiment remarquable avec un fort mur de briques avec des fenêtres qui semble être les restes d'une église ou d'un palais ». En revanche, leur description d'Alep est très largement supérieure à celle de leurs prédécesseurs, qui ne signalaient que la citadelle, et elle complète bien celle de Tavernier qui, déjà, comptait cent vingt mosquées, des églises, des caravansérails et des bains. Egmont et Heyman sont impressionnés par la qualité des maisons et leur aménagement, les mosquées retiennent particulièrement leur attention, ainsi que les khans et les souqs couverts. Ils se livrent même à un inventaire chiffré précis des différents monuments au début du XVIIIe siècle : 272 mosquées, 68 khans, 64 hammams, 2 couvents de derviches, 8 madrasas, 3 asiles de fous, 1 prison, 4 savonneries, 8 abattoirs à moutons, 6 teintureries, 5 églises chrétiennes, 77 souqs et 5 000 maisons pour un total d'environ 300 000 habitants dont 40 000 chrétiens et 3 000 juifs qui, sous la protection du consul de France, sont considérés comme des « Francs ». Ces précisions dans l'ouvrage des deux Hollandais ne vont pas sans poser problème, car on les retrouve à l'identique pour l'année 1674 dans un mémoire qu'aurait rédigé Laurent d'Arvieux, consul de France à Alep entre 1679 et 1686, soit à partir d'archives ottomanes, soit recueillies d'un auteur anonyme. On suppose que van Egmont aurait eu entre les mains à Alep le mémoire du consul français ou sa source et l'aurait intégré à son propre récit[91]. Cela ne

---

91. La source anonyme serait un médecin français présent à Alep entre au moins 1668 et 1674. Sur cette affaire, cf. H. I. EL-MUDARRIS et O. SALMON, *op. cit.*, p. 44-46.

vaut toutefois que pour les données chiffrées d'Alep et rien ne vient contredire la venue des deux voyageurs sur les autres sites, notamment entre Alep et Alexandrette où ils disent avoir vu « les restes d'une vieille église fameuse dans la région, en raison du respect dû à son saint Simon le Stylite[92] ». Sans les nommer de manière plus précise, ils disent avoir repéré « dans les environs » un grand nombre de « couvents, églises et chapelles » et de nombreux tombeaux dont un appartenant à un officier romain. Selon l'inscription en grec et en latin gravée dessus, il s'agit de celui du vétéran Titus Flavius Julianus à Qatura au sud de Saint-Siméon[93] où ils ont recopié plusieurs textes. Aucune autre ville morte n'est signalée dans leur voyage, car ils se dirigèrent ensuite vers l'ouest pour rejoindre la côte.

Le voyage de Richard Pococke (1737)

Ill. 6. Portrait de Richard Pococke par Jean-Étienne Liotard réalisé vers 1738 (musée d'Art et d'Histoire, Genève).

---

92. *Ibidem*, p. 368.
93. *IGLS* II, 455.

En route vers la Syrie du Nord et la vallée de l'Euphrate 63

Il faut attendre encore plusieurs années avant qu'un prélat et anthropologue anglais du nom de Richard Pococke fasse progresser la connaissance de nouveaux sites archéologiques syriens, en se rendant dans des lieux jusqu'alors presque totalement ignorés de ses prédécesseurs[94].

Après avoir exploré l'Égypte, la Palestine, la Phénicie, et Baalbek, dont il fait une description enthousiaste et donne de très beaux dessins des temples, Pococke arrive à Damas fin juin 1737. De la ville même, il ne décrit pas davantage de choses que ses prédécesseurs : les rues, les maisons plus belles dedans que dehors, les souqs et l'eau qui coule en abondance. Les murailles, la citadelle et quelques mosquées, dont celle des Omeyyades dont il fait le plan, complètent la description de la ville entourée de magnifiques jardins. Il note que la population chrétienne dans la ville compte 20 000 personnes dont 1 000 sont des Maronites, 200 des Syriens ou Jacobites et trente familles arméniennes, les autres sont grecs dont 8 000 grecs catholiques. Bien que de rites différents, Pococke leur prête à tous un même défaut : celui d'un mauvais caractère et d'être affublés de « tous les vices des Turcs avec la seule différence qu'ils sont plus timides et que la plupart ne sont chrétiens que de nom ». Parmi les « vices » des Turcs, il relève celui de boire du vin en cachette et de s'adonner surtout aux plaisirs et à la paresse. Selon Pococke, « l'ensemble de ces vices associés à la chaleur, à la pratique des bains et au port de la barbe font que, de beaux lorsqu'ils sont jeunes, les Damascènes deviennent laids à la maturité » ! Après avoir bien profité lui-même des douceurs de la ville – il va au café tous les jours et se promène partout –, il fait quand même quelques excursions autour de la cité. Il se rend notamment à l'endroit supposé de la conversion de saint Paul, près du village de Deirout-Caucab au sud de Damas, où les chrétiens allaient faire des dévotions pendant deux ou trois jours.

---

94. R. Pococke, *A Description of the East and some other Countries*, vol. II, 1re partie, Livre 2, *Observations on Palaestine or the Holy Land, Syria, Mesopotamia, Cyprus and Candia*, Londres, Bowyer, 1745.

Lors de son arrivée à Damas, en venant de Baalbek par la vallée du Barada, il avait eu l'occasion de remarquer plusieurs vestiges anciens. Il refait donc une exploration de la zone au nord de Damas, jusqu'à Fidjé et aux sources du Barada. Il est ainsi le premier à parler des tombeaux antiques semi-rupestres et de plusieurs temples, qui étaient encore visibles, dont il réalisa de très beaux croquis[95]. Ces monuments, que d'autres voyageurs par la suite verront aussi, ont aujourd'hui totalement disparu[96]. Ce sont notamment les grottes funéraires et le temple dorique du promontoire de Nabi Abel à l'intérieur duquel Pococke voit une inscription grecque mentionnant le tétrarque Lysanias d'*Abila*, datant de l'époque de l'empereur Tibère. À Kafr al-Awamid, il n'a vu le temple qu'en ruine, mais à Aïn Fidjé plusieurs bâtiments du sanctuaire, dont celui près de la rivière, étaient encore bien préservés.

Après être resté presque un mois à Damas, Pococke quitte la ville le 15 juillet 1737 pour Alep, accompagné d'un janissaire qu'il avait payé pour sa protection, car la route, au moins jusqu'à Homs, était très peu sûre. L'itinéraire qu'il emprunte passant par Qutayfeh et Hassya, il envisage un moment d'aller à Palmyre, mais il doit y renoncer devant le danger et l'absence de lettres de recommandation. En arrivant à Homs onze jours plus tard, outre les remparts de la ville et la citadelle, il remarque des colonnes et des chapiteaux antiques, ainsi qu'une ancienne porte ; et il ne manque pas de voir, lui aussi, le tombeau à pyramide qu'il décrit plus précisément que les voyageurs précédents, et dont il donne surtout le premier dessin. Il indique notamment que le revêtement « extraordinaire » est composé de plusieurs rangs de pierres carrées placées en diagonale (ce que l'on appelle un *opus reticulatum*), alternativement blanches et noires, et remarque que les ordres d'architecture des pilastres sont différents selon les étages du monument. Il semble qu'il ait pu y pénétrer, car il dit avoir vu dans la salle voûtée inférieure

---

95. *Id.*, p. 135-137, pl. 22.
96. Cf. J. DENTZER-FEYDY, « Les temples de l'Hermon, de la Bekaa et de la vallée du Barada dessinés par W. J. Bankes (1786-1855) », *Topoi*, 9/2, 1999, p. 527-568.

des stucs dans le plafond, mais il n'en décrit pas davantage l'organisation interne. Quant à l'inscription, il ne peut la lire complètement, bien qu'il ait soudoyé le gouverneur de la place pour obtenir une échelle et l'autorisation de la copier. Malgré cela, il conteste l'avis de son prédécesseur P. Belon qui avait cru pouvoir attribuer le tombeau à Caius César, le petit-fils d'Auguste. Il n'écarte pas toutefois la possibilité que ce soit une sorte de cénotaphe élevé en son honneur par les habitants, d'autant plus qu'à côté de ce tombeau, il y en avait un second, qu'il attribue derechef à Lucius César, frère du précédent. Il fait preuve en revanche d'un raisonnement plus astucieux à propos de l'assimilation que tous les voyageurs faisaient entre Hama et Apamée. En s'appuyant sur les cartes, le texte de Strabon et la topographie des lieux, il récuse cette assimilation et en déduit à juste titre que Hama est l'*Epiphaneia* antique et non Apamée dont personne ne sait dire où elle se situe exactement à ce moment-là.

Continuant son chemin, Pococke arrive à Riha, *via* Maaret en-Noman. Là, il est rejoint par un de ses amis d'Alep avec lequel il part explorer plusieurs villes mortes d'époque byzantine dans le Jebel Zawiyeh, qu'il est le premier voyageur à décrire. Au sud de Riha le premier jour, il voit de nombreuses sépultures rupestres avec des inscriptions grecques et visite plusieurs villages[97]. Le lendemain, il passe à Ruweiha « un plus magnifique endroit que les autres » et à Kafr Lata où, chaque fois, il est émerveillé par l'étendue de ces villages déserts dont les maisons bâties « sans fer, ni mortier » lui semblent être « de très magnifiques palais », et qui sont « aussi d'aplomb et entières que si elles venaient d'être bâties ». Dans ces ruines, qu'il attribue aux IVe et Ve siècles en raison des croix sur les bâtiments, il remarque aussi les tombeaux à pyramide, les tombeaux rupestres parfois accompagnés d'inscriptions qu'il recopie soigneusement, les tombeaux-temples et les églises encore « plus magnifiques que les maisons ».

---

97. Ramé, Kefr, El-Bara et Frikya.

Ill. 7. Ruweiha (Jebel Zawiyeh, Syrie du Nord) : tombeau en forme de temple à la périphérie du village (IVe-Ve siècle apr. J.-C.)

Parvenu à Alep, il parcourt la ville pendant quelques jours, le temps de voir la citadelle, les murailles et de se montrer sensible à la beauté des mosquées et des caravansérails, ce que ses prédécesseurs n'avaient pas réellement signalé, peut-être parce que, comme le regrette Pococke, les dômes des premières lui semblent mal proportionnés. Durant son séjour, il rencontre plusieurs marchands anglais auxquels il manifeste son désir d'aller à Palmyre. L'affaire faillit se conclure, car l'émir des Arabes était à ce moment-là à Alep et l'avait assuré de son appui pour voyager en sécurité dès que les chaleurs de l'été (on était en août) seraient passées. Malheureusement, peu de temps après, l'émir fut destitué et remplacé par un autre avec lequel Pococke ne semble pas avoir conclu d'accord ; il n'alla donc pas à Palmyre. Il choisit en revanche de gagner la vallée de l'Euphrate qu'il traverse à Roum Kalè après être passé par l'antique site de Cyrrhus, puis Aintab (aujourd'hui Gaziantep). Il continue alors sa route en Mésopotamie pour se rendre Ourfa (anciennement *Édesse*) puis, bien qu'il connaisse l'existence de

Diyarbekir à plus de trois heures de voyage, et d'Harân, il ne s'y aventure pas et revient sur l'Euphrate à Birecik pour redescendre à Alep par Jerablous et *Hiérapolis/Bambyké*-Membidj. Dans cette ville, où les murailles sont toujours intactes, il croit lui aussi reconnaître dans un réservoir à sec entouré de bâtiments le lac sacré et les restes du fameux sanctuaire de la *Dea Syria*.

Revenu à Alep, il prend ensuite la direction d'Antioche le 19 septembre. Après six heures de route, il s'arrête à Saint-Siméon où il réalise des plans et des croquis de l'église et, le lendemain, il fait l'ascension du Jebel Sheikh Barakat où il recopie des inscriptions sur les sépultures rupestres qui parsèment la zone. Il repère au passage plusieurs sites en ruine, mais ne fait étape qu'à Dana-Nord où il signale un monument à quatre colonnes, de multiples sépultures d'époque chrétienne, comme le lui suggèrent les inscriptions gravées dessus, et des maisons avec des enclos, des tours et des portiques. Pococke est naturellement loin d'avoir exploré tout le Massif Calcaire. Bien qu'il omette parfois de signaler les noms de tous les villages dans lesquels il est passé, peut-être ne les connaissait-il pas, mais où l'on sait qu'il y a recopié des inscriptions. En effet, dans la publication de son voyage à son retour en Angleterre, on se rend compte grâce à ces textes qu'il est aussi allé à Qalaat Qalota et à Deir Tazzé. Il avait ouvert la voie à la découverte de cet ensemble exceptionnel que constituent les villes mortes et que peu de voyageurs avaient approchées avant lui.

Trois inscriptions que Pococke releva au sommet du Jebel Sheikh Barakat avaient été en effet copiées, ou recueillies d'un autre voyageur, par Giovanni Gosche, consul de Hollande à Alep. Ces copies avaient été ensuite envoyées à un savant hollandais, Gisbert Cuper (mort en 1716) qui les avaient archivées et partiellement publiées ; elles ne furent retrouvées qu'au début du XXe siècle par Seymour de Ricci[98]. Dans le dossier de ce voyageur inconnu, venu sur le site au

---

98. SEYMOUR DE RICCI, « Inscriptions grecques et latines de Syrie copiées en 1700 », *Revue Archéologique*, 4e série, T. 10, 1907, p. 281-294.

moins vingt ans avant Pococke, figuraient également des inscriptions recopiées dans diverses villes mortes (Sitt er-Roum, Beshindeleya, Dana-Nord, Qatura, Deir Tazzé, Sarmada, Dar Qita, Djuwaniyeh et Réfadé), mais aucun commentaire ne les accompagnait.

Pococke termine son voyage en Syrie par Antioche. Dans sa description du site, on trouve la confirmation que la ville, à cette époque, ne conservait déjà plus grand-chose de son passé à part les murailles, des aqueducs et une rue rectiligne que le voyageur fait figurer sur le plan qu'il dressa de la ville. Avant de repartir en Occident par Chypre, Pococke descendit le long de la côte de Phénicie à partir de *Laodicée*/Lattaquié, dont l'arc quadrifrons lui parut suffisamment intéressant pour qu'il en fasse un beau dessin en élévation. Il passa ensuite à Jéblé où, dit-il, « il n'y avait rien de remarquable, sinon un très ancien théâtre dont une grande partie de l'hémicycle, ainsi que les arches et les sièges sont encore intacts », puis il gagna Tartous où il signale le château et l'église, Rouad et Amrith où Maundrell s'était rendu avant lui, et dont il donne de nouveaux croquis des meghazils.

Le 24 octobre 1737, Pococke s'embarquait à Tripoli pour Chypre qu'il n'atteignit que le 29, après un détour vers Beyrouth, en raison de la faiblesse des vents. Son ouvrage publié en 1745 eut un succès important qui ne s'est pas démenti jusqu'à nos jours en raison des croquis et de l'état des sites qu'il avait pu voir et qui sont depuis longtemps détruits.

Les successeurs de Pococke : Drummond, Squire, Burckhardt et Buckingham (1751-1816)

Les régions parcourues par Pococke le furent aussi dans les années qui suivirent par d'autres amateurs de civilisation musulmane, de spiritualité et d'antiquités. On peut citer notamment le récit sous forme de lettres des voyages d'Alexander Drummond, évoqué précédemment, qui fut consul d'Angleterre à Alep entre 1751 et 1758 et qui, après avoir traversé l'Allemagne et l'Italie, s'embarque pour la Grèce et Smyrne. Arrivé à Alexandrette le

31 janvier 1744, il aurait voulu se rendre à Antioche et à Alep, mais en raison du temps de trajet à cheval, il y renonce de peur que son bateau ne l'attende pas, et il se contente alors de visiter les environs du port avant de réembarquer en mars 1745 pour Tripoli et Chypre. Après une année passée sur l'île, il s'embarque à nouveau pour Alexandrette en mai 1746 sur un navire français venu de Rhodes, mais qui avait été affrété exclusivement pour le transport de sept femmes destinées au harem du pacha d'Alep[99].

Bien que deux navires de guerre anglais qui croisaient dans les parages fassent peser une menace sur les Français, rien ne fut tenté pour bloquer ce bateau dont la « cargaison » était destinée au harem d'un personnage important qui, de l'avis de Drummond, aurait pu, en représailles, ruiner le commerce anglais en Syrie. Le problème fut de faire accepter à bord des étrangers qui auraient pu attenter à la chasteté des femmes ! Après diverses tractations diplomatiques, Drummond put enfin embarquer, mais les femmes devaient rester enfermées ; seuls un eunuque noir et un jeune garçon au nez mutilé pouvaient communiquer avec elles. Toutefois, le couloir sur lequel donnait la cabine de Drummond pouvait être utilisé par les femmes, il devait donc demander à l'avance l'autorisation de sortir afin que celles-ci aient le temps de se retirer. Mais, la curiosité réciproque l'emporta et, aussi bien les femmes que Drummond trouvèrent moyen de s'apercevoir. Finalement, il jugea que toutes ces femmes étaient d'aspect très ordinaire, sauf une très jolie chrétienne de 16 ans qui avait été, paraît-il, achetée fort cher par le pacha.

Une fois débarqué à Alexandrette, il prend le chemin d'Alep où la première chose qu'il voit est la citadelle qu'il n'hésite pas à comparer à celle d'Édimbourg ! Il se déclare ensuite plutôt agréablement surpris par l'aspect de la ville dont pourtant le consul anglais à Chypre lui avait dit qu'elle ne possédait « rien de curieux, ni d'agréable ». Après quelque temps à Alep, Drummond prend la route en direction de Lattaquié où il voit « le seul monument antique », c'est-à-dire l'arc de triomphe déjà signalé par Pococke, construit « d'assez bon goût » selon

---

99. A. DRUMMOND, *op. cit.*, *Lettre IX*, p. 177-179.

lui et qui était alors « converti en mosquée ». Il en prend un croquis sous l'œil intéressé des habitants. Plus loin toutefois, il signale la présence de plusieurs colonnes surmontées d'une architrave appartenant à un beau bâtiment, sans doute celles du temple qui sont toujours en place ; en plusieurs endroits en outre, il repère des colonnes de granit qui à son avis devaient border une rue.

Après un bref retour à Chypre dans le courant 1746, il revient en Syrie en juillet 1747 où il reste jusqu'en octobre de la même année. À partir d'Alep, il entreprend alors un grand tour qui, par l'inévitable site de Saint-Siméon, devait le conduire dans plusieurs villes mortes, puis sur l'Euphrate. En cours de route, il traverse le village de Banaqfur où il pense avoir affaire à un couvent en ruine avec des croix et un clocher, puis il se rend à Saint-Siméon où la structure de l'église et du couvent lui dicte ce commentaire : « magnifique, selon le goût de l'époque » ! Manière de dire qu'il n'est pas très séduit. Il n'est pas plus admiratif du saint stylite auquel il conteste l'appellation de martyr, considérant que tous ces « saints supposés qui se sont retirés de la société pour se mortifier et crucifier leur corps, n'étaient pas autre chose que des fous qui auraient dû être traités comme des malades mentaux ».

Tandis que Drummond restait à Saint-Siméon pour faire des croquis, ses compagnons de voyage faisaient l'ascension du Jebel Sheikh Barakat, visitaient des tombeaux et recopiaient des inscriptions qui devaient figurer dans sa publication et qui montrent qu'ils s'étaient rendus aussi à Qatura. On reconnaît ce site à ses reliefs funéraires qui ornaient les parois de la falaise dans laquelle se trouvaient des tombes rupestres. En partant vers le nord, lui et ses compagnons de voyage rejoignent alors la rivière Afrin et poursuivent jusqu'à Cyrrhus où il parle du château et des remparts ainsi que du théâtre mais, bien qu'il le fasse figurer sur son plan, il ne fait aucun commentaire sur le mausolée qu'avait signalé Maundrell, alors que Drummond possède pourtant la 6e édition de son livre. Après avoir rejoint l'Euphrate, il le suit jusqu'à Birecik dont il donne une vue du château et de la ville depuis la rive opposée du fleuve. Il rebrousse alors chemin et revient par *Hiérapolis-Bambyké-*Membidj où son « cœur se serra devant les misérables vestiges de la fameuse cité », où, comme H. Maundrell, il pense avoir vu des vestiges du temple d'Atargatis.

Dans une lettre écrite depuis Alexandrette à son frère le 27 décembre 1748, Drummond revient sur ses excursions autour d'Alep. Nous y apprenons qu'il a « souvent varié ses routes de voyage » et que l'année précédente, venant d'Alexandrette, il s'était rendu à Alep en passant par le village de Dana-Nord où il pensait avoir repéré les ruines d'une église, proche de laquelle il y avait de nombreux tombeaux rupestres, dont celui aux quatre colonnes. Il eut également l'occasion de retourner à Saint-Siméon avec le consul de France à Alep, A. Pollard, qui n'y était encore pas allé, et de faire l'ascension du Sheikh Barakat qu'il n'avait pas entreprise lors de son premier passage. Il put alors constater que les copies d'inscriptions qu'avaient faites ses compagnons à cette occasion étaient fautives et il se félicita de les avoir vues de ses propres yeux pour pouvoir les corriger ainsi que certains de ses dessins des monuments de Qatura.

Nous savons peu de chose sur les mystérieuses motivations du lieutenant-colonel anglais John Squire qui voyage en Syrie entre avril et juin 1802, en compagnie de deux autres militaires, William Martin Leake et William Richard Hamilton. Cette tournée, qui devait les conduire de Tripoli à Alexandrette en passant par Baalbek, Damas, Homs, Hama et Alep, un an après leur campagne d'Égypte contre les Français, était peut-être liée à une activité de renseignement militaire ou diplomatique. Il n'en est toutefois pas moins intéressant de constater que ses observations ne relèvent pas seulement de la simple curiosité et que Squire possède une bonne culture et des connaissances historiques. Il décrit en effet soigneusement les différents sites qu'il traverse et, lors de son passage à Homs, il prend la peine de recopier « avec beaucoup de difficultés » l'inscription qui se trouvait sur le tombeau à pyramide, « voûté à l'intérieur, avec des pilastres aux angles et recouvert de petites pierres blanches et noires disposées en biais alternativement ». Sa copie presque complète, bien meilleure que celles de ses prédécesseurs, donne la quasi-intégralité du texte, sauf les dernières lettres qui auraient permis d'élucider la date de la construction[100].

Ce voyage n'avait apparemment pas été de tout repos, car Squire, revenu sur son bateau, conclut son récit par cette phrase : « nous fûmes heureux de retrouver notre indépendance et d'être délivrés des impositions et des vilenies de la Syrie : nous avons été exposés à la peste, aux tremblements de terre, aux voleurs, et aux soupçonneux Agas ».

Curieusement, le voyageur suisse Johann Ludwig Burckhardt, dont nous reparlerons plus loin pour son apport important dans la découverte du Hauran, lorsqu'il vient d'Antioche à Alep en 1810 ne prend pas le temps d'explorer la région à fond[101]. Il se contente de signaler quelques ruines antiques le long de sa route, notant toutefois qu'on lui a dit à Alep que la région était riche en vestiges[102]. Toutefois, en février-mars 1812, en allant d'Alep à Damas, lorsqu'il passe à Kafr Lata, il note rapidement qu'il y a des maisons antiques « du Bas-Empire » et quantité de sarcophages en pierre ainsi que de nombreuses tombes rupestres à *arcosolia*. Lors de sa traversée du Jebel Riha, il remarque seulement la présence de sarcophages un peu partout, ainsi que celle de tombes rupestres, comme à Meghara et à Merayan. Il s'arrête cependant plus longuement à El-Bara où il est impressionné par la taille de la ville, la quantité de ruines et les grands tombeaux à pyramide.

---

100. R. WALPOLE (ed.), « Travels through Parts of ancient Coele Syria, and Syria Salutaris (from the Papers of the late Lieut. Col. Squire) », dans *Travels in various countries of the East, European and Asiatic Turkey*, Londres, Longman & co., 1820, p. 321.
101. Burckhardt est tout particulièrement connu pour avoir réussi à redécouvrir le site de Pétra dont la localisation avait été totalement perdue.
102. *Travels in Nubia*, XXII.

Ill. 9. Tombeau à pyramide d'El-Bara (Jebel Zawiyeh, Syrie du Nord)

Il relève les noms de toute une série de villages alentour dans le Jebel Riha sur les indications d'un habitant, mais il ne s'y rend pas, faute de temps sans doute, et peut-être aussi en raison des difficultés d'accès à certains d'entre eux situés au sommet des collines. En constituant ces listes, Burckhardt se livre à un procédé courant chez les voyageurs de cette époque qui, ne possédant pas de cartes de la région, donnent ainsi des indications à leurs successeurs. Il fera exactement de même dans le sud de la Syrie avec parfois des indications d'orientation, et ces listes seront exploitées en particulier par Buckingham et Bankes. De là, il rejoignit la vallée de l'Oronte. Plus perspicace que ses devanciers, qui ne savaient où placer l'antique Apamée, il l'identifie dans le site de Qalaat Mudiq où, toutefois, curieusement, il ne semble avoir rien vu de remarquable[103]. Poursuivant sa route vers le Liban et la côte phénicienne, puis Damas, Burckhardt n'explora pas plus avant la Syrie du Nord.

L'anglais John Silk Buckingham quant à lui, remontant la vallée de l'Oronte au printemps 1816, s'arrête le 30 avril à Homs où il décrit longuement le tombeau à pyramide que tous les voyageurs avaient vu avant lui[104]. D'après cette description, on constate qu'à cette date, l'édifice a subi de grands dommages, les côtés est et sud se sont écroulés, mais sur celui du nord subsiste encore l'inscription que le voyageur anglais William John Bankes, passé sur le site quelques jours auparavant, avait bien recopiée. On a retrouvé dans ses archives une esquisse de l'extérieur ainsi qu'une coupe du monument où l'on peut voir qu'à l'étage voûté, comme la salle du rez-de-chaussée, il y avait deux niveaux de niches cintrées, sans doute de grands *loculi* funéraires[105]. Sur une autre feuille, il avait recopié l'inscription à la fin de laquelle il avait très bien lu les lettres donnant la date de construction (78 apr. J.-C.). Mais, comme nous le verrons plus loin, les archives de ce voyageur étant restées inconnues jusqu'en 1995, W. H. Waddington dans sa publication de 1860 en ignore l'existence et il dut s'appuyer sur la copie plus tardive d'un officiel turc. En ce début du XIXe siècle, il ne restait plus rien d'autre d'antique dans la ville, sinon quelques fragments épars de colonnes et de sarcophages, la plupart du temps employés dans des constructions récentes. Poursuivant par la côte jusqu'à Antioche, Buckingham passe à Amrith dont il décrit les monuments, puis à Tartous, à Jéblé avec son théâtre, Lattaquié et son tétrapyle noyé dans les constructions. Il revient à Alep en passant par quelques villes mortes, dont Dana-Nord, et les

---

103. J. L. BURCKHARDT, *Travels in Syria and the Holy Land*, Londres, J. Murray, 1822, p. 121-139.
104. J. S. BUCKINGHAM, *Travels among the Arab Tribes*, Londres, Longman & co., 1825, p. 495-496.
105. Archives Bankes. Dorset County Archives Service, IX C1 et 2 (non publié).

abords du Jebel Seman où plusieurs villages anciens en ruine étaient dispersés.

Étrangement, on constate que très peu de voyageurs français s'aventurent à l'ouest comme à l'est d'Alep dans cette période qui va du XVIe siècle au début du XIXe siècle où les Anglais, les Hollandais et, dans une moindre mesure, les Italiens sont nombreux ; les récits de voyage sont, on a pu le voir, majoritairement anglo-saxons. La raison en est sans doute la forte implication anglaise dans le commerce à Alep et le détournement des centres d'intérêt de la France plutôt vers la côte méditerranéenne (Smyrne ou Saïda). Le XVIIIe siècle voit en effet le déclin des relations commerciales françaises avec le Levant et, partant, un plus faible nombre de ressortissants français résident à Alep ou viennent en Orient. Cette influence, la France ne devait la retrouver qu'au milieu du XIXe siècle, époque où les premiers savants explorèrent de manière plus approfondie les sites du passé dans un but essentiellement scientifique.

III
Retour à Palmyre : Wood, Cassas et autres aventuriers

Le voyage décisif de Wood et Dawkins en 1751

Malgré son succès, l'ouvrage de Pococke, paru en 1745, n'eut qu'un modeste impact sur le milieu des voyageurs, à la différence de celui de Robert Wood et James Dawkins publié immédiatement après leur séjour à Palmyre en 1751. C'est véritablement lui qui ouvre la voie à de nombreux autres aventuriers dans les années suivantes[106]. En dépit des récits des marchands anglais et surtout de celui de W. Halifax, c'est en effet aux anglais Robert Wood et James Dawkins qu'est revenu l'honneur de passer à la postérité comme les redécouvreurs du site de Palmyre en 1751.

Robert Wood est archéologue et, entraîné par deux voyageurs qui avaient déjà abondamment visité l'Italie et qui souhaitaient découvrir d'autres « lieux remarquables de l'Antiquité », en particulier de la côte méditerranéenne, accepte de se joindre à John Bouverie et James Dawkins. Le premier est un grand connaisseur d'art et d'histoire de même qu'un collectionneur au goût raffiné de dessins, de médailles, de camées et de pierres précieuses gravées[107]. Le second est ce que l'on appelle, à l'époque, un « antiquaire » c'est-à-dire un passionné d'antiquités. C'est le fils d'un

---
106. R. WOOD et J. DAWKINS, *Les ruines de Palmyre autrement dit Tedmor au désert*, Londres, A. Millar, 1753.
107. Cf. N. TURNER, « John Bouverie as a Collector of Drawings », *Burlington Magazine*, 136, n° 1091, février 1994, p. 90-99.

riche planteur anglais de la Jamaïque, venu faire ses études à Oxford en Angleterre. Bien que connaissant déjà une partie des sites envisagés, Wood se laisse convaincre car les deux jeunes hommes – ils ont 29 et 28 ans –, outre le fait de partager son amour des antiquités et des belles choses, disposent de moyens financiers, d'une bonne santé et ne sont pas rebutés par les difficultés éventuelles.

Avant de s'embarquer pour l'Orient, les trois hommes passent l'hiver à Rome à se documenter sur l'histoire et la géographie des pays qu'ils se proposent de visiter. Là, un quatrième compagnon est alors sollicité, le Piémontais Giovanni Battista Borra, qui est connu pour son habileté d'architecte et de leveur de plans. Au printemps, tous se rendent à Naples où un bateau qu'ils ont loué à Londres doit les attendre, chargé d'une bibliothèque contenant les œuvres d'historiens et de poètes grecs, des ouvrages sur l'Antiquité et des récits de voyages. En outre, plusieurs instruments de mathématiques et des cadeaux pour leurs futurs hôtes, « les Turcs de distinction et autres », auxquels ils auraient besoin de demander de l'aide, sont également à bord.

Le voyage suit au départ un itinéraire assez classique : après des arrêts dans les îles de la mer Ionienne, ils visitent la Grèce, puis les côtes européennes et asiatiques jusqu'à la mer Noire, et descendent vers le sud en traversant l'Asie Mineure, la Syrie, la Phénicie, la Palestine et l'Égypte. L'intérêt de ces voyageurs est bien différent de celui que nous avons décrit chez leurs prédécesseurs en route pour le pèlerinage et qui s'étendent longuement sur les populations locales et leurs comportements. Wood affirme en effet que ce qui l'intéresse, avec ses compagnons de voyage, c'est « moins l'état présent de ces pays que l'ancien » où tout lui rappelle la naissance des belles lettres et des arts, ainsi que les œuvres des grands hommes du passé (poètes, orateurs, philosophes, artistes de toute sorte) qui, par leur génie, ont contribué à honorer l'humanité. On imagine bien Wood parcourant les lieux historiques à la recherche des figures du passé qui les ont illustrés. C'est ainsi qu'il ne peut visiter la plaine de Marathon et le défilé des Thermopyles sans y rattacher la vie de Miltiade ou de Léonidas. Tout comme il s'enthousiasme de voir les lieux évoqués dans l'Iliade ou l'Odyssée à travers les vers d'Homère.

Pour lui, rien ne remplace le plaisir d'être sur le théâtre des lieux où s'est faite l'histoire, car aucune description écrite ne peut y suppléer, et il s'amuse même à cartographier, Homère en main, la plaine du Scamandre.

L'expédition de ces quatre érudits leur permet de recopier chemin faisant de nombreuses inscriptions gravées sur des pierres qu'ils n'hésitent d'ailleurs pas à emporter avec eux quand, dit-il, les paysans « avares ou superstitieux » les laissent faire. Leur intérêt se porte aussi sur des manuscrits en grec, mais également en syriaque ou en arabe dans le but de les faire traduire à leur retour par des spécialistes. Mais ce qui les attire avant tout c'est l'architecture et ils n'hésitent pas à solliciter les habitants sur certains sites en Asie Mineure afin de dégager les fragments enfouis de tel ou tel monument dans le but de le dessiner.

L'intérêt que les quatre hommes portent à Palmyre tient au fait que les sources sont quasiment muettes sur le site et qu'ils se posent de multiples questions sur les origines de cette ville « si singulièrement séparée du reste du genre humain par un désert inhabitable », et sur « les sources de ses richesses nécessaires à soutenir sa magnificence ». Il est vraisemblable que leur curiosité fut attisée par la publication d'Halifax et le panoramique impressionnant des ruines, réalisé par le Hollandais Gerard Hofstede van Essen qui accompagnait les Anglais en 1691. Seuls Wood, Dawkins et Borra parviendront à bon port, Bouverie meurt en effet le 19 septembre 1750 à Guzel Hissar (Aydin, autrefois *Tralles*) en Turquie avant même de poser le pied en Syrie.

Se rendre à Palmyre à cette époque fait toujours courir de grands dangers ; Wood est parfaitement au courant des difficultés qu'avaient rencontrées les marchands anglais venus à Palmyre en 1678 puis en 1691. C'est pourquoi il chercha des appuis auprès des autorités locales. Faute de pouvoir se rendre à Alep, il gagna Damas depuis Beyrouth afin de rencontrer le pacha qui, malgré tout, ne put lui donner l'assurance de garantir sa sécurité sur place. Il se rendit alors à Hassya, « à quatre jours au nord de Damas », auprès d'un aga (chef militaire) dont l'autorité s'étendait sur le désert de Palmyre. Avec ses compagnons, il peut enfin prendre la route le 11 mars 1751 avec une importante escorte de 200 hommes armés de fusils et de piques et autant de bêtes de somme. Quatre jours plus tard, ils parviennent en vue du site où il y avait des « tours carrées d'une hauteur considérable » ; s'approchant de plus près, ils comprennent que c'étaient « les sépulcres des Palmyréniens ».

Passé ces monuments, ils découvrent alors avec émerveillement le site « à l'arrière duquel s'étendait une plaine à perte de vue » (cf. cahier central, ill. 10). Au cours des quinze jours qu'ils passent sur place, ils sont assez bien reçus par les habitants, dont le nombre, une trentaine, s'était accru depuis la fin du XVIIe siècle, mais qui étaient toujours regroupés dans la cour du temple de Bêl dans des huttes de terre. Grâce à cet accueil, Borra est autorisé à faire de très nombreuses et remarquables planches des monuments qui, de l'avis de Wood, surpassent leurs attentes. Cinquante-sept planches sont en effet réalisées d'à peu près tous les monuments importants et visibles à ce moment-là sur le site, dont un plan et une vue panoramique.

Ill. 11. Extrait du panoramique de G. B. Borra de la partie nord-ouest du site de Palmyre (R : thermes de Dioclétien ; S : maison à péristyle ; a : tours funéraires ; X : ruine d'une fortification turque ; Z : le château ; V : le temple aux enseignes du camp de Dioclétien ; Y : tombeau-maison ; W : tombeau n° 86)

Si le plan respecte assez bien les proportions et donne des numéros à tous les vestiges visibles, le panoramique en revanche a tendance à embellir la situation. Il étire à l'excès la grande colonnade et les jebels ont des pentes un peu trop abruptes. On remarque cependant que toute la partie située à l'ouest de la ville est encore largement enfouie ou détruite. Wood, par exemple, n'a pas vu le théâtre, ni le temple de Nabu et n'a pas été en mesure d'identifier la colonnade transversale ni l'agora, ou de comprendre ce qu'étaient les colonnes qui partaient à l'ouest dans sa direction et qui étaient les portiques des rues. En revanche, depuis 1751, on peut constater que des monuments ont disparu : c'est le cas des quatre grandes colonnes avec leur entablement, figurées au premier plan sur le panoramique. D'autres ont été fortement endommagés comme le mur de fond en abside et voûte en cul-de-four du temple aux enseignes, ainsi que l'intérieur du tombeau-temple n° 86, situé à l'extrémité nord de la grande colonnade. Dans ce dernier, la planche semble indiquer qu'il était intact avec encore ses *loculi* sur les trois côtés à l'intérieur. Mais nous ne sommes pas à l'abri d'une éventuelle reconstitution d'après les éléments restants ; on remarque notamment que manquent les dimensions des emplacements funéraires au centre sur le côté droit, preuve sans doute qu'ils sont l'objet d'une reconstitution. Cette hypothèse découle des planches consacrées au temple de Bêl, à l'arc et au temple de Baalshamin, tous considérablement enjolivés.

Le temple de Bêl était le monument le plus spectaculaire du site. Wood lui donne faussement l'appellation du « temple du soleil » en se fondant sans doute sur l'*Histoire Auguste* qui le nomme ainsi[108]. De multiples planches lui sont consacrées qui restituent plus souvent l'aspect supposé du monument, tel que le dessinateur l'imaginait, plus qu'elles ne reproduisent fidèlement ce qui restait. C'est ainsi que l'entrée monumentale qui avait été détruite pour construire le bastion à l'époque bouride (XIIe siècle) est rétablie de l'avis même de Wood « sans autorité ». Le grand arc, représenté une première fois « dans son état présent », subit lui aussi sur les planches une restitution un peu excessive avec un fronton « supposé », selon Wood ; mais l'architecte s'était bien rendu compte de son plan étrange, en éventail, sans pour autant

---

108. Le divin Aurélien, XXXI, 7. En réalité, le temple de Shamash (traduit par « le Soleil ») devait se trouver dans le secteur du temple d'Allat : cf. M. GAWLIKOWSKI, *Le sanctuaire d'Allat à Palmyre*, Varsovie, PAM Monograph series 8, University of Warsaw, 2017, p. 193-194.

que Wood ne tente une explication dont on sait qu'elle était liée à une nécessité pratique, celle de masquer le changement d'orientation des deux tronçons de la grande colonnade à cet endroit.

Ill. 12a. Palmyre : le grand arc, dans son état naturel (dessin de G. Battista Borra, 1751)

Ill. 12b. Palmyre : le grand arc revu (G. Battista Borra, 1751)

Le temple de Baalshamin, quant à lui, est restitué avec un toit à deux pentes à la grecque et un fronton, alors que l'on a établi aujourd'hui, depuis les fouilles effectuées par la mission archéologique suisse conduite par Paul Collart entre 1954 et 1956, qu'il était très certainement à ciel ouvert comme beaucoup de sanctuaires sémitiques en Orient[109].

Dans son commentaire toutefois, Wood fait parfois preuve d'une sagacité remarquable et il observe avec justesse bien des particularités qui échapperont ensuite à ses successeurs, car il regarde ce qu'il a sous les yeux sans préjugés. Il comprend notamment que les murs de la ville sont sans doute tardifs parce qu'ils enserrent un espace restreint, laissant une grande part des monuments à l'extérieur, et que des tombeaux d'époque antérieure ont été englobés dans leur parcours. À son époque, deux

---

109. P. COLLART et J. VICARI, *Le sanctuaire de Baalshamin à Palmyre*, Rome, Institut suisse de Rome, 1969.

« petites rivières » d'eau sulfureuse et chaude traversaient le site et il note que l'une d'elles, la source Efqa, se trouvait dans une belle grotte avec un bassin assez profond dont les habitants se servaient comme bain. L'eau sortait avec assez de courant, mais se perdait très vite dans les sables à l'est de la ville, tout comme la seconde rivière qui était pourtant canalisée en souterrain. Un autre aqueduc souterrain amenait de l'eau à la ville et Borra en fit un dessin et une coupe transversale.

L'ouvrage de Wood avec les dessins, paru simultanément en français et en anglais, eut un succès considérable. Il fut à l'origine, non seulement du déchiffrement de la langue palmyrénienne par l'abbé Barthélémy et J. Swinton (voir *supra*), mais aussi de la multiplication des tentatives pour rejoindre Palmyre dans les années qui suivent, dont celle, restée fameuse par ses dessins et aquarelles, du Français Louis-François Cassas en 1785.

Le séjour de Louis-François Cassas en 1785

En 1784, alors qu'il se trouve en Italie, Louis-François Cassas (1756-1827) accepte d'accompagner l'ambassadeur de France, le comte de Choiseul-Gouffier, à Constantinople, ce dernier cherchant un dessinateur pour réaliser des cartes et des représentations de monuments. Après avoir exploré l'Asie Mineure, il se rend dans plusieurs régions du Levant et en Égypte entre 1784 et 1786. Avant tout dessinateur et architecte, Cassas rapporte de ses voyages plusieurs centaines de dessins et d'objets archéologiques pour Choiseul qui lui avait fourni tous les moyens nécessaires « pour satisfaire sa curiosité et la mienne », en même temps qu'il l'avait chargé d'une sorte de « mission de renseignement » sur les pays placés sous la domination de l'Empire ottoman.

La diffusion des dessins réalisés par Cassas au Proche-Orient devait se faire dans un ouvrage que Choiseul souhaitait publier à son retour en France. Mais l'exil du comte pendant la Révolution et la brouille survenue entre les deux hommes empêchèrent l'ouvrage de paraître comme prévu. Cassas, pressé par des besoins d'argent, publia alors en souscription trente livraisons de six planches chacune avec un commentaire sommaire et provisoire, uniquement des sept premières, dû à F. J. G. La Porte du Theil, J. G. Legrand et L. Langlès. Les commentaires définitifs annoncés ne virent pas le jour et, à la mort de Cassas en 1827, l'ouvrage n'était pas achevé et de nombreuses notes ne furent jamais publiées. Dans les deux volumes parus sous le titre *Voyage pittoresque de la Syrie, de la Phénicie, de la Palestine et de la Basse Égypte*, édités à Paris à partir de 1799, on ne trouve aucun récit du voyage et les planches sont présentées sans aucun ordre géographique. On y voit en effet aussi bien des dessins concernant Palmyre, l'Égypte ou Baalbek, mêlés dans une même livraison.

Pourtant, le musée Getty à Malibu conserve, parmi de nombreuses archives destinées à la publication, un manuscrit de 152 pages qui semble avoir été un journal du voyage à Palmyre avec un historique du site et des commentaires sur les planches. La rédaction est parfois faite à la première personne et paraît avoir été écrite par Cassas lui-même, mais à d'autres endroits du texte il est question de Cassas à la 3e personne et on a l'impression d'avoir affaire à un rédacteur qui aurait recueilli et transcrit les propos du voyageur. D'autre part, le texte est corrigé d'une autre encre sans que l'on puisse vraiment discerner s'il s'agit de la même main. D'où vient ce manuscrit et qui en est l'auteur ? Y sont relatés les préparatifs de l'expédition depuis Homs, suivis de remarques sur les planches réalisées à Palmyre. C'est ainsi que l'on apprend que, curieusement, à Homs, personne n'est capable de renseigner Cassas sur la route qui mène à Palmyre dont on « ignorait même le nom ». Ce sont des Arabes qui suivaient les caravanes qui lui dirent « qu'il y avait de grandes merveilles à Tadmor et quelques journées de voyage » pour l'atteindre.

Cassas quitte Homs le 4 mai 1785 pour Palmyre accompagné seulement de deux muletiers armés et d'un interprète, lui-même étant vêtu à l'arabe d'un vaste manteau rayé noir et blanc, la tête ceinte d'un chèche ; il s'était muni d'une lance, de provisions et de présents. La route empruntée par Hassya et Sadad ne fut pas de tout repos car, dès le lendemain de leur départ, Cassas et ses compagnons sont attaqués par des Bédouins faméliques « presque tout nus ou enveloppés seulement de lambeaux d'un manteau rayé noir et blanc, avec des cheveux hérissés et liés avec une corde », armés « de fusils, de sabres, de massues et de dépouilles de malheureux voyageurs », qui se révélèrent très menaçants, mais voulurent bien se contenter de tabac et de pain. Le jour suivant, après avoir couché à Hawarin, alors qu'ils approchent de Qaryatain, ils subissent une deuxième attaque, plus sévère celle-ci, qui laisse Cassas totalement dépouillé de ses vêtements et de toutes ses provisions. Au village, le sheikh traita Cassas de « fou » pour vouloir aller à Palmyre et lui décrivit les dangers et les sommes d'argent qu'il doit prévoir mais, « soutenu par l'extrême désir qu'il avait de voir les ruines de Palmyre et de satisfaire sa vive curiosité », le voyageur décide de retourner à Homs chercher de l'argent, ainsi que des vivres et des étoffes « pour les bakchichs ». Ceci fait, il repart aussitôt pour Qaryatain où il doit patienter huit jours dans l'attente d'une hypothétique grande caravane. Lassé d'attendre, il recrute alors dix hommes armés, ainsi qu'un marchand chrétien pour lui servir d'interprète et se joint, à un point d'eau, à une caravane qui allait chercher du sel à Palmyre. Cassas évoque la grosse chaleur qui, déjà à cette époque de l'année, sévit dans le désert et il se félicite d'avoir avec lui plusieurs petites bouteilles de vinaigre et des lunettes vertes « véritablement indispensables pour un Européen ».

Après être passé à Qasr al-Hair Gharbiyeh où se dressaient la tour du couvent et les restes du palais omeyyade, Cassas parvient enfin dans la vallée des tombeaux de Palmyre au moment où le soleil s'élevait « majestueusement derrière les grands et superbes mausolées qui couvraient encore le sommet des collines ». Ce sont 60 à 80 de ces monuments que Cassas prétend avoir vus, dont plusieurs étaient assez bien conservés. La découverte du site à l'extrémité de la vallée est pour lui un saisissement avec les « restes des innombrables colonnades et des temples, des palais, des arcs de triomphe et d'autres édifices magnifiques au milieu desquels s'élève majestueusement le grand temple du Soleil ». Cassas est particulièrement lyrique en décrivant la grande colonnade dont il restait « plus de cent colonnes debout et qui traversait toute la ville avec des portes triomphales en face de chaque rue ornée de portiques ; chaque colonne était décorée de quelque divinité ou plutôt de statues des grands hommes dont on voulait honorer la mémoire » (cf. cahier central, ill. 13). Cassas fait sans doute référence aux consoles censées supporter les statues des personnages honorés dans les inscriptions gravées sur leur socle ou sur le fût des colonnes, car personne n'a jamais vu les statues, sans doute en bronze, dérobées ou fondues depuis longtemps. Alors qu'il est installé, comme tous les voyageurs précédents, dans l'enceinte du temple de Bêl, Cassas ne se lasse pas de regarder le site, ne pouvant « se rassasier de tant de beautés et de merveilles », le temple lui semblant « des plus grands et des plus magnifiques que les Anciens aient jamais élevé ». Mais dans le détail, il trouve les sculptures mal exécutées et les bas-reliefs de mauvais goût, les attribuant à une époque tardive, influencé lui aussi par la certitude que le temple a été reconstruit après sa soi-disant destruction par Aurélien[110]. De même, ses références à l'art grec et à l'art romain, lui font trouver étrange la disposition intérieure avec ses deux cellas, la porte sur le long côté et le non-centrage de l'édifice dans l'enceinte. Cela lui permet de conclure que ce sont certainement des architectes locaux qui ont œuvré et que l'absence de théâtre, d'amphithéâtre, de cirque ou de thermes montre que les Palmyréniens n'avaient pas besoin « de ces moyens de dissipation qui eussent contrarié leurs affaires », eux qui n'avaient que « l'ambition d'acquérir des richesses ». Et pourtant, dit-il plus loin, « on ne peut qu'être surpris de l'absence de ces plaisirs, dans une ville si séparée du monde et dans une solitude affreuse ». En réalité, il y a bien à Palmyre un théâtre et des thermes, mais Cassas n'a pas vu le premier, recouvert par le sable, et a mal identifié les seconds, notamment les thermes dits de Dioclétien, qu'il a confondus avec une basilique. Pour l'amphithéâtre, son existence est aujourd'hui soupçonnée d'après une photographie aérienne, mais la fouille reste à faire pour la prouver[111]. Cassas, comme Wood, veut cependant voir un cirque dans

---

110. La destruction du temple de Bêl, tout comme la destruction de la ville de Palmyre par Aurélien en 273, est un *topos* que l'on trouve dans l'*Histoire Auguste* et que, encore aujourd'hui, on lit dans les ouvrages consacrés à Palmyre. En réalité, les destructions furent sans doute limitées, une seule preuve vient du temple d'Allat effectivement endommagé autour de cette date (cf. M. GAWLIKOWSKI, *op. cit.*). Mais personne ne s'est avisé que pour une ville rasée, il y avait encore beaucoup de monuments debout en 2015 !

111. M. HAMMAD, « Un amphithéâtre à Palmyre », *Syria*, 85, 2008, p. 5-12.

un double alignement de colonnes se terminant par une abside face aux thermes le long de la grande colonnade ; il explique que l'étroitesse de la piste est liée à une plus grande facilité à le couvrir dans une région aussi chaude. Mais leur hypothèse est fausse et, l'un comme l'autre, ils ont certainement mal interprété un alignement de colonnes qui, de fait, s'incurvait légèrement pour épouser la forme du théâtre et délimiter une place.

Cassas est également ébloui par la grande colonnade ; il subsistait, dit-il, à son époque, encore plus de 150 colonnes, et il comprend en raison des deux changements d'orientation qu'elle a été réalisée en plusieurs étapes. Les tombeaux en forme de tours ne manquent pas également de l'impressionner mais, comme beaucoup de voyageurs, il n'a pas eu connaissance des hypogées et croit que seules les tours composaient l'architecture funéraire des Palmyréniens, alors que certains monuments qu'il désigne comme des temples étaient aussi des tombes monumentales. Ces tombeaux-temples ou tombeaux-maisons avaient remplacé les tours à partir du milieu du IIe siècle dans les familles aisées de l'oasis qui, ainsi, manifestaient leur adhésion aux modes gréco-romaines, du moins en ce qui concerne l'architecture extérieure. À l'intérieur des tombeaux, Cassas a pu voir plusieurs momies emmaillotées de bandelettes de toile fine et de toiles peintes dont il dit avoir rapporté des échantillons. Elles étaient disposées dans des cercueils de sycomore, ce qui n'interroge pas Cassas sur la provenance de ce bois et cela est étrange, car il signale qu'il n'y a pas de bois à Palmyre, pas même les fameux palmiers dont la ville tirait son nom. On se souvient que Granger en 1736 parlait de seulement quelques palmiers dans l'oasis ; soixante ans plus tard, il n'y en avait plus alors qu'on ne manquait pas d'eau sur le site. Le mauvais entretien des sources et des canaux d'irrigation dans l'oasis par une population réduite en nombre explique certainement le phénomène.

Cassas réalisa 73 planches des divers monuments de Palmyre ; cela constitue le dossier le plus important de son travail en Syrie, car il n'en fit que cinq à *Émèse* et seulement deux dans d'autres sites : un tombeau à pyramide et un arc de triomphe, tous deux « proche du monastère Saint-Siméon, sur la route d'Halep à Antioche ». Ces deux dernières informations sont contradictoires, car Saint-Siméon n'est pas sur la route d'Alep à Antioche. Si l'arc de triomphe est peut-être celui qui se trouve à Bab el-Hawa, effectivement sur la route d'Antioche, la localisation du tombeau est plus difficile à comprendre. On est tenté d'y reconnaître, bien que très enjolivé, l'un des tombeaux à pyramides d'El-Bara, mais ce village n'est ni proche de Saint-Siméon, ni sur la route entre Alep et Antioche. Cassas a donc dû faire une confusion.

La qualité des dessins de Cassas, en tant que tels, est remarquable, notamment quand il donne à voir ce qui était encore en place, ce qui constitue un témoignage important. Il y a en effet deux niveaux de planches dans l'ouvrage, celles qui sont le résultat de ce que l'artiste a vu et croqué sur place, et celles qui furent élaborées à son retour dans son atelier et qui montrent des reconstitutions des monuments tels que Cassas les imaginait avoir été. C'est dans ce dernier cas que la justesse des restitutions laisse largement à désirer. Cassas, emporté par sa bonne connaissance de l'art grec et de l'architecture romaine, a tendance, comme l'avait fait avant lui G. Borra, à idéaliser et à embellir la réalité des décors et la régularité des monuments du site. Plusieurs de ses planches ressemblent davantage à des exercices d'école d'architecture néoclassique, comme on les concevait au XVIIIe siècle, qu'à la réalité des monuments de Palmyre. C'est ainsi par exemple que le grand arc ou les coupes et les élévations du temple de Bêl excèdent de très loin la réalité du terrain. Cassas restitue sur la planche 66 un grand arc tiré au cordeau avec des éléments décoratifs absents dans la réalité, comme les panneaux historiés au-dessus des arcades latérales, et il substitue des pilastres aux colonnes des extrémités. Les coupes et élévations du temple de Bêl ressemblent, elles aussi, plus à un exercice d'école qu'à l'aspect réel du monument. C'est encore plus flagrant dans le cas de plusieurs tombeaux-tours dont les restitutions sont assez fantaisistes. Cela est évident pour ceux qui étaient encore en place il y a peu et avec lesquels on peut comparer, comme celui d'Elahbel où les décorations de la niche de façade ne ressemblent qu'approximativement à ce que reproduit Cassas. C'est le cas aussi de celui de Jamblique où, dans l'un des caissons du plafond du rez-de-chaussée, deux petits génies ailés sont devenus sous le crayon de Cassas de musculeux hommes nus.

On ne peut évidemment rien dire de précis concernant ceux qui ont été détruits depuis le passage du dessinateur, mais deux tombeaux au moins (planches 129 et 131) sont d'une architecture si étrange que, s'ils étaient effectivement ainsi, ce serait des exemples tout à fait inédits à Palmyre. Plusieurs reconstitutions de décors sont également excessives, c'est le cas par exemple de l'entablement du tombeau de la planche 137 qui, pour s'en tenir aux dessins des bustes, n'ont rien à voir avec le style de Palmyre. D'une manière générale, Cassas donne sa vision très néoclassique des ruines et fait preuve de romantisme avant la lettre avec les reliefs des jebels trop accentués et des Bédouins vêtus et mis en scène d'une façon très éloignée de la réalité si l'on compare avec des croquis, ou des photographies postérieures de quelques années. Il est en effet assez peu probable que les Bédouins de Palmyre en 1785 aient été ces hommes athlétiques, jambes nues avec des spartiates aux pieds.

Ill. 14. *Réception de l'artiste voyageur chez le chef des Arabes à Palmyre*, gravure de S. C. Miger, d'après un dessin de L.-F. Cassas réalisé en 1785.

Plus intéressants *a priori* sont les croquis montrant l'état des monuments à cette date bien que, pour autant, pas toujours d'une grande fiabilité. C'est ainsi que sur la planche 33 destinée à montrer le temple de Bêl, on voit à l'arrière-plan à gauche le grand arc avec ses trois arcades intactes, alors que sur la planche 71, l'arc figure en partie détruit. Le plan général du site a le mérite de faire apparaître quels étaient les monuments visibles à l'époque de Cassas, mais il allonge démesurément la grande colonnade et reste très peu fiable quant à l'exactitude des orientations des rues transversales et des plans des monuments qui la bordaient. Peut-être le chaos de colonnes brouillait-il les perspectives, tout particulièrement à la hauteur du théâtre que Cassas, comme Borra un siècle auparavant, n'a pas identifié ; et lui aussi croit voir dans l'allée bordée de colonnes se terminant en abside une piste de cirque. On comprend mieux que le temple de Bêl et les tombeaux aient été les principaux centres d'intérêt du site, car assez peu d'autres monuments étaient visibles ou intacts. Exception faite du temple aux enseignes de l'époque de Dioclétien, dont tous les voyageurs jusqu'à Cassas ignorent la destination réelle, et en font un « portique des négociants ». Cela est d'autant plus étrange que tous ont vu l'inscription commémorant la construction du camp de la légion qui se trouvait à proximité. De même n'a-t-il pas su reconnaître comme un tombeau le monument en forme de temple situé à l'extrémité nord de la grande colonnade. Tous les visiteurs du site en font un temple de Neptune ; appellation sur laquelle Cassas ne manque pas de s'interroger, et dont il ne trouve l'explication que dans un bas-relief circulaire provenant du plafond et qui représentait « une Néréïde se jouant au milieu des ondes ». Cassas est par ailleurs très étonné que les Anglais aient dessiné des « *cases* » (c'est-à-dire des *loculi*) et en aient fait un tombeau, car à son époque il n'en reste rien, et bien qu'il soit troublé par la forme carrée de la cella, alors qu'il attendait une cella rectangulaire, il insiste pour en faire un temple. On sait aujourd'hui qu'il s'agissait bien d'un tombeau (le tombeau n° 86), car bien qu'il ne reste rien des aménagements intérieurs, il y a été retrouvé un hypogée au-dessous qui ne peut laisser aucun doute sur la destination du monument. Peut-être Cassas a-t-il été troublé également par l'emplacement de ce tombeau qui s'élève à l'extrémité de la grande colonnade à l'intérieur du périmètre urbain, en opposition avec les règlements qui, dans l'Antiquité, interdisaient de bâtir les monuments funéraires à l'intérieur des villes. On ne connaît pas le propriétaire de cet édifice, que certains, sans preuves, voudraient attribuer à Odainath, le mari de Zénobie. En tout état de cause, ce ne pouvait être qu'un notable prestigieux pour s'être affranchi ainsi des règlements ou avoir obtenu des autorités de la cité l'honneur de faire construire son tombeau dans un endroit privilégié.

Cassas quitte Palmyre après trente-quatre jours passé sur le site, lassé d'être harcelé quotidiennement par des demandes d'argent et d'avoir à se défendre des menaces des Bédouins du lieu. Son retour à Homs fut à nouveau entravé par des attaques d'Arabes pillards et il se dit fatigué par la chaleur et impatient de quitter un pays « aussi infâme et rempli de tant de misérables ».

Volney : Palmyre et la Syrie vues à travers les yeux des autres (1783-1785)

Il faut dire deux mots de l'ouvrage de Volney, car il connut un certain succès, largement surfait en ce qui concerne les sites historiques. Constantin-François Chasseboeuf de la Giraudais, comte de Volney, a 25 ans quand il embarque à Marseille en 1783 pour l'Égypte avec, dit-il, « cette alacrité, cette confiance en autrui et en soi qu'inspire la jeunesse » Puis il ajoute : « je quittais gaiement un pays d'abondance et de paix !, pour aller vivre dans un pays de barbarie et de misère, sans autre motif que d'employer le temps d'une jeunesse inquiète et active à me procurer des connaissances d'un genre neuf, et à embellir par elles le reste de ma vie d'une auréole de considération et d'estime ». Resté moins d'un an dans ce pays, et essentiellement au Caire, il part pour la Syrie au mois de septembre 1783 et s'y installe pour deux ans. De retour en France, il publie ses voyages sous le titre *Voyage en Égypte et en Syrie pendant les années 1783, 1784 et 1785*. Bien qu'il ait sans doute tenu un carnet de voyage, on ne trouve dans son ouvrage aucun récit précis des étapes au fil de l'itinéraire, de ce fait relativement difficile à retracer[112].

---

112. Cf. J. GAULMIER, « Note sur l'itinéraire de Volney en Égypte et en Syrie », *BEO*, XIII, 1949-1951, p. 45-50 ; texte repris dans J. GAULMIER, « Un orientaliste », *Recueil des textes publiés dans le Bulletin d'études orientales*

En outre, on chercherait en vain des informations sur les sites historiques ; Volney s'intéresse surtout à la géographie du pays, à ses habitants avec leurs particularités religieuses, à la situation politique et très peu au patrimoine des pays traversés. En Égypte par exemple, il se contente de rester au Caire et de faire une visite aux proches pyramides. Son parcours en Syrie montre qu'il ne s'écarte pas des grands itinéraires habituels qui, depuis la côte phénicienne jusqu'à Tripoli, le conduisent à Antioche, puis à Alep et Damas. En fait de site archéologique, il ne s'est rendu qu'à Baalbek sur lequel il n'apporte rien de nouveau, se contentant de redire, ou de citer, les descriptions de Wood et Dawkins. Il fait de même pour Palmyre, où il n'est pas allé (J. Gaulmier est formel sur ce point), et pour laquelle ses connaissances émanent essentiellement de Wood et Dawkins ou de Cassas, avec lequel il fit le voyage de retour entre Acre et Alexandrie. La description très romantique de sa contemplation du site depuis la vallée des tombeaux au coucher du soleil lui a été dictée par son imagination, nourrie par les planches de Borra ou de Cassas. En réalité, malgré le succès qu'il a rencontré, le livre de Volney n'apporte pas grand-chose pour qui s'intéresse aux sites du passé et à leurs vestiges à la fin du XVIIIe siècle.

La poursuite des visites à Palmyre au début du XIXe siècle

Il faut attendre quelques années encore pour voir de nouveaux voyageurs intrépides faire le voyage à Palmyre, mais plus que Palmyre déjà parcourue et dont plusieurs estiment qu'il n'y a rien de plus à en dire, c'est à la découverte d'un nouvel espace, le sud de la Syrie, le Hauran, qu'ils vont surtout laisser leur nom ; il va en être question plus loin. Pour la plupart d'entre eux, leur voyage à Palmyre fut très rapide et décevant car, confrontés aux exigences des Bédouins, ils ne purent en faire réellement la visite.

Le voyageur suisse Johann-Ludwig Burckhardt arrive à Palmyre en 1811 depuis Alep, mais il ne peut rester que deux

---

(1929-1972), Ifpo, Beyrouth, 2006 ; *Id.*, *Un grand témoin de la Révolution et de l'Empire : Volney*, Paris, Hachette, 1959, p. 122.

jours sur le site dont il n'évoque que le « temple du Soleil » avec son village à l'intérieur de l'enceinte, estimant que tout a déjà été dit par Wood et Dawkins. Son voyage à Palmyre, ainsi que celui sur l'Euphrate, sont par ailleurs restés assez confidentiels et n'ont pas été publiés pour eux-mêmes. On en trouve trace uniquement dans des lettres envoyées à sa famille[113] ou à l'Association for promoting the Discovery of the Interior parts of Africa, pour le compte de laquelle il voyageait[114]. La raison tient sans doute à sa honte de raconter les avanies qu'il avait dû subir de la part des Bédouins dont il fut victime par deux fois. Non seulement, on lui avait volé sa selle de chameau, sa montre et sa boussole à Palmyre, mais il fut même dépouillé de ses vêtements dans le désert entre Soukhneh et l'Euphrate. Les Bédouins l'avaient laissé à moitié nu, avec seulement un pagne que, par compassion, les hommes avaient bien voulu lui laisser, mais que les femmes des Bédouins voulurent aussi lui prendre ! Quand il revint à Soukhneh se mettre sous la protection du sheikh, il avait la peau toute boursouflée, brûlée par le soleil. On comprend que ces mésaventures, peu flatteuses, aient été passées sous silence.

Cinq ans plus tard, en mai-juin 1816, le voyageur anglais William John Bankes tente à son tour l'aventure, mais il subit les mêmes désagréments de la part du sheikh de Palmyre, Hamad al-Muhana, qui exigea de lui 200 piastres en plus des 1 200 piastres qu'il avait déjà données pour être autorisé à venir à Palmyre[115]. Devant le refus de Bankes, le sheikh le retint prisonnier pendant deux jours dans l'enceinte du temple de Bêl[116]. Le voyageur ne put faire que quelques croquis, dont certains depuis une fenêtre du temple, et recopier quelques inscriptions. Il semble

---

113. C. BURCKHARDT-SARASIN et H. SCHWABE-BURCKHARDT, *Sheikh Ibrahim (Johann Ludwig Burckhardt), Briefe an Eltern und Geschwister*, Bâle, Helbig und Lichtenhahn, 1956, p. 122-124 et p. 133-134.
114. J.-L. BURCKHARDT, *Travels in Nubia*, Londres, Murray, 1819, XXI-XXX et XLI.
115. Cf. C. IRBY et J. MANGLES, *Travels in Egypt and Nubia, Syria and Asia Minor*, Londres, T. White & co, 1823, p. 249.
116. G. FINATI, *Narrative of the Life and Adventures of Giovanni Finati, Native of Ferrara*, Londres, Murray, 1830, p. 174-178.

qu'il ait été victime des mauvaises relations qu'il entretenait avec Lady Hester Stanhope. Cette dernière, nièce du Premier Ministre anglais William Pitt, séjournait en Orient depuis 1810 et avait reçu Bankes trois semaines dans sa résidence de Joun au Liban au début de 1816 alors qu'il revenait de Transjordanie[117].

Il semble que lors de ce séjour, Bankes ait profondément irrité Lady Hester par une certaine désinvolture et surtout par la tentative de débauchage du Dr Meryon, au service d'Hester, pour accompagner le transport jusqu'à Lattaquié puis en Angleterre des fresques prélevées dans un tombeau souterrain qu'il avait exploré à Sidon, avec les aquarelles qu'il y avait réalisées[118].

Lady Hester entretenait avec les sheikhs de Palmyre de très bonnes relations depuis qu'elle avait fait une entrée triomphale dans la ville en 1813. Lamartine, qui fut son hôte à Joun, en témoigne ainsi : « ce fut les nombreuses tribus d'Arabes errants qui lui avaient facilité l'accès de ces ruines, réunis autour de sa tente, au nombre de quarante ou cinquante mille, et charmés de sa beauté, de sa grâce et de sa magnificence, la proclamèrent reine de Palmyre, et lui délivrèrent des firmans par lesquels il était convenu que tout Européen protégé par elle pourrait venir en toute sûreté visiter le désert et les ruines de Baalbek et de Palmyre, pourvu qu'il s'engageât à payer un tribut de mille piastres[119] ». Bankes avait été en effet pourvu par elle de lettres de recommandation, mais ignorait de quel code il avait été gratifié, code d'après lequel les voyageurs recevaient un traitement différent selon qu'elle avait apposé un double sceau au bas de sa lettre ou un seul. Un double sceau indiquait que le voyageur était d'importance et devait avoir un traitement spécial, un simple qu'il était ordinaire. Bankes, en ouvrant plus tard la lettre, s'aperçut qu'il avait été gratifié du second et en fut tellement fâché qu'il refusa de s'en servir. Ce bref séjour de Bankes nous fait d'autant plus regretter qu'il ait été si peu fructueux que, comme on le verra par la suite, le voyageur, excellent dessinateur et

---

117. *Id.*, p. 156-158.
118. Cf. A. BARBET et P.-L. GATIER, « Un tombeau peint inscrit de Sidon », *Syria*, 74, 1997, p. 141-160.
119. *Le voyage en Orient*, Paris, Gosselin et Furne, 1835.

helléniste de qualité, aurait sans doute livré d'intéressants croquis et de très bonnes copies d'inscriptions.

Onze ans plus tard, en 1827, le Français Léon de Laborde ne reçut pas un meilleur traitement ; alors qu'il se dirige vers Palmyre, il raconte qu'il fut attaqué par un « groupe de six Arabes à cheval, armés de lances... qui s'élancent au galop de leurs chevaux... et tombent sur notre bagage et détournent nos chameaux ; en même temps, quatre d'entre eux se jettent sur nous, et en une minute nous sommes renversés de cheval, maltraités, dépouillés. Je n'ai jamais su, je ne comprends pas encore, comment on peut aussi rapidement mettre un homme à nu ; mais j'étais dans cet état avant d'avoir pu retirer de mon sac le pistolet que j'y avais placé en réserve[120] ». Malgré les accords passés à Hama avec un sheikh chargé d'organiser le voyage aller et retour à Homs moyennant 500 piastres et 500 autres à donner au chef de la tribu qui contrôle l'accès à Palmyre, Laborde et ses compagnons sont perpétuellement importunés par des demandes d'argent constantes, des menaces et des injures. Il en accuse nommément Lady Hester Stanhope pour avoir imposé son tarif à tous les voyageurs, confirmant les dires de Lamartine et le traitement de Bankes. Le sheikh réclame en effet pour les reconduire à Homs « au moins 200 piastres pour lui et, non content des 500 piastres promises à son oncle Marhanna, il exige 1 000 piastres par personne. Ainsi l'avait établi, disait-il, la Malaka pour tous les Francs qui viendraient après elle à Palmyre. Malaka veut dire reine, et ce titre a été donné à lady Esther Stanhope par les valets de place du désert, j'entends par cette race d'Arabes, méchante et bâtarde, qui conduit les étrangers à Palmyre. Les Bédouins sous la tente ne savent rien de cette illustration étrangère, et, comme on voit, son passage en ces lieux n'a eu d'autre résultat que d'imposer indéfiniment à tous les voyageurs les mêmes prix qu'elle s'est laissée extorquer ».

Malgré tout, Laborde peut explorer le site et réaliser de très belles planches de monuments et de paysages, beaucoup plus réalistes que celles de Wood ou de Cassas. Toutefois, son juge-

---

120. L. DE LABORDE, *Le voyage de la Syrie*, Paris, Firmin Didot, 1837, p. 15.

ment final est très négatif : « Maintenant, si je voulais résumer mon impression après l'examen des ruines de cette immense cité, elle se partagerait ainsi : au premier abord, une admiration sans réserve pour tant de grandeur, de profusion et de soins d'exécution dans cette profusion ; après examen attentif, le regret de ne rien trouver d'original, de vraiment distingué, de parfaitement pur, et ce regret s'augmentant à la vue d'un excès d'ornementation, d'un abus de sculptures, la plupart vulgaires jusqu'à l'ignoble, jusqu'au difforme et au grotesque. On sent bientôt que la puissance de l'argent, le besoin de paraître et l'absence de goût ont dirigé les Mécènes de Palmyre dans la construction hâtive de leurs somptueux édifices. Moins de deux siècles, du deuxième au troisième de l'ère chrétienne, ont suffi pour créer cette ville monumentale, pour effacer aussi tout ce qui avait été construit de plus original, sinon de plus grandiose, avant cette époque de décadence. Pour tout dire, la première impression discutée et détruite, on conclut que le tableau doit tout son mérite à la grandeur et à la beauté du cadre[121] ».

On ne peut faire plus sévère dans le jugement d'un art à l'égard duquel Laborde montre, par ses propos, sa totale incompréhension. Et les deux officiers de marine anglais Charles Irby et James Mangles, venus sur le site en 1818, n'en avaient pas davantage goûté le style lorsque, l'impression d'ensemble passée, ils notent : « le paysage le plus imposant que nous ayons jamais vu... les innombrables colonnes et autres ruines sur la plaine sableuse ; leur apparence blanche comme la neige contrastait avec le sable jaune et produisait un effet saisissant ». Examinant alors en détail les monuments, ils se déclarent grandement déçus « quand après une minute d'observation, nous découvrîmes qu'il n'y avait pas une seule colonne, fronton, architrave, portail, frise, ou un seul vestige architectural digne d'admiration... Prenez chaque partie des ruines séparément, elles n'éveillent que peu d'intérêt et, somme toute, nous estimons que la visite de Palmyre ne vaut pas la peine de passer autant de temps, de dépenses,

---

121. *Id.*, p. 19-20. Laborde croit, lui aussi manifestement, en une reconstruction de Palmyre au Bas-Empire.

d'anxiété et de fatigue d'un voyage dans le désert[122] ». Abusés par les planches de l'ouvrage de Wood « certainement très bien exécutées, mais qui n'ont pas rendu justice à l'original », ils s'attendaient vraisemblablement à trouver les vestiges d'un art grec classique au milieu du désert. Or, tout leur semble étrange et même laid : « les consoles au centre des colonnes de la grande rue ont une disgracieuse apparence... La sculpture, celle des chapiteaux comme celle des autres parties ornées des portes et des bâtiments, est très laide et grossière[123] ».

Ces hommes du XIXe siècle, pétris de culture grecque, ne peuvent visiblement pas concevoir et comprendre l'art original de Palmyre, fruit des multiples influences qui s'étaient donné rendez-vous dans cette oasis au carrefour des cultures. Ils furent souvent encore plus étonnés et perplexes devant les vestiges d'époque gréco-romaine qu'allaient découvrir certains d'entre eux dans une région qui s'ouvre à l'exploration en ce début du XIXe, le Hauran, en Syrie du Sud.

.

---

122. C. IRBY et J. MANGLES, *op. cit.*, p. 250-253, où ils expliquent, qu'après d'âpres négociations qui durèrent 19 jours, ils obtinrent de payer seulement 600 piastres, chameaux compris, contre les 3 000 demandées initialement par le chef bédouin Mahanah, payables seulement à leur retour sains et saufs à Hama. Ce grand rabais leur fut consenti « pour l'amour de la Malaka », c'est-à-dire Lady Hester qui avait payé 500 piastres.

123. *Id.*, p. 268-269.

IV
La découverte d'un nouvel espace : le Hauran en Syrie du Sud

Le Hauran est le nom donné à la région basaltique qui s'étend depuis le sud de Damas jusqu'à un peu au-delà de la frontière jordanienne actuelle. Il est borné à l'ouest par le massif du Jawlan et à l'est par le Jebel Druze, appelé aujourd'hui al-Arab, qui en fait partie. Son originalité géographique tient à la présence des volcans qui répandirent leurs laves sur l'ensemble de la région au quaternaire et lui donnèrent cet aspect grisâtre, voire noirâtre, si surprenant. Outre qu'il constitue le fond du paysage, le basalte est le matériau exclusivement utilisé pour la construction des monuments et des habitats qui, parfois, après oxydation, prend une teinte rouge orangé.

La méconnaissance de cette région, pourtant très riche en vestiges du passé, tient sans doute à son absence des sources littéraires antiques, en dehors de quelques allusions dans la Bible qui y situe le royaume du roi Og et ses villes fortifiées, et des mentions dans Flavius Josèphe, relatant des faits qui s'y sont déroulés entre la fin de l'époque hellénistique et les débuts de la présence romaine en Syrie[124]. L'histoire de la région, postérieurement à cette période, est donc très mal connue et la plupart des érudits et

---

124. *Antiquités Juives* et *Guerre des Juifs*. Cf. les introductions dans *IGLS* XIII/1, BAH 107, Paris, Geuthner, 1982, XIII/2, BAH 194, Beyrouth, Presses de l'Ifpo, 2011 ; *IGLS* XV, BAH 204, Beyrouth, Presses de l'Ifpo, 2014 ; *IGLS* XIV, BAH 207, Beyrouth, Presses de l'Ifpo, 2016 ; *IGLS* XVI, 1 et 2, BAH 219 et 220, Beyrouth, Presses de l'Ifpo, 2020.

des voyageurs ignorent les richesses archéologiques qu'elle peut receler. Un seul voyageur, le pèlerin russe Vassili Grigorovitch Barski, est connu pour être allé dans une partie de la région avant le XIXe siècle ; aucun autre parmi tous ceux qui sont venus en Syrie avant cette date n'évoque la possibilité ou la volonté de se rendre dans le Hauran dont ils semblent tout ignorer. Nous ne savons pas si d'autres que Barski avaient tenté l'aventure depuis Damas ou depuis la Palestine, mais il est possible, étant donné l'insécurité ambiante, telle que la décrit le pèlerin et telle que la décriront les premiers voyageurs au XIXe siècle, que cela en ait découragé plus d'un ou que, si ce fut le cas, ils n'aient pas eu l'opportunité de raconter leur expédition, assassinés avant d'avoir pu le faire. En effet, la région est parcourue par des tribus de pasteurs nomades arabes venus de la steppe à l'est, en guerre quasi perpétuelle avec les quelques sédentaires qui occupent les ruines des villages antiques, qu'ils pillent et terrorisent lors de leurs séjours saisonniers sur place. Pas plus que d'autres régions de Syrie, le Hauran n'est à l'abri de ces razzias de Bédouins du désert, dont certaines tribus fanatiques venues d'Arabie, les Wahabites, se comportent de manière encore plus violente.

L'ensemble de ces raisons expliquent sans doute pourquoi le premier voyage effectué dans l'intention de parcourir la totalité du Hauran ne date que de 1805. Mais à partir de ce moment, s'ouvre une nouvelle phase de la découverte archéologique de la Syrie. Avec l'exploration du Hauran, les voyageurs vont découvrir une région extrêmement riche en villages antiques très bien conservés, avec des ruines spectaculaires, d'autant plus spectaculaires qu'elles sont dans un matériau assez inhabituel qui ne manque pas de les surprendre, le basalte.

Une première reconnaissance par Vassili Grigorovitch Barski en 1734

Vassili Grigorovitch Barski est Ukrainien, originaire de Kiev et, dès son départ de cette ville à 22 ans pour la Pologne en 1723, il ne cesse de pérégriner jusqu'à son retour en 1747, année de sa mort. Il se rend de couvents en couvents et de lieux saints en lieux saints aussi bien en Europe centrale (Pologne, Autriche), qu'en Italie, Grèce, Égypte et Proche-Orient où il fait plusieurs voyages[125]. C'est lors d'un troisième séjour en 1734 qu'il se rend dans le Hauran en venant de Tibériade. Il avait entendu dire sur place par des chrétiens qu'il y avait à « deux jours à l'est un site important et fameux, Hauran, qui fut autrefois un royaume à part entière, aujourd'hui en ruine avec peu d'habitants » et que « ses édifices sont dignes d'étonnement et d'éloges[126] ».

Averti de la dangerosité des lieux, il voyage pauvrement vêtu espérant que personne n'osera ainsi le dépouiller de ses hardes. Il ne se déplace que de nuit dans une contrée qu'il décrit comme déserte, souffrant de la faim et de la soif. Le voyageur ne cite que deux villages où il s'est rendu, Ezra sur la bordure occidentale du plateau du Leja et Sanamein plus au nord dans la plaine, mais il signale qu'il en a vu beaucoup d'autres sans que nous sachions exactement s'il est allé ailleurs que dans la plaine de la Batanée. Son impression sur les monuments de la région, « de merveilleux édifices, temples et églises », contraste avec celle qu'il a des quelques habitants arabes, « les uns de confession mahométane, les autres chrétiens orthodoxes, d'autres encore papistes » jugés « de mauvaises mœurs : brigands, voleurs, pillards…, insoumis à l'autorité, vivant comme des bêtes sauvages[127] ». Pourtant, la région est prospère, il prétend n'avoir « jamais vu de grains ni d'épis de blé aussi grands », et l'élevage varié fournit lait, beurre et viande en abondance. Comme le seront ses successeurs, il est frappé par l'absence d'arbres et d'eau, obligeant les habi-

---

125. Le volumineux manuscrit qu'il rapporta fut recopié plusieurs fois après sa mort en 1747, mais publié seulement en 1778 pour la première fois et réédité cinq fois ensuite (cf. *Stranskovanija Vasilia Grigorovi ca Baskago po svjatym mestam vostoka s 1723 po 1747 g*, St Petersbourg, 1885-1887). Il vient de faire l'objet d'une traduction en français (sauf le second séjour au Mont Athos) par Myriam Odayski : Vassili Grigorovitch-Barski, *Pérégrinations (1723-1747)*, Genève, Éditions des Syrtes, 2019.

126. V. GRIGOROVITCH-BARSKI, *op. cit.*, p. 437. Le mot « site », qui fait référence à un lieu précis et qui est utilisé dans la traduction en français, est certainement fautif. Il aurait mieux valu dire « un lieu » ou « un endroit » appelé Hauran. On ne comprend pas sinon que cela puisse être un ancien royaume (par définition étendu).

127. *Id.*, p. 438.

tants à stocker l'eau de pluie dans de grands réservoirs, et par l'omniprésence du basalte y compris pour les maisons dont les murs, les poutres et les plafonds sont en pierre. Lors de sa visite d'Ezra, le village est quasi désert, mais il est impressionné par le nombre d'églises dont certaines sont en ruine ou transformées en mosquée, sauf celle où étaient conservées des reliques de saint Georges, vénérées par les chrétiens de passage (sur les pèlerinages, voir *supra*). Barski, qui avait appris le grec au cours de son voyage, recopia l'inscription gravée dans cette langue sur un linteau au-dessus de la porte ainsi que quelques autres, notamment dans une église en ruine qui était dédiée à saint Jean. Cette exploration d'Ezra, aussi intéressante soit-elle, fut rapidement effectuée en raison du « grand effroi » dans lequel il parcourut les ruines avec la peur permanente des brigands.

Grâce aux inscriptions qu'il y recopia, on sait que Barski s'est rendu aussi dans un village, dont il ne donne pas le nom, mais qu'il situe « à l'occident d'Ezra, à trois heures de marche », et que nous identifions à Sheikh Meskin. Enfin, il explique être allé à Sanamein, au nord de la plaine où il a vu « beaucoup de magnifiques bâtiments anciens », et avoir recopié des inscriptions sur un monument dans lequel il n'a pas reconnu le temple[128]. Ne pouvant trouver d'accompagnateur pour retourner à Tibériade, Barski se joignit à une caravane de pèlerins revenant de La Mecque pour rentrer à Damas. Sa description pittoresque de la véritable « armée en marche » est toutefois volontairement abrégée par l'indignité qu'il conçoit à « faire l'éloge des ennemis et des adversaires de la foi ». Depuis Damas, Barski rejoignit Tripoli puis s'embarqua pour Chypre.

Une exploration plus complète : Ulrich Jasper Seetzen (1805-1806)

Malgré la venue soixante-douze ans avant lui du pèlerin russe, on peut tout de même qualifier U. J. Seetzen de pionnier car, en 1805, il est le premier à faire une exploration assez étendue du

---

128. *Id.*, p. 444.

Hauran. Elle ne fut connue toutefois que bien plus tard, car le voyageur mourut au Yémen en 1811, et ses carnets de voyage ne furent publiés qu'en 1854[129]. En deux voyages, Seetzen fit une exploration très complète de la région, la première fois entre mai et juin 1805 et la seconde en décembre de la même année.

Le voyageur a 38 ans lorsqu'il quitte la petite principauté de Jever au nord de l'Allemagne dans le duché d'Oldenbourg, d'où il est originaire, dans le but de se rendre en Orient, puis en Afrique. Il a reçu une formation de médecin à l'université de Göttingen, mais il s'intéresse aussi à l'histoire naturelle, à la technologie et à la géographie. Il arrive à Constantinople en 1802 et, sans s'arrêter outre mesure en Asie Mineure, il gagne rapidement Antioche, puis Alep avec une caravane où il arrive en novembre 1803. Le temps d'y apprendre l'arabe, il en repart en avril 1805 pour Damas et commence alors à tenir un journal de voyage. Celui-ci restera à l'état de carnet journalier sans grands développements sur les différents sites, même si le voyageur note scrupuleusement son parcours et le nom des villages environnants que lui signalent ses guides et hôtes locaux. Les informations se succèdent au jour le jour sans ordre bien précis, mêlant des remarques de différente nature avec parfois des retours en arrière. En réalité, Seetzen aurait peut-être édité un ouvrage plus complet et plus ordonné s'il avait pu rentrer en Prusse sain et sauf, mais ses carnets furent publiés tels quels, même si deux savants allemands, les professeurs Friedrich Kruse et Heinrich L. Fleischer, en firent un commentaire en 1859 avec des compléments qui ne figuraient pas dans l'édition originale, comme les dessins et plans effectués par le voyageur[130].

Entre Alep et Damas, Seetzen suit une route directe qui n'a rien de très original : Hama et Homs, Yabroud et Nebek, et c'est seulement à partir de Damas qu'il innove. Le 1er mai 1805, habillé « comme un Bédouin » avec un turban autour de la tête,

---

129. U. J. SEETZEN, *Reisen durch Syrien, Palästina, Phönicien, die Transjordan-Länder, Arabia Petraea und Unter-Aegypten*, Berlin, G. Reimer, 1854.

130. F. KRUSE et H. L. FLEISCHER, *Commentare zu Ulrich Jasper Seetzen's Reisen*, Berlin, G. Reimer, 1859.

barbu et voyageant sous le nom de Mousa pour se fondre dans le paysage, il se lance à la découverte encore inédite du sud de la Syrie, sans que l'on sache précisément ce qui le pousse à prendre cet itinéraire jusque-là évité par les voyageurs étrangers qui se rendaient soit en Arabie soit en Palestine. Il apparaît clairement qu'il a recueilli des renseignements à Damas sur un certain nombre de sites où il y avait des ruines car, dès le premier jour dans son carnet, on trouve une liste de villages suivie d'un « R » pour « ruines » ou complétée de particularités, comme l'église Saint-Georges à Ezra. Ses informateurs étaient principalement des marchands qui avaient l'habitude de se rendre dans le Hauran pour y faire du commerce et des pèlerins revenus de La Mecque dont l'itinéraire passait par l'ouest de la région. Ils réussirent à le convaincre qu'elle était « géographiquement aussi intéressante qu'elle était ignorée ».

Le 1er mai 1805, accompagné d'un serviteur du nom d'Hanna Abu Ibrahim et montant sur un chameau pour la première fois de sa vie, ses bagages portés par un âne, il emprunte la route du Hadj, c'est-à-dire celle que suivait la caravane du pèlerinage de La Mecque. Depuis les faubourgs sud de Damas, celle-ci descendait par la plaine située entre le plateau du Jawlan et le rebord ouest de celui du Trachôn (Leja). Après 10 heures de route depuis Damas, il fait halte à Sanamein, village du nord de la plaine de la Batanée, où il arrive « très fatigué » dans l'après-midi du 2 mai. Il occupe ses deux journées suivantes à découvrir ce « village considérable avec beaucoup de ruines » : un beau temple presque intact, des tours carrées, des maisons, des étables antiques et plusieurs inscriptions grecques que le voyageur recopie soigneusement. Après avoir acheté un cheval, sans doute plus confortable que le chameau du départ, il reprend la route le 5 mai en suivant le rebord du plateau du Leja, traversant plusieurs villages abandonnés ou faiblement peuplés, dont certains conservaient encore de nombreuses ruines, comme Khabab. Il fait étape le 7 mai dans l'important village d'Ezra où les habitants chrétiens et musulmans vivent dans les ruines et dans la crainte de leur sheikh. Seetzen est frappé, comme Barski, par le nombre d'églises et le grand nombre d'inscriptions partout dans le village, mais il se heurte à la méfiance des habitants qui refusent de lui indiquer d'autres emplacements d'inscriptions et même de lui fournir une échelle pour recopier celles qui se trouvaient en haut des murs.

Reprenant son chemin, il oblique alors vers l'ouest pour se rendre à Mzerib où se réunissait la caravane du Hadj dans l'enceinte du château avant de partir en Arabie. Il n'y reste qu'une heure avant de repartir vers l'est en direction de Bosra par la plaine de la Nuqrah, après avoir traversé ou signalé plusieurs villages dont beaucoup étaient totalement vides d'habitants[131]. Malgré l'importance de Bosra, Seetzen en repart dès le lendemain 15 mai, en direction du nord pour rejoindre Suweida où vivaient majoritairement des Druzes et quatre ou cinq familles de chrétiens ; tous furent très accueillants envers le visiteur. L'œil exercé de Seetzen y repéra un joli temple dont 10 colonnes corinthiennes étaient encore debout, des églises et la petite citadelle ainsi qu'un imposant tombeau carré aux colonnes engagées, près du wadi. Mais, pressé de découvrir le plus de choses possible, il ne fait qu'une rapide excursion aux sites d'Atil et Qanawat où il a juste le temps de repérer un temple et des tours avant de revenir à Suweida et de rejoindre à nouveau Ezra le 18 mai.

Après ce premier tour d'observation, Seetzen ne comptait pas rentrer immédiatement à Damas, car il voulait poursuivre son exploration de la région. Or, cela n'était pas du goût de son serviteur, Hanna, jugé « timide et maladroit », constamment terrorisé par les dangers du chemin, et dont il décide de se séparer. Il doit désormais négocier avec ses hôtes pour trouver des accompagnateurs, ce qui n'est pas toujours facile, car la plupart ne sont pas de parole et exigent de fortes sommes d'argent. Le 20 mai, Seetzen peut tout de même quitter Ezra et, en longeant la bordure sud du plateau du Leja, il traverse Rimet al-Lohf où il prend le temps de décrire un grand tombeau antique à étage avant d'atteindre Shahba. Une fois n'est pas coutume, il reste là trois jours entiers à explorer les importants vestiges de ce grand village. Il y signale le temple, des églises, un aqueduc, des thermes, et ce qu'il appelle le « diwan es Szaraja » qui était en fait le temple du culte impérial en l'honneur de l'empereur Philippe

---

131. Alma, Deir es-Szalt, Hrak, Rakkam, Kérak, Kharaba et Jmerrin.

l'Arabe (244-249), originaire du village, et de sa famille. Il fait également une grande moisson d'inscriptions grecques recopiées soigneusement.

Poursuivant sa route vers le sud, Seetzen explore chemin faisant plusieurs villages[132] avant de retourner à Atil où, cette fois, il décrit les deux temples encore bien conservés dont il n'avait pas parlé lors de son précédant passage. Il descend jusqu'au village de Kafr dont il semble espérer beaucoup, sans doute d'après les renseignements qu'il avait recueilli des autochtones, mais il se déclare déçu par les ruines de ce village. Il fait alors demi-tour pour revenir[133] à Ezra le 29 mai 1805. Pendant trois jours, il refait une visite des ruines de ce gros village et se renseigne sur les sites qui se trouvent sur le plateau du Leja, qui s'étend en arrière d'Ezra à l'est, mais il n'en tente pas l'exploration à ce moment-là. Il a en effet le projet de se rendre à Nawa, un village de la plaine de la Nuqrah à une vingtaine de kilomètres à l'ouest, dont on lui avait vanté la beauté. Il trouve alors un guide et des chevaux qui le conduisent d'abord au village de Muhadjeh où, en raison de l'insécurité de la route et de la présence de la tribu nomade des Anazeh à Nawa, il reste bloqué trois jours avant de pouvoir reprendre la route[134]. Parvenu à Nawa le 5 juin, Seetzen se déclare finalement très déçu par « la belle Nawa » où il ne voit rien d'antique, seulement de grandes constructions d'époque chrétienne, quelques colonnes et même pas d'inscriptions. Il poursuit donc sa route le lendemain en direction du Jawlan et, en compagnie d'un habitant du village, il y explore divers villages, envisageant d'aller jusqu'à la mer Morte. Toutefois, n'étant pas désireux d'aller à Jérusalem, il fait demi-tour et tente de rentrer à Damas avec une caravane de blé. Cependant, en ce mois de juin, les menaces que font peser les « Arabes », c'est-à-dire les Bédouins venus d'Arabie en transhumance dans le Hauran, différèrent sans cesse son départ et il ne parvint finalement à Damas que le 16 juin. Après avoir exploré les environs de Damas, notamment les sources du Barada, à Fidjé, où il ne manque pas

---

132. Breikeh, Kafr Laha, Majdal, Sleim.
133. En passant par Suweida, Sijin, Sammia et Dur.
134. Par Koutaibeh et Sreyeh.

de voir le temple au-dessus de la source, il se rend au Liban à Baalbek et Tripoli.

Seetzen repart pour le Sud le 12 décembre 1805. Son but est de visiter les sites du plateau du Leja auxquels il a dû renoncer au printemps précédent. Son voyage ne dure que 8 jours durant lesquels il parvient à aller à Shaara et dans plusieurs villages peu éloignés de la bordure occidentale du plateau[135], avant de descendre dans la plaine au sud-ouest, jusqu'à Tafas, et de revenir à Damas par la route habituelle de la plaine (Sanamein, Ghabagheb, Kissoueh), le 20 décembre. Enfin, au retour d'une nouvelle exploration dans l'Hermon, le Jawlan et le Jebel Eshloun [Ajloun] en janvier-février 1806, Seetzen retourne une nouvelle fois dans le Hauran, mais essentiellement à Dera pour une visite d'une journée dont il revient très désappointé, n'ayant rien vu des vestiges antiques d'une ville totalement en ruine. Ce fut son dernier passage dans la région qu'il quitte le 17 février pour rejoindre Jérusalem et continuer son voyage en direction de l'Arabie où il devait trouver la mort quatre ans plus tard.

Au terme de ces deux voyages, on ne peut être qu'admiratif devant les kilomètres parcourus par le voyageur à dos de chameau, de cheval ou d'âne. Mis à part le nord et l'extrême est du Jebel Druze, Seetzen est en effet allé à peu près dans tous les villages et même si ce fut parfois au pas de course (il ne reste par exemple qu'une heure à Mzerib et pas davantage à Qanawat), son œil exercé et curieux lui fait remarquer beaucoup de choses intéressantes. Il est en effet attentif aussi bien aux paysages, à la faune et la flore, aux vestiges du passé des villages et à leurs inscriptions encore en place ou sur des pierres errantes, qu'aux mœurs des habitants des différentes communautés religieuses.

Les paysages ne manquent pas de le surprendre, car le Hauran ne s'apparente en rien à ceux qu'il aurait pu connaître en Europe. Tout y est minéral et le basalte y règne de façon omniprésente, y compris pour les toitures et les portes des maisons. Durant la période où Seetzen voyage, l'impression de désert minéral est d'autant plus forte que la plupart des villages sont déserts et ne

---

135. Eib, Haskin, Djenîne, Qirata.

sont que chaos de ruines noirâtres dans un paysage où il n'y a pratiquement « pas d'arbres ni arbustes ». Les villages occupés comptent, pour les plus importants, quelques dizaines de familles chrétiennes, musulmanes ou druzes, parfois mêlées, qui semblent vivre en bonne harmonie. Les champs alentour lui paraissent fertiles et bien cultivés, principalement en céréales, avec aussi des élevages de moutons, chèvres, ânes, bœufs et chevaux, ces derniers utilisés pour le trait. Lors de ses étapes, il trouve toujours l'hospitalité soit chez le sheikh musulman, soit chez le prêtre, et il a le temps d'observer les mœurs et coutumes des habitants qui, dans le Hauran, mis à part des problèmes oculaires, lui semblent en bonne santé, contrairement à ceux du Jawlan, plus souffreteux. Seetzen note régulièrement dans son carnet ce qu'il mange : une nourriture saine, mais peu variée et en faible quantité au point qu'il affirme n'avoir « jamais eu aussi faim que dans cette région ». Les gens mangent peu de viande, mais surtout du bourghoul, grains de blé concassés bouillis, du leben, sorte de lait fermenté avec du pain frais ou frit, du dibbs, mélange de beurre et de sucre, parfois des œufs et boivent du café sans sucre. Ils sont en outre grands consommateurs de tabac, qu'ils cultivent parfois, mais qu'ils achètent surtout et dont ils apprécient qu'on leur fasse don. Seetzen raconte à cette occasion qu'un voyageur anglais à Baalbek fut mal reçu après avoir offert une montre en or à l'émir local, alors qu'un autre avec du tabac et deux pots de confiture conclut une meilleure affaire !

Dans la population, il est frappé par le sort des femmes dont le menton et les lèvres sont tatoués à l'indigo, les mains et les ongles teints de henné rougeâtre, qu'il considère comme des « esclaves du travail ». Il ne manque pas de remarquer également les coiffures des femmes druzes dont la tête est surmontée d'une sorte de hennin de métal recouvert d'un voile blanc. Mais d'une manière générale, il trouve que les gens sont pauvrement vêtus de vêtements faits main et que l'ameublement des maisons est infiniment moins riche que celui des plus pauvres paysans de sa Prusse natale.

En tant que voyageur occidental, il est suspecté d'être riche et d'être un agent de ce Bonaparte, connu dans tous les villages sous le nom de « Barte », que certains habitants lui disent avoir vu à *Akko* (Acre), qui est le port du Hauran pour l'exportation de

La découverte d'un nouvel espace : le Hauran en Syrie... 109

son blé. La plupart d'entre eux se plaignent d'être mal traités par l'Empire ottoman et souhaitent que les « Francs » interviennent pour le renverser, tout en craignant qu'on leur prenne leurs terres. D'une manière générale, Seetzen vante l'hospitalité des gens du Hauran même s'il estime que l'on ne peut pas compter sur la parole des chrétiens qui lui font faux bond et ne respectent pas leurs engagements de lui servir de guide. En effet, après le départ de son serviteur et guide Hanna, Seetzen est dépendant des habitants des villages pour le guider et lui louer des montures et, bien souvent, ils renâclent devant les dangers de la route.

La région est en effet parcourue entre avril et septembre par des tribus « d'Arabes » venus du désert, ou de plus loin en Arabie, qui viennent faire pâturer leurs troupeaux ou effectuer des razzias. Plusieurs tribus sont énumérées par Seetzen, parmi lesquelles celles des Arabes Anazeh et Serdies sont les plus puissantes et font régner une véritable terreur par leurs rapines, leurs demandes de rançons et leurs violences. Les hommes sont armés de lances, de fusils, de pistolets et de massues et n'hésitent pas à tuer les récalcitrants. Ils attaquent même la caravane du Hadj qui se réunit à Mzerib pour faire le plein de denrées avant la traversée vers La Mecque ; deux mois plus tôt, des tribus d'Arabes venues d'Amman avaient volé 105 bovins. Seetzen fut d'ailleurs plusieurs fois arrêté par des Arabes qui vidèrent son sac ou firent le siège de son logement, comme à Nawa, et c'est la raison pour laquelle il recommande de ne rien avoir de précieux sur soi, très peu d'argent et ne pas apparaître comme un Européen quand on voyage dans ces régions. Il fut même parfois bloqué dans un village pendant plusieurs jours avant de pouvoir reprendre la route en raison des troupes de Bédouins qui campaient dans les villages abandonnés et attaquaient les voyageurs de passage. Il recommande donc aux futurs voyageurs de bien choisir leur guide en fonction des relations que celui-ci entretient avec les tribus selon son appartenance religieuse. Il est par exemple déconseillé de prendre un Druze pour aller dans le « désert », car ceux-ci ont de mauvaises relations avec les Wahabites, secte rigoriste et intolérante née en Arabie au XVIIIe siècle, à laquelle appartiennent les Anazeh par exemple. La pratique de la langue arabe, ou à défaut la présence d'un interprète, est vivement conseillée et Seetzen d'ajouter que le meilleur voyageur est celui qui est médecin, car « il peut soigner les gens et gagner leur confiance, observer la nature sans éveiller les soupçons ». Des soupçons, les autochtones en ont beaucoup à l'égard de ces étrangers qui recopient les inscriptions en place sur les monuments ou sur des pierres errantes et qui, de ce fait, selon une croyance encore actuelle, sont à la recherche de trésors[136]. Or, Seetzen ne manque pas, dans chacun des villages qu'il visite, de recopier les textes qu'il voit et qui sont majoritairement en grec, langue inconnue des habitants. Tous ces villages, bâtis et habités par les populations qui vivaient là dans l'Antiquité, sont particulièrement riches en textes épigraphiques de toute nature (dédicaces aux empereurs ou aux dieux, dédicaces de constructions diverses, épitaphes en grand nombre, textes officiels impériaux, etc.[137]). Seetzen est conscient de se trouver face à des vestiges antiques et explique leur conservation par le fait que la région est restée isolée. Bien qu'il ait vu beaucoup de ces monuments intacts, alors que plusieurs d'entre eux ont disparu aujourd'hui, ses descriptions restent malheureusement très sommaires et se limitent souvent à une énumération des plus visibles et des plus spectaculaires. Ses carnets contenaient très peu de dessins et de croquis, sans doute ne s'en sentait-il pas vraiment capable ou n'avait-il pas assez de temps. C'est sans doute la raison pour laquelle il recommande aux futurs voyageurs de venir dans le Hauran avec un architecte, un dessinateur, et de bien connaître l'histoire et la géographie.

On ne mesure pas bien l'influence qu'eut Seetzen sur les voyageurs qui lui succédèrent. Comme on l'a dit, le voyage de l'Allemand ne fut publié que tardivement, mais on sait qu'il avait néanmoins envoyé des lettres au baron Franz Xaver von Zach à Gotha qui furent publiées dans divers volumes[138]

---

136. C'est le même genre de remarques (cf. *supra*) que celles qu'entendirent les voyageurs à Palmyre de la part des Bédouins qui les soupçonnaient de vouloir retrouver l'or dont les inscriptions révélaient l'emplacement.
137. Les corpus d'inscriptions grecques et latines de cette région, en voie d'achèvement, ont regroupé à l'heure actuelle plus de 4 000 textes.
138. Zach's *Monatliche Correspondenz and Hammer's Fundgruben*, t. 13, Gotha, 1806, p. 502-513; 548-556; t. 14, Gotha, 1806, p. 159-169. Mais les

La découverte d'un nouvel espace : le Hauran en Syrie... 111

et dont des extraits furent donnés en 1810 par la Palestine Association[139]. Le premier voyageur qui lui succéda, le Suisse Johann Ludwig Burckhardt, qui vint dans le Hauran cinq ans plus tard en 1810 puis à nouveau en 1812, a-t-il eu connaissance de cette correspondance ? On constate en tout cas qu'il n'ignorait rien de l'expédition de son prédécesseur, car il est question de Seetzen à plusieurs reprises dans son récit de voyage *Travels in Syria and the Holy Land*. Il l'évoque une première fois à propos du voyage de Seetzen vers la mer Morte : « Les recherches que M. Seetzen a faites ici il y a quatre ans en étaient le sujet principal[140] », puis lorsqu'il projette son exploration du Hauran : « J'ai commencé à préparer un voyage dans la plaine du Haouran et les montagnes des Druzes du Haouran, une région qui, d'après les informations des indigènes aussi bien de ce que M. Seetzen en avait dit à son retour après en avoir visité une partie il y a quatre ans[141] », et enfin lorsqu'il est à Ezra où il est hébergé chez le même prêtre grec : « Je suis allé à la maison du prêtre grec du village... Il avait été le guide de M. Seetzen[142] ». Visiblement, le voyage de Seetzen était encore bien présent dans les esprits de ceux qui l'avaient côtoyé à Damas ou accompagné.

---

informations sont fort peu détaillées et il semble en outre que des paquets de lettres ne soient jamais arrivés à Gotha. Cf. Chisholm Hugh, ed. (1911), « Seetzen Ulrich Jasper », *Encyclopaedia Britannica*, 24 (11th ed.), Cambridge University Press, p. 581.

139. « Extract of a Letter from Mr. Seetzen, to Mr Zach, Grand Marshall of the Court of Saxe Gotha, and Editor of the Geographical and Astronomical Correspondance », dans *Brief Account of the Countries adjoining the Lake of Tiberias, the Jordan and the Dead Sea. Publishes for Palestine Association of London*, 1910, p. 7-47 et notes.

140. « The researches which Mr Seetzen made here four years ago were principal topic », J. L. Burckhardt, *op. cit.*, p. 40.

141. « I began to prepare for a journey into the plain of the Haouran and the mountains of the Druzes of Haouran, a country which, as well from the reports of natives, as from what I heard that Mr Seetzen had said of it, on his return from visiting a part of it four years ago », *id.*, p. 51.

142. « I went to the House of the Greek priest of the village... He had been the conductor of Mr Seetzen », *id.*, p. 57.

Johann Ludwig Burckhardt (1810 et 1812)

Ill. 16. Portrait de Johann Ludwig Burckhardt
(Sebastian Gutzwiller, vers 1830, musée d'Histoire de Bâle)

A priori, rien ne prédestinait Johann Ludwig Burckhardt, rejeton d'une riche famille d'hommes d'affaires bâlois né en 1784 à Lausanne, à devenir l'un des plus importants découvreurs de l'Orient et en particulier du site de Pétra, dont l'emplacement s'était perdu chez les Occidentaux depuis l'époque des croisades. Burckhardt se destinait en effet à une carrière diplomatique et pour cela avait fait successivement des études à Leipzig et à Göttingen. Déçu de ne pouvoir entrer au service de princes allemands ou autrichiens, il s'embarqua alors pour l'Angleterre en 1806 avec une lettre de recommandation de l'un de ses professeurs pour Sir Joseph Banks, l'un des membres de la British Association for Promoting the Discovery of the Interior Parts of Africa, association dont les buts étaient à la fois scientifiques et économiques, car il s'agissait de trouver des débouchés aux produits anglais en Afrique centrale. Très intéressé, Burckhardt forme alors le projet de partir pour l'Afrique afin de trouver un passage entre le Nil et le Niger et, pour parfaire ses connaissances, il suit à Cambridge des cours de chimie, d'astronomie, de médecine et d'arabe.

Il a 25 ans en 1809 quand il part pour l'Orient et, après quelques mois à Malte, il s'installe pendant trois ans à Alep pour perfectionner son arabe et étudier le droit musulman. C'est au cours de ces trois années qu'il effectue plusieurs voyages d'exploration depuis

La découverte d'un nouvel espace : le Hauran en Syrie... 113

Damas, d'abord à Palmyre à l'été 1810[143], puis au Liban en septembre, dans le Hauran en décembre, et sur l'Euphrate au tout début 1811[144]. Il traverse à nouveau le Hauran en avril-mai 1812, en route pour la Palestine puis l'Égypte où il devait mourir en 1817.

C'est à Damas que Burckhardt a entendu parler de l'expédition de Seetzen dans le Hauran et qu'il soupçonne que cela était dû au très grand intérêt de cette région. Muni de sauf-conduits du pacha et du Patriarche grec de Damas, pour se garantir à la fois auprès des musulmans et des chrétiens, il revêt « un keffieh et un manteau de mouton sur les épaules ». Depuis son séjour à Malte en 1809, Burckhardt a déjà adopté un nom arabe, Ibrahim ibn Abdu'llah el-Inglizi (ou el-Shamy) et l'habillement des autochtones. Il emporte quelques provisions, un peu de matériel indispensable pour lui et son cheval et, en compagnie de paysans originaires d'Ezra, il quitte Damas pour le Sud le 9 novembre 1810, « trois heures avant le lever du soleil », par la route du Hadj. Son parcours diffère quelque peu de celui de son prédécesseur, car s'il passe dans la plupart des mêmes villages, il se rend aussi dans des zones du nord et de l'est du Jebel Druze que Seetzen n'avait pas eu le temps d'explorer. Grâce à son journal de voyage, nous pouvons suivre son itinéraire jour après jour.

Sa première étape, fort longue, le conduisit jusqu'au village de Tibné à 50 kilomètres des faubourgs de Damas, car bien qu'il sache qu'il y avait de nombreuses inscriptions dans celui de Sanamein, 10 kilomètres au nord-ouest et près duquel il était passé, il préféra ne pas s'y arrêter et reporter la visite pour son retour. Ses compagnons de route souhaitaient visiblement pouvoir atteindre Ezra dans la journée, mais la région n'était pas plus sûre que cinq ans plus tôt. Des Arabes de la tribu des Serdies rôdent dans le secteur et avaient déjà dépouillé des voyageurs quelques jours plus tôt ; si bien que, renonçant à poursuivre le jour même vers Ezra, il s'arrêta chez le sheikh druze de Tibné afin de ne pas

---

143. Cf. *supra*, p. 92-93.
144. Cf. *supra*, p. 92 et R. STUCKY, « Les aventures de Jean-Louis Burckhardt alias Cheik Ibrahim près d'Al-Suhnah en septembre 1811 », dans *Vocation préhistoire. Hommage à Jean-Louis Le Tensorer*, Études et Recherches Archéologiques de l'université de Liège, Liège, 2017, p. 355-359.

voyager de nuit. Cela fut sage car le lendemain ils croisèrent une troupe de 80 cavaliers du pacha qui avaient surpris des pillards Serdies à Walgha, village situé au sud-est d'Ezra, ils en avaient tué six ainsi que leur chef, et ils transportaient leurs têtes dans un sac ! Après une étape de deux jours à Ezra, il longe la bordure sud du plateau du Leja jusqu'à Shahba, traversant des villages déjà signalés par son prédécesseur, mais il innove ensuite en se rendant dans plusieurs sites encore inexplorés dans le nord du Jebel Druze[145]. Revenu vers le sud, il passe à Suweida où il signale, entre autres, le grand tombeau carré avec des colonnes engagées et des bas-reliefs, dédié par un certain Odeinat à sa femme Chamratè (cf. ill. 21). Puis, après une excursion aux ruines de Qanawat, il se dirige vers Iré où il reçoit l'hospitalité d'un sheikh druze particulièrement affable et curieux. Ce sheikh, chez lequel plusieurs voyageurs feront étape par la suite, voulait tout savoir de la civilisation européenne et il demanda notamment à Burckhardt de lui écrire les alphabets grecs, anglais et allemand avec la correspondance en arabe. La demande concernant l'allemand peut paraître curieuse, mais elle doit sans doute se comprendre par l'usage des caractères gothiques pour l'écrire à cette époque. En outre, comme cela fut dit à d'autres voyageurs plus tard, le sheikh croyait fermement qu'il y avait beaucoup de Druzes en Angleterre pour la simple raison que les chrétiens en Syrie pensaient que, puisque les Anglais n'étaient ni musulmans, ni grecs, ni catholiques, ils étaient forcément druzes[146].

Depuis Iré, le voyageur part explorer l'est du Jebel au-delà du Jebel Kuleib, l'un des sommets, jusqu'aux limites du Safa dont l'étendue steppique parsemée de blocs de basalte précède le désert. Il peut ainsi se rendre dans plusieurs villages et s'approcher de différents campements d'Arabes, apparemment très pacifiques, qui lui donnent l'hospitalité dans leurs tentes noires et blanches en poil de chèvre. Il semble que la dangerosité des Arabes dépendait des tribus, car en redescendant vers le sud, ses guides étaient très effrayés à l'idée de rencontrer les Sheraka de la tribu des Djelaes qui se trouvaient dans les parages. Cela ne découragea pas Burckhardt

---

145. Murduk, Shaqqa, Tell Maaz, Amra, Hit, Jneineh.
146. *Travels in Syria and the Holy Land, op. cit.*, p. 88.

pour autant qui explora encore de nouveaux villages, tous pleins de ruines antiques et tous riches en inscriptions grecques qu'il ne manque pas de recopier, malgré l'éternelle croyance des autochtones qu'il était lui aussi à la recherche de trésors[147] !

Arrivé en vue de l'important village de Bosra qui avait été la capitale de la province romaine d'Arabie, et bien qu'il sache à quel point la ville est riche en monuments et en inscriptions, il renonce à s'y rendre. Cela ne manque pas de surprendre ses guides auxquels il raconte qu'il a eu la révélation dans un rêve qu'il ne fallait pas qu'il y aille. En réalité, il était très peu désireux d'y rencontrer la troupe de 300 à 400 Maghrébins, mercenaires au service du plus offrant, qui campaient dans la forteresse, et dont il avait peur de se faire connaître. Il craignait que ces hommes puissent se retrouver en Égypte, où il avait l'intention de se rendre plus tard, et s'interrogent sur sa présence à cet endroit. Il se contente donc de regarder le château de loin et reprend le chemin d'Iré où il espère trouver des guides pour se rendre à Dera dans le sud de la plaine et, de là, aller à Umm al-Jimal dont il avait entendu dire que cela valait la peine d'être vu. Mais, malgré une offre assez importante de 30 piastres, il ne trouve personne pour affronter les dangers que représentent les Arabes Sheraka et Serdies, d'autant plus que le chef de ces derniers est le frère de celui qui avait été tué quelque temps plus tôt à Walgha par les troupes du pacha. Il renonce alors avec regret à cette expédition, se promettant d'y retourner une prochaine fois et, par le nord de la plaine de la Nuqrah, il regagne Ezra le 27 novembre[148].

Dans les jours qui suivent, Burckhardt va au-delà de ce qu'avait fait Seetzen, en pénétrant plus avant sur le plateau du Leja. La région était réputée hostile, à la fois en raison du chaos de laves qui la composait et sur lequel la progression était particulièrement difficile, mais aussi parce qu'un grand nombre de tribus d'Arabes peu amènes avaient l'habitude d'y camper avec leurs troupeaux de chèvres et de moutons. Après en avoir longé la bordure jusqu'à Khabab, il pénètre au cœur même du plateau jusqu'aux villages de Zbair, Zebireh, Jaddel, Dami et Deir Dami

---

147. Sahwet el-Khodr, Uyyun, Orman, Salkhad, Mnaidrè, Qreyeh.
148. Par Kenakir, Tahleh, Dara, Mleihat et Nahiteh.

où il fut l'hôte des Medledj. Ceux-ci, outre l'élevage, faisaient un peu d'agriculture dans les petites dépressions de lave décomposée. Burckhardt ne semble pas effrayé par leur contact, mais il se garde néanmoins de leur dire les vraies raisons de sa présence, prétextant être un fabricant de poudre à fusil à la recherche de salpêtre. Dans toute la région, la terre est en effet très salpêtrée et donne lieu à récolte, voire à fabrication sur place, ce qui pouvait apparaître comme une raison très crédible à sa présence[149]. Après une halte à Mismiyyeh à la pointe nord du Leja, où se trouvait un très beau temple romain et de nombreuses inscriptions, Burckhardt rentre à Damas, où il arrive le 3 décembre 1810. De là, il se rend à Alep où il passe l'année 1811.

Le 14 février 1812, Burckhardt quitte Alep après avoir pris congé de ses amis les consuls d'Angleterre et de Hollande messieurs Barker et Van Maseyk. Il prend la direction du sud-ouest, afin de gagner la vallée de l'Oronte et le Mont Liban et rejoindre Damas. En cours de route, il traverse plusieurs villes mortes du Jebel Riha comme Kafr Lata, où il remarque que les maisons récentes sont construites avec des blocs de celles du Bas-Empire et qu'il y a nombre de tombes souterraines et de grands sarcophages, divers éléments qu'il revoit à l'identique en de multiples endroits. Mais, sans doute pressé par le temps, il n'effectue pas d'exploration systématique, comme il l'avait fait dans le Hauran, laissant de côté nombre de sites antiques de la région. Il passe néanmoins à El-Bara et remarque que toute la montagne alentour est pleine de villages en ruine, datant du Bas-Empire, dont il donne les noms. Reçu toutefois très froidement à El-Bara, malgré une lettre de recommandation pour le sheikh de la part du propriétaire du village, Taleb Effendi, membre de la grande famille des Tcheleby Effendi Toha Zade d'Alep, Burckhardt ne s'y attarde pas. Il a néanmoins le temps d'y voir les grands tombeaux à pyramide.

Le 22 mars 1812, il arrive à Damas après un grand tour qui, depuis Hama, l'avait conduit à Tripoli, Beyrouth et Beit ed-din. Dans un tel laps de temps, il ne pouvait avoir le loisir de flâner en route, certaines de ses étapes comportant plus de 10 heures de cheval !

---

149. Comme à Eib, Khabab ou Shaara.

La découverte d'un nouvel espace : le Hauran en Syrie... 117

Toutefois, à peine est-il arrivé à Damas qu'il songe déjà à repartir pour le Hauran et à poursuivre sa route vers Jérash et Jérusalem sur les pas de Seetzen. Le changement de pacha à Damas l'oblige cependant à attendre un mois pour voir comment évolue la situation politique et se munir des sauf-conduits indispensables pour les chefs provinciaux. Accompagné d'un Damascène qui était allé 17 fois à La Mecque et entretenait de bonnes relations avec les Bédouins, il peut enfin quitter Damas le 21 avril 1812. Après un bout de parcours commun avec son précédent voyage, il contourne cette fois-ci le plateau du Leja par le versant oriental afin de voir des villages qu'il n'avait pas encore visités[150], mais il repasse aussi dans certains où il était allé en 1810, comme Sleim ou Suweida, où il constate que ces villages, qui étaient habités lors de son précédent passage, sont devenus déserts deux ans plus tard. Les paysans sont en effet instables, soit en raison de l'épuisement des terres, soit parce qu'ils fuient une lourde fiscalité.

Après un passage chez son ami le sheikh druze d'« *Airè* » [Iré], heureux de le revoir, il peut enfin se rendre à Bosra qu'il avait renoncé à visiter deux ans plus tôt. Il y reste deux jours et donne une description assez complète de la ville et de ses monuments, bien qu'il ait été ennuyé constamment par les Arabes Anazeh qui ne cessaient de passer sur le site. Il finit par les solliciter pour qu'ils l'accompagnent à Umm al-Jimal, mais les sommes d'argent exorbitantes qu'ils exigent l'obligent encore à différer ce voyage, car personne ne voulait prendre de risque. Par ailleurs, la rumeur persistante que Burckhardt cherchait un trésor faisait monter les prix. Il se résout donc à revenir à Iré d'où il repart vers l'ouest du Hauran afin de rejoindre la route du Hadj à Sheikh Meskin et atteindre Mzerib, grand lieu de rassemblement des pèlerins, avant de quitter le Hauran en direction de Jérash le 1er mai 1812.

Par comparaison avec Seetzen, le récit de Burckhardt est beaucoup moins riche en anecdotes sur les mœurs des populations, la

---

150. C'est ainsi qu'il passe à Buraq, Sawarat, Oum al-Hartein, Dhakir, Rdeimeh, Umm az-Zeitoun, Atil.

nourriture et l'environnement. On n'apprend pratiquement rien sur ce que l'on mange, mis à part qu'on lui offrit du bourghoul chez les Bédouins de Tibné et que, lors d'un repas près de Suweida dans un campement d'Arabes, il dîna de riz bouilli dans du lait aigre. Les mœurs et coutumes sont très peu évoqués sauf à une ou deux reprises lorsqu'il parle de la prostituée d'Atil, entretenue aux frais du village, ce qui l'étonne au regard des mœurs rigides des populations. Il raconte à cette occasion le meurtre en public par ses frères d'une jeune musulmane de Muhadjeh (au nord de la plaine de Batanée) au prétexte qu'elle avait embrassé un jeune chrétien. Il ne fait jamais aucun développement, à la différence de Seetzen, sur l'habillement, les coiffures, les pratiques religieuses si ce n'est pour dénombrer les familles de l'une ou l'autre communauté dans certains villages. L'aspect du pays est très peu évoqué ; sauf lorsqu'il est sur le Leja dont il relève le caractère pierreux et impraticable avec des rochers très hauts et très découpés, mais qu'il ne relie jamais au caractère volcanique de la région. Faune et flore sont quasiment absentes ; à peine parle-t-il des figuiers et des grenades de Salkhad qui compensent son manque de nourriture ce jour-là. Une nuée de sauterelles sur la route de Nimreh lui donne l'occasion de dire que les Bédouins les mangent, mais pas les paysans, si ce n'est les plus pauvres qui, après les avoir éviscérées et leur avoir coupé la tête, les font sécher avant de les consommer. Enfin, il est assez peu question des productions agricoles du pays, sauf pour le tabac dont le plus apprécié était celui d'Atil, et le coton, de mauvaise qualité, cultivé à Shahba et Shaqqa dont les habitants font une partie de leurs habits. En revanche, il ajoute quelques détails sur les productions artisanales. Il a constaté, lui aussi, le commerce des meules de basalte en pierre du Leja dont la vente dépasse les frontières du Hauran jusqu'à Alep et Jérusalem. Il évoque aussi des mortiers à café en bois de chêne et surtout des fabriques de salpêtre sur la bordure du Leja dont il donne les méthodes de fabrication.

Ces différences tiennent peut-être à la formation ou aux centres d'intérêt différents des deux hommes. On constate que Burckhardt est beaucoup plus précis et détaillé que Seetzen dans ses descriptions des ruines et des bâtiments. Il donne notamment des mesures, bien qu'approximatives, et paraît beaucoup plus sensible à l'architecture des monuments les plus importants. Mais tous deux recopient consciencieusement les inscriptions et tous deux doivent expliquer chaque fois qu'ils ne cherchent pas les trésors, sans être vraiment crus. Burckhardt attribue l'accueil très froid qu'il reçut lors de son deuxième voyage dans des villages de l'est du Leja au bruit qui avait couru qu'il avait trouvé un trésor à Shahba en 1810 et qu'il était venu le rechercher !

Burckhardt ne revint pas en Syrie après 1812[151], mais il confia ses notes avec des indications sur les villages et leurs vestiges, ainsi que ses copies d'inscriptions à deux de ses successeurs, Buckingham et Bankes, qu'il avait rencontrés en Égypte et qui vinrent tous deux dans le Hauran au printemps 1816, et à nouveau en 1818 pour le second. Bankes avait pour mission en particulier de vérifier les copies d'inscriptions de Burckhardt avant la publication du voyage de ce dernier, parue en 1822.

Otto Friedrich von Richter (1815), James Silk Buckingham (1816) et William John Bankes (1816 et 1818)

Ill. 17. Portrait de William John Bankes
(George Sanders, 1812, Kingston Lacy Estate, Dorset)

Quelques mois avant les explorations de Buckingham et de Bankes, un jeune Allemand de Courlande de 24 ans, Otto

---

151. Il mourut de dysenterie au Caire en octobre 1817, sans avoir pu partir pour l'Afrique comme il le souhaitait.

Friedrich von Richter, avait fait une brève incursion dans le Hauran entre le 30 octobre et le 7 novembre 1815. La brièveté de son voyage ne lui avait permis de s'arrêter que dans les plus grands villages (Sanamein, Ezra, Mzerib et Bosra), mais il avait pris soin d'en décrire les principaux monuments, de recopier plusieurs inscriptions grecques et de faire quelques croquis, les tout premiers, de certains vestiges antiques de Sanamein et de Bosra. Richter devait mourir l'année suivante à Smyrne et son voyage, d'après son carnet de route et ses lettres, ne fut publié à Berlin qu'en 1822[152].

Buckingham et Bankes avaient été informés par Burckhardt de l'intérêt de la région alors qu'ils se trouvaient l'un et l'autre en Égypte. À part leur soif de découverte de nouveaux horizons, rien ne les prédestinait à travailler en commun tant ils étaient dissemblables du fait de leurs origines et de leurs parcours respectifs ; de fait, après une collaboration initiale, leurs relations s'envenimèrent au point que cela se finit par un procès.

Buckingham, né en 1786 à Flushing dans le sud de l'Angleterre, près de Falmouth, était d'origine modeste et, après avoir perdu son père marin très jeune, il s'embarqua comme mousse sur un bateau à destination de l'Espagne et du Portugal à l'âge de 9 ans[153]. Sa vie devait essentiellement se passer sur la mer aux commandes de plusieurs navires de commerce qui l'amenèrent aux Indes occidentales, en Méditerranée et dans l'océan Indien. Il avait fait très peu d'études, mais avait appris à parler plusieurs langues lors de ses voyages, le français, le grec, l'italien et l'arabe, ce qui lui permettait de traiter des affaires commerciales lucratives, auxquelles s'ajoutaient l'héritage de sa mère et la fortune de sa femme.

Au cours de l'année 1813, alors qu'il est à Smyrne, il apprend qu'en raison de la peste qui règne à Malte, les sociétés dans

---

152. *Wallfahrten im Morgenlande. Aus seinen Tagebüchern und Briefen dargestellt*, par Johann Philipp Gustav Ewers, professeur à l'université de Dorpat, Berlin, 1822.

153. J. S. BUCKINGHAM, *Autobiography of James Silk Buckingham including his Voyages, Travels, Adventures, Speculations, Successes and Failures, faithfully and frankly narrated*, 2 vol., Longman & co., Londres, 1855.

lesquelles il avait des intérêts sont en faillite et que, faute de surveillance, les entrepôts de marchandises ont brûlé. Sans assurance pour ce genre de calamité, Buckingham se retrouve ruiné et obligé de rembourser les crédits qu'il avait contractés pour l'achat des marchandises en plus du capital. Malte lui étant inaccessible pour plusieurs mois et Smyrne subissant l'effet d'une stagnation économique, il décide alors de refaire sa fortune en Égypte où le nouveau pacha, Mohammed Ali, est très favorable aux initiatives commerciales des Européens talentueux.

Le 30 août 1813, il s'embarque donc pour Alexandrie où il arrive le 9 septembre et, de là, il se rend au Caire afin d'y rencontrer le pacha, qui désirait envoyer en mer Rouge deux bateaux ancrés à Alexandrie. Le seul moyen pour cela était de faire le tour de l'Afrique par le cap de Bonne-Espérance. Or la Compagnie des Indes Orientales, qui avait le monopole sur l'océan à l'est du cap, confisquait tous les bateaux qui n'avaient pas reçu son autorisation de naviguer dans l'océan Indien. Buckingham imagina donc tout un dispositif de halage pour amener les bateaux, dans un premier temps, d'Alexandrie à Damiette en empruntant une branche du Nil et se prit à rêver d'un canal qui permettrait un passage plus facile entre la Méditerranée et la mer Rouge, et par là à l'océan Indien. Obligé d'attendre le retour du pacha qui mène une campagne militaire en Arabie contre les Wahabites, il en profite pour aller explorer la vallée du Nil jusqu'aux cataractes.

C'est au cours de cette expédition qu'il rencontre pour la première fois Johann Ludwig Burckhardt à Esna en octobre 1813. Celui-ci est en attente d'autorisations pour son départ vers l'intérieur de l'Afrique d'où, par l'Abyssinie et la mer Rouge, il comptait rejoindre La Mecque. Entendant dire qu'un voyageur anglais arrivait par bateau, il vient à la rencontre de Buckingham avec lequel il sympathise immédiatement. Burckhardt lui raconte sa vie et lui relate son voyage en Syrie et en Palestine, ses recherches dans le Hauran, à l'est du Jourdain, et sa visite à Pétra. À son retour de Nubie, Buckingham repasse à Esna où il revoit Burckhardt qui s'y trouvait toujours, et qui lui donne quelques conseils et des recommandations auprès de personnes utiles à son éventuel voyage en Syrie. Il lui signale notamment l'importance de Bosra dans le Hauran pour les inscriptions et l'existence du site d'Umm al-Jimal où lui-même n'avait pas réussi à se rendre, ni en 1810, ni en 1812, en raison des dangers de la route.

De retour au Caire, Buckingham apprend que le pacha a renoncé à son projet de transfert de bateaux, mais qu'il est très intéressé par l'idée du canal et souhaite que des recherches soient faites sur les traces d'un ancien canal, dit « le canal des pharaons », reliant la Méditerranée à la mer Rouge par le Nil dont parlaient les sources anciennes[154], et sur la possibilité de le réactiver. Dans l'immédiat, la volonté de développer le commerce entre l'Égypte et l'Inde conduisit Buckingham à accepter la proposition du pacha d'acheter pour lui des bateaux afin de les convoyer en Inde et de ramener des marchandises. Il quitte Suez en octobre 1814 et ne revient en Égypte qu'en novembre 1815. C'est alors qu'il rencontre une nouvelle fois[155] Burckhardt au Caire, qui n'était toujours pas parti en Afrique, des épidémies de peste récurrentes ayant interrompu le passage des caravanes entre Le Caire et Tombouctou. Il rencontre aussi Giovanni Battista Belzoni, employé comme ingénieur hydraulique par le pacha. C'est aussi là qu'il entend parler pour la première fois de William John Bankes qui avait utilisé Belzoni pour rapporter des fragments de monuments de Haute Égypte[156].

Toujours impliqué dans le commerce avec l'Inde, Buckingham obtient que le pacha signe une convention garantissant sa

---

154. Hérodote, *Histoire*, II, 158 ; Strabon, *Géographie*, XVII, 1, 25 ; Diodore, *Bibliothèque Historique*, I, 33, 8-12 ; Pline l'Ancien, *Histoire Naturelle*, V, 33, 165. Le projet n'aboutira pas et Buckingham n'apprendra qu'en 1855, quand il rédigeait son autobiographie, que le pacha d'Égypte, Said, avait confié au Français Ferdinand de Lesseps le privilège de creuser un canal dont le coût annoncé, 6 millions de livres sterling, lui fit comprendre que ce devait être un percement direct entre les deux mers.

155. Ils s'étaient revus une troisième fois à Jeddah où Buckingham faisait escale sur sa route vers l'Inde et où Burckhardt était venu le retrouver depuis La Mecque où il se trouvait.

156. Il s'agit vraisemblablement, entre autres, de l'obélisque de Philae qui se dresse aujourd'hui dans les jardins de la propriété de Bankes à Kingston Lacy, dans le Dorset en Angleterre. Belzoni devait gagner la célébrité plus tard en pénétrant dans l'une des pyramides de Memphis et dans plusieurs tombes à Thèbes.

La découverte d'un nouvel espace : le Hauran en Syrie... 123

protection aux marchands et aux marchandises traversant le désert, le libre accès aux ports de Suez et de la mer Rouge et un faible taux de taxes. Il s'apprêtait donc à repartir pour l'Inde, mais comme le voyage par la mer Rouge était long et fatiguant, que la saison de navigation vers le sud était terminée et aurait requis un délai trop long pour revenir, il juge préférable de partir par la Palestine, la Syrie et la Mésopotamie puis la Perse. Il quitte Alexandrie le 25 décembre 1815, remonte le long de la côte de Palestine et se rend à Jérusalem où, en janvier, il est rejoint par William John Bankes, venu du Caire et qui était de retour d'une excursion sur les rives du Jourdain et de la mer Morte. Ils se rendent ensemble à Jérash, et Umm Qeis puis se séparent à Nazareth le 17 février 1816[157]. Bankes choisit en effet de remonter vers le nord de la Palestine en direction de Mar Élias au Liban, où il fut l'hôte de Lady Hester Stanhope (voir *supra*), tandis que Buckingham continua en direction du Hauran et de Damas.

Depuis Ajloun, le voyageur gagne le sud de la plaine du Hauran à travers plusieurs villages déjà explorés par Seetzen ou Burckhardt[158], puis il oblique vers l'est pour rejoindre Iré où il sait trouver l'hospitalité bienveillante du sheikh druze Shibley al-Hamdan que lui avait recommandé Burckhardt et qui devait lui faciliter l'accès à Umm al-Jimal tant convoité. Mais, pas plus que Burckhardt, il ne peut s'y rendre et il descend alors vers Bosra, puis Salkhad pour y voir l'imposant château avant de revenir sur ses pas et continuer sa remontée vers Damas par Suweida. Après un détour à Qanawat et Atil, il rejoint la bordure sud du plateau du Leja à Nejran, d'où il va visiter Shahba puis, revenu à Nejran il poursuit vers l'ouest pour arriver à Ezra le 19 mars 1816 au soir. Il en repart dès le lendemain et, longeant le plateau de laves vers le nord, il rejoint la route de la plaine[159] et entre à Damas le 20 mars par la bab el-Ullah.

---

157. Ce voyage fut publié par J. S. BUCKINGHAM à Londres en 1821 chez Longman & co., sous le titre : *Travels in Palestine, through the Countries of Bashan and Gilead. East of the river Jordan: Including the Cities of Geraza and Gamala in the Decapolis.*
158. Mzerib, Summah, Tafas, Dail, Khirbet Ghazaleh, Alma, Hrak et Hrayek.
159. En passant par Muhadjeh, Sanamein, Didi, Ghabagheb, Mutbin, Kissoueh.

Après 30 jours de voyage éprouvant, Buckingham apprécie l'hospitalité des moines chrétiens catholiques qui l'hébergèrent et qui avaient reçu des lettres de leur couvent de Jérusalem recommandant le voyageur. Deux jours après lui, William John Bankes arrive à son tour du Liban et les deux hommes échangent leurs impressions sur leurs explorations respectives. Le récit de la traversée du Hauran par Buckingham, après celui de Burckhardt, convainc Bankes de partir sans délai pour cette région afin d'y faire des croquis et des dessins qui devaient enrichir la publication commune que les deux hommes avaient envisagée. Buckingham, qui avait pris beaucoup de notes, et Bankes, qui était un excellent dessinateur, avaient convenu entre eux de réunir leurs documents et de publier ensemble le résultat de leurs observations. À l'un comme à l'autre, Burckhardt avait confié certaines de ses propres copies d'inscriptions et ils décident de demander à celui-ci de s'associer aussi à la publication[160]. Bankes part donc dans le Hauran dès le 28 mars. Pendant ce temps, Buckingham se rendit au Liban puis à Antioche avant de rejoindre Alep d'où il gagna Bagdad et l'Inde.

Bien qu'unis par leur esprit d'aventure et de découverte, Buckingham et Bankes étaient, comme nous l'avons mentionné plus haut, très dissemblables. William John Bankes, né en 1786, appartenait en effet à une ancienne et riche famille de la gentry du Dorset. Son père était membre du Parlement, amateur d'antiquités et collectionneur, administrateur du British Museum. Diplômé de l'université de Cambridge où il était devenu ami avec Byron, William John Bankes fut élu au Parlement en 1810. Grand amateur de peinture, il s'embarqua en 1812 pour l'Espagne où il acquit plusieurs tableaux de maîtres (Vélasquez, Murillo, Zurbaran) destinés à embellir sa demeure de Kingston

---

160. Burckhardt, consulté plus tard par Bankes à ce sujet, aurait répondu qu'il « avait retiré son estime et son amitié à Mr. B. » et qu'il ne « voulait en aucun cas avoir à faire avec quelqu'un dont l'extrême légèreté de conduite et de caractère lui faisait regretter d'avoir éprouvé pour lui des sentiments chaleureux » (lettre datée du Caire le 6 juin 1816). On ne sait qu'elles étaient les raisons de ces jugements de la part de Burckhardt.

Lacy dans le Dorset. Dans les années qui suivirent, il effectua plusieurs voyages en Europe que la fin des guerres napoléoniennes rendait à nouveau accessible et, en août 1815, il arriva en Égypte. Au départ, il ne semble pas avoir voulu aller plus loin que les pyramides, jusqu'à sa rencontre avec J. L. Burckhardt qui lui donna l'envie de visiter la Nubie et qui lui dressa la liste des sites importants de Moyenne et de Haute-Égypte. C'est entre deux séjours en Égypte que Bankes voyagea en Méditerranée orientale et notamment en Syrie en 1816 et 1818, muni là aussi par Burckhardt de notes, de cartes, de copies d'inscriptions et de listes de sites à visiter.

Bankes devait se rendre deux fois dans le Hauran et y passer au total neuf semaines. Son premier voyage est de courte durée en raison des intempéries, froid et neige, qui l'empêchent de se rendre dans les sites de la partie orientale du Jebel et d'atteindre lui aussi Umm al-Jimal. Il ne reste en effet que deux semaines, entre le 28 mars 1816, date à laquelle nous savons qu'il quitte Damas, et le 12 avril 1816 où il y est de retour[161]. Il est accompagné, entre autres, par Giovanni Finati, un Italien converti à l'islam qui se faisait passer pour Albanais et qui fut engagé un temps dans les troupes de Mohamed Pacha. Finati lui servit d'interprète au cours du voyage et tint un récit qui nous permet de suivre une partie de leur itinéraire[162], car Bankes n'a laissé aucune information précise sur celui-ci et aucun des documents qu'il a rapportés n'est daté. Toutefois, outre le récit de Finati, plusieurs lettres échangées entre Bankes et Buckingham en 1816[163], un petit carnet[164] et quelques commentaires sur les feuilles de dessin permettent de retracer le parcours effectué

---

161. Cf. A. SARTRE-FAURIAT, *Les voyages dans le Hawran (Syrie du Sud) de William John Bankes (1816 et 1818)*, Bordeaux-Beyrouth, Institut Ausonius, Institut français du Proche-Orient, 2004, p. 13.
162. G. FINATI, *op. cit.*, p. 161-169. Il semble que Bankes ait beaucoup participé à la rédaction de cet ouvrage.
163. Certaines lettres sont publiées dans *Travels AT*, 643-644 et d'autres sont dans les archives Bankes (HJ 1/57).
164. Répertorié dans les archives Bankes du Dorset County Archives sous les références HJ 4/7 recto et HJ 4/9. (Cf. A. SARTRE-FAURIAT, *ibid.*, p. 158-162).

lors de ce premier voyage. On peut ainsi statuer que, comme la plupart des voyageurs, il emprunta à la sortie de Damas la route du Hadj vers Sanamein et, qu'à partir de là, il a suivi les bordures occidentale et méridionale du Leja[165], puis se rendit dans le Jebel Druze à Atil, Qanawat et Suweida. De là, il gagna Bosra en s'arrêtant, comme Burckhardt et Buckingham, chez le sheikh druze Shibley al-Hamdan à Iré. Des hommes de Shibley l'accompagnèrent ensuite dans quelques sites du Jebel Druze[166], mais devant l'impossibilité de se rendre lui aussi à Umm al-Jimal, il rebroussa chemin et rejoignit le village de Shaqqa dans le nord du Jebel.

On ne sait pas exactement quelle route il prit pour rentrer à Damas, car deux options s'offraient à lui. La première consistait depuis Shaqqa à gagner la bordure orientale du Leja et à la longer vers le nord jusqu'au village de Buraq d'où, en moins d'une journée, il rejoignait Damas. La deuxième était de traverser le plateau du Leja d'est en ouest, route par laquelle, selon Bankes, on reliait en 20 heures Dhakir à Damas par Khabab. Malgré la difficulté que cela représentait en raison de la désolation du plateau, des Bédouins qui y campaient et de chemins très inconfortables, il est à peu près certain que c'est cette solution qu'il a adoptée et qui lui a permis de visiter plusieurs sites de la bordure orientale du plateau[167], avant de rejoindre Damas dans la journée du 12 avril 1816.

Un tel programme, original s'il a vraiment traversé le Leja, ce que n'avait fait aucun de ses prédécesseurs[168], ne dut pas lui laisser le loisir de s'arrêter longtemps à chaque endroit, mais suffisamment toutefois pour faire des croquis très précis qu'il dut parfaire à Damas ou lorsqu'il revint la deuxième fois sur certains sites.

---

165. Il est passé à Khabab, Mjaidel, Qirata, Shaqra, Ezra, Busr al-Hariri, Nejran, Majdal.
166. Kafr, Ain Mousa, Hebran, Salkhad, El-Ain et Qreyeh.
167. Umm az-Zeitoun, Mleihat Hizqin, Shaara, Mismiyyeh, Buraq ; cf. Feuille HJ 4/7 verso (cf. A. SARTRE-FAURIAT, *ibid.*, p. 158-161). Voir les arguments détaillés dans *ibid.*, p. 14.
168. On se rappelle (cf. *supra*) que Burckhardt était allé depuis Ezra jusqu'à Deir Dami, mais n'avait pas poursuivi au-delà.

La découverte d'un nouvel espace : le Hauran en Syrie... 127

Le deuxième voyage de Bankes dans le Hauran fut en effet, d'après Finati, plus complet, bien que ce dernier n'ait pas été de la partie. Il se trouvait à ce moment-là en Égypte et Bankes, lassé de l'attendre, s'était finalement fait accompagner par un autre interprète, un Levantin du nom de Contesini, ce dont Finati fut un peu vexé[169]. Ce tour ne fut effectué qu'en 1818 car, entre-temps depuis Damas, Bankes s'était rendu à Alep et à Palmyre – où son expédition avait tourné court en raison d'un litige avec le sheikh qui le retint prisonnier plusieurs jours dans le temple de Bêl (voir *supra*) –, puis à Chypre et au Liban. Il resta cette fois-ci sept semaines dans le Hauran entre le 10 janvier 1818, date à laquelle il quitte Damas, et début mars où il devait rejoindre à Tibériade deux voyageurs anglais, Charles Irby et James Mangles[170]. Cette durée beaucoup plus longue lui permit de revenir sur des sites qu'il avait mal explorés en 1816 et d'en visiter de nouveaux. Cependant, à la différence du voyage de 1816, nous ne possédons pour celui-ci aucun document permettant de nous éclairer sur son trajet et notamment sur la route qu'il a prise pour rejoindre le Hauran. On est donc contraint de se fier aux feuilles d'archives sur lesquelles figurent des plans et des copies d'inscriptions que, manifestement, il n'aurait pas pu faire lors du premier et court voyage. C'est le cas du plan et du dessin de l'intérieur du grand temple de Mismiyyeh, de ceux de Sleim, Breikeh ou Rimet Hazem avec des cotes précises, ou encore du tombeau de Rimet al-Lohf et des nombreuses copies d'inscriptions. Certains indices invitent à penser qu'il est également retourné dans le Jebel Druze, en particulier à Shaqqa, où il avouait lui-même qu'en 1816 il n'avait pu déchiffrer complètement les inscriptions qui se trouvaient sur un tombeau du site en raison du froid[171] ; or, ces trois inscriptions métriques sont parfaitement copiées sur une feuille du dossier, preuve indéniable qu'il les a revues plus tard. Il en est de même pour plusieurs autres sites : Hayat, Hit,

---

169. G. FINATI, *op. cit.*, p. 223.
170. C. IRBY et J. MANGLES, *op. cit.*, p. 283.
171. Cf. feuille V H 2 (*Les voyages*, p. 98-99) et G. FINATI, *op. cit.*, p. 166.

Bosra, où il réalisa de très beaux dessins qu'il n'aurait pas eu le temps de faire en 1816. C'est également le cas de plusieurs villages du Jebel où il n'avait certainement pas pu se rendre car, comme il l'écrit à Buckingham en avril 1816, « le froid intense avec des averses de pluie et de neige m'ont empêché d'aller de Salkhud [Salkhad] à Oerman [Orman] ». Or, nous possédons des copies de plusieurs inscriptions recopiées dans ces villages.

Ce qui est en revanche nouvellement exploré avec certitude en 1818, ce sont plusieurs sites de la plaine de la Batanée[172] et de la Nuqrah[173]. Deir Eyub et Tell Sammak ont dû être parmi les derniers villages dans lesquels il s'est rendu, car c'est certainement à partir de l'un des deux qu'il rejoignit Tibériade à la fin de son deuxième voyage.

Enfin, la grande nouveauté du voyage de Bankes en 1818 fut de réussir à aller à Umm al-Jimal où aucun de ses prédécesseurs n'avait pu se rendre. Ce projet de visite était formé depuis 1816, sinon plus tôt car, on l'a vu, Burckhardt en avait parlé avec Buckingham, puis avec Bankes lors de leur rencontre en Égypte. On trouve en effet dans le carnet où Bankes avait noté les curiosités que lui avait signalées Burckhardt, qu'il appelle Sheikh Ibrahim, la mention suivante : « Oom y Djimmali, Oomer a Saas, les deux dans le Hauran, Sh. Ibrahim ne les a pas vues, mais pense que Shibleh voudra m'envoyer à Oomy Djimmal[174] ». Mais dans sa lettre à Bankes, envoyée du Caire le 17 juillet 1816, Burckhardt écrit : « Quel dommage

---

172. Dera, Mzerib, Dail, Obta, Namer, Sheikh Meskin, Tell Sammak, Deir Eyub et peut-être Ataman.
173. Sheikh Hussein, Tahleh, Dara, Rakkam, Nahiteh ou Sawarat.
174. Cf. HJ 4/2b recto (cf. A. SARTRE-FAURIAT, *Les voyages, op. cit.*, p. 154-157). La localisation d'Umm er-Rsas dans le Hauran est fautive, le site se trouve beaucoup plus au sud en Jordanie actuelle. Il est au sud de Madaba, à la latitude de la partie centrale de la mer Morte. Bankes a sans doute confondu les deux sites ou mal compris les informations, parce que la lettre de Burckhardt (cf. note 175) met bien en relation Umm er-Rsas avec Amman. Bankes lui-même dans son carnet a d'ailleurs écrit : « les gens de Salt voudront bien me conduire à Umm al-Jimal », alors que manifestement il ne peut s'agir que de Umm er-Rsas étant donné la proximité entre les deux.

Ill. 3. Palmyre : la vue du site depuis le château, 13 mai 2011 (photo de l'auteur)

Ill. 10. Richard Wood et James Dawkins découvrant les ruines de Palmyre en 1751 (*James Dawkins and Robert Wood Discovering the Ruins of Palmyra*, Gavin Hamilton, 1758, National Gallery of Scotland)

Ill. 13. Palmyre : la grande colonnade (tableau de Louis-François Cassas, 1785, musée des Beaux-Arts de Tours)

Ill. 27a. Les fresques de la synagogue de Doura-Europos (reconstitution au Musée national de Damas) © akg-images/Erich Lessing

Ill. 27b. Fresque de la synagogue (détail) : la fille du pharaon découvrant Moïse

Ill. 28. Tablette en écriture cunéiforme alphabétique (Ougarit, Bronze Récent II 1400-1200 av. J.-C.) : poème mythologique du cycle de Baal et la mort
© RMN-Grand Palais (musée du Louvre)/Les frères Chuzeville

Ill. 29. Buste de la « Belle de Palmyre » restitué avec ses couleurs d'origine par Cecilie Brøns (Ny Carlsberg Glyptothèque, Copenhague)

Ill. 30. Le site de Doura-Europos vu du ciel (photo Mission franco-syrienne)

Ill. 32. Vue aérienne du théâtre de Bosra (Syrie du Sud) du IIIe siècle, englobé dans la citadelle ayyoubide du XIIe-XIIIe siècle (photo DGAMS)

Ill. 33. Église de Kharab Shams (Jebel Seman, Syrie du Nord) : basilique du IVe siècle ap. J.-C. (photo de l'auteur)

que vous n'ayez pu aller à Aman et Om er-resas ! ni que vous ne disiez rien d'Om el djemal[175] ». Ce n'est qu'en 1818, et non sans mal, qu'il réalisa son projet. Accompagné de neuf paysans du village de Qreyeh, il fait un rapide aller et retour à Umm al-Jimal, devenant ainsi le tout premier Européen à s'y rendre. Il était jusqu'alors admis que c'était l'Anglais Cyril Graham qui avait été le découvreur du site, mais les copies d'inscriptions provenant d'Umm al-Jimal sur les planches à lithographier sont la preuve que Bankes s'y est bien rendu quarante ans avant[176]. Resté malheureusement quelques heures seulement sur le site, il n'eut le temps d'y recopier qu'une poignée d'inscriptions, et il ne fit aucun croquis. Umm al-Jimal était en effet à 6 heures de cheval de Bosra ; l'aller et retour dans la journée ne lui laissait que peu de temps pour explorer le site.

Au cours de ses neuf semaines de séjour dans le Hauran, Bankes avait constitué l'un des dossiers les plus intéressants et les plus fournis (mis à part celui sur l'Égypte) de tous ceux qu'il a ramenés d'Orient. Il y consacra en effet 119 feuilles d'après lesquelles on déduit que le voyageur a visité plus de 58 villages, auxquels s'ajoutent les 15 dont les noms ne figurent que sur les planches d'inscriptions à lithographier[177]. L'intérêt majeur de ce dossier sont les dessins de monuments, ou des parties de ceux-ci, souvent cotés, et les nombreuses et excellentes copies d'inscriptions. Dans les deux cas, plusieurs de ces monuments ou de ces inscriptions ont aujourd'hui disparu sans que personne après lui n'ait eu la présence d'esprit de les dessiner ou de les photographier. C'est le cas notamment du nymphée de Suweida avec son inscription en place, du tombeau de Bassos à Shaqqa ou des tours de Sanamein.

---

175. HJ 1/57, p. 3 (cf. A. SARTRE-FAURIAT, *ibid.*, p. 287).
176. Planche 13, n° 247-259.
177. Ces planches, préparées pour une publication, ne furent jamais utilisées. Elles sont conservées à Kingston Lacy (Dorset).

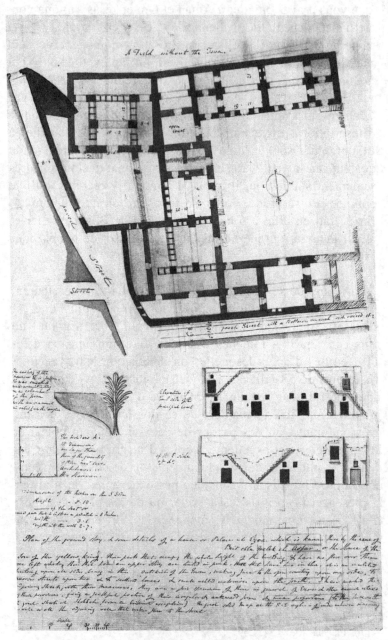

Ill. 18. Ezra (Syrie du Sud) : plan aquarellé d'une grande maison antique
(plan dressé par W. J. Bankes en 1816, Dorset County Archives)

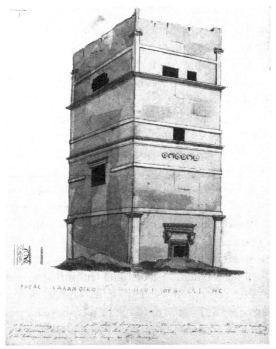

Ill. 19. Tour de Sanamein, Syrie du Sud
(dessin aquarellé de W. J. Bankes en 1816, Dorset County Archives)

Ill. 20. Le nymphée de Suweida du début du IIe siècle, Syrie du Sud
(dessin de W. J. Bankes en 1816, Dorset County Archives)

En revanche, son petit carnet de notes ne contient que très peu d'informations sur les villages dans leur ensemble et leurs particularités, exceptées celles qu'il avait glanées auprès de ses prédécesseurs, essentiellement Burckhardt, appelé « Sheikh Ibrahim », et Buckingham désigné par « Monsieur B ». Les affirmations de Buckingham selon lequel Bankes passait beaucoup de temps à dessiner et se plaignait de ne pouvoir en même temps rédiger un journal de voyage, ajouté au fait que, ne connaissant pas l'arabe, il lui était difficile d'obtenir des informations de la part des habitants du pays, sont vraisemblablement exactes. C'est sans doute ce qui avait motivé leur projet d'association pour une publication commune, Buckingham fournissant le texte et Bankes se chargeant des dessins. Cela ne se fit pas, car les deux hommes se brouillèrent gravement jusqu'au procès qui les opposa en 1823. Bankes et son père avaient usé de toute leur influence pour empêcher la parution de la première édition de *Travels in Palestine* de Buckingham en 1821 ; n'y réussissant pas, Bankes publia alors anonymement un compte-rendu extrêmement sévère du livre dans une revue. Il y accusait Buckingham de lui avoir volé ses dessins et ses notes sur Jérash, d'être inculte et ignorant, incapable de copier la moindre inscription grecque et de pas savoir faire la différence entre les architectures des différentes périodes, allant même jusqu'à suggérer que Buckingham n'était même pas allé là où il le prétendait[178]. Buckhingham lui intenta alors un procès en diffamation et pour sa défense, ce dernier utilisa des lettres que Bankes lui avaient envoyées, pour se laver de l'accusation du vol de documents et, pour prouver que c'était Bankes qui, en réalité, ne prenait pas de notes et faisait confiance à sa mémoire pour relier les dessins aux endroits où il les avait faits[179].

Cette absence de journal précis est certainement en partie la raison pour laquelle Bankes renonça à publier seul ses travaux qui

---

178. *Quarterly Review*, 1822, p. 374-391.
179. J. S. BUCKINGHAM, *Travels AT*, Londres, Longman & co., 1825, p. 304. Ce dernier utilise comme preuve une lettre du 12 avril 1816, où Bankes avait effectivement laissé en blanc ou raturé plusieurs noms de sites où il s'était rendu, ce qui confirmait pour Buckingham que Bankes n'avait pris aucune note sur le terrain puisqu'il n'était même pas capable de retrouver un nom (*Id.*, *Travels AT*, *op. cit.*, p. 643, note bas col. 2).

restèrent ignorés jusqu'à leur découverte en 1994, dans des caisses entreposées à Kingston Lacy, par le chercheur anglais Norman Lewis. Les nombreux dessins qu'il avait réalisés, aussi intéressants et précis étaient-ils, ne pouvaient se passer de commentaires pour la publication. Or, si l'on en juge par le succès des ouvrages de Burckhardt et de Buckingham, les lecteurs attendaient des descriptions du pays et de ses habitants, ce que Bankes ne pouvait faire faute d'avoir constitué un dossier sur ces éléments-là et ce ne sont pas les quelques rares observations sur la géographie et la vie quotidienne des habitants qui pouvaient lui en fournir la matière. Le talent de Bankes, comme le disait Buckingham, tenait effectivement à ses dons de dessinateur et nul doute que ses dessins auraient constitué un excellent complément à la publication et contribué à donner du Hauran une image plus précise que les petites vignettes dont Buckingham agrémenta ses têtes de chapitre.

Bien que les notes de Bankes soient très éparses et peu développées, on reste toutefois étonné de ne trouver qu'une brève allusion à l'insécurité des lieux. Il n'évoque qu'une fois, et de façon assez sibylline, « la crainte des Arabes » et note par ailleurs que les habitants de ces contrées sont « bien armés », ainsi qu'il avait pu le constater pour ceux qui faisaient le commerce du savon à Mismiyyeh. Finati lui aussi confirme, mais sans plus de précision, que le Hauran n'est « pas une région très sûre, infestée de Bédouins pillards[180] ». Dans un pays où chacun s'accordait à dire qu'il était hasardeux de voyager pour un Occidental, et quand on connaît les précautions que prirent les devanciers de Bankes pour explorer la région malgré la terreur que leur inspiraient l'insécurité des routes et les Arabes errants, on reste très surpris de ne rien voir apparaître de plus précis dans l'ensemble de son dossier. Pourtant, la cartographie de ses déplacements montre que Bankes est allé à peu près partout, aussi bien dans la plaine que dans la montagne et, comme en témoignent ses feuilles, qu'il a pu en outre mesurer et dessiner sans problème de nombreux monuments. Or, quelques années plus tôt, Seetzen et Burckhardt voyagent habillés comme les

---

180. G. FINATI, *op. cit.*, p. 168.

autochtones, parlent l'arabe couramment et se prétendent pourtant toujours en insécurité[181].

L'explication réside sans doute en partie dans les conditions dans lesquelles Bankes voyageait. À la différence de Seetzen ou de Burckhardt, qui sont seuls avec un simple accompagnateur, Bankes disposait tout d'abord d'importants moyens financiers et il réussit à se faire accompagner à chaque fois d'une troupe de soldats turcs que lui avait fournie le pacha de Damas. Nul doute que cette escorte décourageait les attaques, même si elle n'empêcha pas qu'il se fasse voler sa bourse par deux fois, l'une dans un village à côté de Mismiyyeh et l'autre dans la maison même du sheikh de Bosra[182]. Un personnel de service était également attaché à l'expédition, dont le fameux Giovanni Finati, qui servait d'interprète à Bankes, et Antonio Di Costa son serviteur. En outre, lors de ses visites aux sheikhs locaux, druzes ou musulmans, il ne manquait pas de se faire donner quelques hommes supplémentaires. Les lettres de recommandation et les firmans dont il s'était pourvu lui permettaient sans doute d'obtenir en général satisfaction, sauf lors de son projet d'expédition à Umm al-Jimal en 1818, qui faillit ne pas avoir lieu à la suite du comportement des sheikhs locaux. Il s'en plaint dans une lettre écrite en français, adressée à un correspondant anonyme chargé de rapporter la plainte au pacha de Damas dont les ordres n'avaient pas été respectés[183]. Déjà en 1816, son échec à se rendre à Umm al-Jimal était dû à l'insécurité et à la difficulté à trouver des guides. Le site se trouvant sur le territoire des Bédouins, Bankes ne pouvait plus compter sur les Druzes du sheikh Shibley al-Hamdan d'Iré dont les hommes ne

---

181. Burckhardt dut renoncer à aller à Dera et à Umm al-Jimal parce que plusieurs bandes de tribus arabes dangereuses sillonnaient la région (J. L. BURCKHARDT, *op. cit.*, p. 104 et 106).
182. G. FINATI, *op. cit.*, p. 168.
183. Feuille V A 4 verso (cf. A. SARTRE-FAURIAT, *Les voyages, op. cit.*, p. 28-29). Le correspondant est soit le consul britannique John Barker à Alep qui s'était occupé de lui fournir des lettres de recommandation et qui correspond parfois en français, soit le docteur Chaboceau, médecin français du pacha, et qui avait ses entrées au palais (voir ci-dessous). Lors du voyage avec Irby et Mangles, le docteur Chaboceau est déjà intervenu sur une lettre de Barker pour obtenir des firmans du pacha (cf. C. IRBY et J. MANGLES, *op. cit.*, p. 283).

La découverte d'un nouvel espace : le Hauran en Syrie... 135

s'aventuraient pas à dépasser Jmarrin au sud[184]. Au même moment en outre, d'après Buckingham, une tribu de Bédouins pillards, les Béni Sakker, avait fait du site d'Umm al-Jimal son quartier général à partir duquel elle razziait la région[185]. Sans doute le danger était-il moindre en 1818 puisqu'il se contenta, apparemment sans dommage, d'une faible escorte de paysans. Il faut aussi souligner que le refus des sheikhs était avant tout motivé par la volonté de soutirer plus d'argent au voyageur.

Il est également possible qu'il ait profité d'une accalmie des attaques de Wahabites qui, d'après Buckingham, avaient quitté le Hauran en 1816 et opéraient désormais depuis les frontières du Hedjaz dans le désert de Palmyre et jusqu'aux bordures de l'Asie Mineure[186]. De plus, ses voyages eurent lieu à une époque de l'année où la menace des Bédouins sur les villages était réduite. Ces derniers regagnaient en effet le Safa à partir de la fin de l'automne pour revenir au début de l'été suivant. Ceci expliquerait la relative tranquillité dont put jouir Bankes de ce côté-là. L'autre danger résidait dans les guerres régulières entre les Druzes ou les Arabes sédentaires avec les tribus arabes migrantes en quête de pillage. En 1812, Burckhardt avait fait la connaissance d'un jeune arabe du Jebel qui avait été fait prisonnier et enchaîné à la suite d'un raid nocturne de la tribu des Anazeh et dont un ami avait dû donner 30 chameaux pour sa libération[187]. Buckingham parle quant à lui de 50 familles, dont 20 chrétiennes, chassées par les Arabes du village de Debeen, situé près de Jérash, et venues s'installer à Qreyeh dans le sud du Hauran[188]. Mais il apparaît que leur tranquillité n'y était pas davantage assurée, car elles prétendaient être aussi exposées au pillage à Qreyeh que dans leur précédent village.

Il ne semble pas y avoir eu de problèmes majeurs lors des mois où Bankes se rendit dans le Hauran, bien que Buckingham affirme qu'une semaine avant sa propre venue (donc en mars 1816), des Arabes descendus des montagnes avaient emporté 100 têtes

---

184. J. L. BURCKHARDT, op. cit., p. 226.
185. Travels AT, op. cit., p. 203.
186. Id., p. 219.
187. Travels in Syria, op. cit., p. 221.
188. Travels AT, op. cit., p. 221.

de bétail à Ramtha, près de Dera sur la route du pèlerinage[189]. Finati rapporte également que le grand ami de Burckhardt, le sheikh Shibley al-Hamdan de Iré, fut tué lors d'une de ces guerres entre les deux voyages de Bankes[190].

On ne sait si ce sont les échos donnés par les sociétés savantes aux voyages de Burckhardt et de Buckingham qui popularisèrent la région et donnèrent à d'autres aventuriers le désir de s'y rendre, car leurs ouvrages ne parurent respectivement qu'en 1822 et 1825. Sans doute est-ce davantage le bouche-à-oreille à Alep ou à Damas qui incitait les aventuriers de passage à se rendre à leur tour dans le sud du pays. À Damas, le fameux docteur français Chaboceau n'y était sans doute pas pour rien. Son nom est en effet cité par presque tous les voyageurs, car il était apparemment le seul Européen à y résider et il facilitait leurs démarches auprès du pacha dont il était le médecin. Il avait déjà aidé le naturaliste et entomologiste français Guillaume-Antoine Olivier qui correspond avec lui en 1794 lors de son voyage dans l'Empire ottoman et qui l'interroge depuis Sidon sur l'existence d'une caravane qui pourrait le conduire de Damas à Bagdad[191]. Buckingham, qui le rencontre en 1815, dit qu'il avait à ce moment-là plus de 80 ans et avait vécu cinquante ans en Orient entre Constantinople, Le Caire, Alep et Damas, mais qu'il ne parlait pas l'arabe et comprenait médiocrement l'italien. Ce qui fait dire à Buckingham que « les Français sont certainement les gens qui ont le plus d'aversion pour les langues étrangères et les plus lents à adopter les manières des autochtones ». Chaboceau, aux dires de Buckingham, avait vu passer nombre de voyageurs parmi lesquels il cite W. J. Browne, découvreur du Darfour en 1793[192], un Espagnol ayant adopté le nom de Ali bey

---

189. *Id.*, p. 169.
190. G. FINATI, *op. cit.*, p. 165.
191. G.-A. OLIVIER, *Voyage dans l'Empire ottoman, l'Égypte, la Perse, fait par ordre du gouvernement pendant les six premières années de la Révolution*, IV, Paris, H. Agasse, 1804, p. 48 et 89.
192. W. G. BROWNE, *Nouveau voyage dans la Haute et la Basse Égypte, la Syrie et le Dar-Four*, Infolio Éditions, coll. « Itinera », 2002 ; réédition de la traduction française de Jean Castéra, parue à Paris en 1800. Cf. M. LAVERGNE,

al-Abbassi qui avait exploré l'Afrique du Nord[193], et précisément aussi Seetzen et Burckhardt. Chaboceau avait également rencontré au Caire dans les années 1768-1773 James Bruce, explorateur de l'Abyssinie, et Volney à Acre à propos duquel il confie que ce dernier avait vu très peu de choses en Syrie, se contentant « d'écrire son livre dans un couvent maronite de Beyrouth à partir des correspondances ou des visites de personnes en rapport avec les diverses localités », ce qui confirme, si besoin était, les impressions données ci-dessus sur le personnage.

La poursuite de l'exploration du Hauran (1821-1857)

Dans les années qui suivent ces premières explorations, on voit les voyageurs se succéder régulièrement dans le Hauran : en janvier-février 1821, le pasteur suédois Jakob Berggren descend le long de la bordure ouest du Leja[194] en direction de Bosra avant de revenir à Damas en passant par Suweida et Busr al-Hariri[195] ; en janvier-février 1825, l'Anglais John Madox explore à peu près les mêmes villages, mais se rend aussi dans quelques sites de la montagne druze[196] ; en mars-avril 1827, c'est le tour du Français Léon de Laborde. Ce dernier préfigure

---

« Le voyage de William John Browne : un récit à relire », *Afrique contemporaine*, 214, 2005/2, p. 227-231.

193. Buckingham prétend qu'il s'appelle Pedro Nunes. Il commet à l'évidence une erreur, car Pedro Nunes est un astronome du XVIe siècle et le voyageur, connu sous le nom de Ali Bey al-Abbassi, s'appelle en réalité Domingo Badia y Leblich. Ce voyageur et aventurier espagnol, amant de Lady Hester Stanhope, est d'ailleurs mort d'une dysenterie à Alep en 1818, malgré le remède du docteur Chaboceau à base de rhubarbe torréfiée (C. FEUCHER, *Ali Bey, un voyageur espagnol en terre d'Islam*, Paris, 2012). Cf. D. F. J. BADIA Y LEBLICH, *Voyages d'Ali Bey el Abbassi en Afrique et en Asie pendant les Années 1803, 1804, 1805, 1806, et 1807*, P. Didot l'Aîné, Paris, 1814, et *Id.*, *Travels of Ali Bey in Morocco, Tripoli, Cyprus, Egypt, Arabia, Syria, and Turkey, Between the Years 1803 and 1807*, Longman & co., Londres, 1816.

194. Par Ghabagheb, Sanamein, Ezra.

195. J. BERGGREN, *Reisen in Europa und im Morgenlande*, Leipzig-Darmstardt, C. W. Leske, 1834.

196. Hebran, Shaqqa ou Hit. Cf. J. H. TAYLOR, « John Madox : A Diligent Traveller and his Scatered Legacy », dans *Souvenirs and New Ideas, Travel and*

sans doute l'arrivée des futurs savants qui viendront étudier et analyser les ruines antiques à partir de la deuxième moitié du XIXe siècle. En effet, si Laborde est un grand voyageur, parmi les premiers à venir en Syrie et en Arabie Pétrée, puis un diplomate, il se consacre à partir des années 1840 à l'histoire et à la littérature, et devient conservateur des antiques au musée du Louvre en 1847, puis directeur général des archives de l'Empire dix ans plus tard. Son ouvrage *Voyages de l'Arabie Pétrée*, publié avec son compagnon de voyage Louis Maurice Adolphe Linant de Bellefonds, paraît en 1830 ; et les *Voyages de la Syrie* et *Voyage en Asie Mineure*, où il était accompagné de son père, paraissent en 1836 et 1838 ; ils ne constituent qu'une partie de ses nombreuses publications[197].

Laborde, qui était en Asie Mineure en janvier 1827, puis à Palmyre en février[198], traverse le Hauran en mars-avril en route vers la Transjordanie. Il sait qu'avant lui Seetzen et Burckhardt ont exploré le Hauran, mais il déplore qu'ils n'aient pas « suppléé par le crayon ou le pinceau à des descriptions écrites toujours insuffisantes ». Dans la mesure où il ignore les dessins et aquarelles de Bankes, il croit être le premier à « les remplacer ou plutôt à les compléter ». Laborde illustre donc son voyage depuis Damas de belles planches, reproduisant assez fidèlement les monuments les plus caractéristiques des principaux sites dans lesquels il s'arrête : temples de Mismiyyeh et d'Atil, temples et sérail de Qanawat, temple et tombeau de Chamratè à Suweida, Philippéion et temple dynastique à Shahba, temples, nymphée et château à Bosra. Bien qu'il décrive sommairement le « temple » de Hayat (dont il croit qu'il s'agit d'un tombeau) et les tours-tombeaux de Hit, il ne les dessine malheureusement pas et il avoue ne pas avoir eu le temps de recopier les inscriptions. De fait, à la différence de ses prédécesseurs, il ne fait pratiquement aucune copie d'inscriptions, consacrant tout son temps aux croquis.

---

collecting *in Egypt and the Near East*, Oxford, edit. Diane Fortenberry, 2013, p. 179-191.
   197. Cf. l'introduction de C. AUGÉ et P. LINANT DE BELLEFONDS, *Pétra retrouvée. Voyage de l'Arabie Pétrée, 1828*, Paris, Pygmalion, 1994.
   198. Cf. *supra* son voyage à Palmyre, p. 95-97.

La découverte d'un nouvel espace : le Hauran en Syrie... 139

Ill. 21. Suweida, Syrie du Sud : tombeau de Chamratè fin Ier s. av. J.-C.-
début Ier s. apr. J.-C. (dessin de Léon de Laborde en 1827)

Pourtant, en dépit de cela, il ne cesse de se déclarer très déçu par ce qu'il voit et, aussi bien les paysages que l'architecture lui inspirent des jugements encore plus sévères que ceux qu'il avait portés sur les monuments de Palmyre où, à la différence du Hauran, le paysage suppléait à ses yeux la médiocrité de l'architecture. Ainsi trouve-t-il que le Hauran est un « pays triste sans grandeur, désert sans étendue, incolore dans des tons de gris teintés de café, allant du brun au noir, tons sales et chagrins ». Les temples d'Atil lui dictent ce commentaire sévère : « le mot élégance, appliqué à cette architecture désordonnée, demande explication. Il y a dans toute décadence des caprices heureux qui dissimulent leurs défauts sous un effet théâtral et sous un excès de richesse. L'architecture d'Atil, et j'ai bien peur toute l'architecture du Hauran, a ce caractère ; les ornements abondent, le genre fleuri domine, les statues s'élevaient de tous côtés et dans les niches et sur les supports des colonnes ; les proportions déjà si allongées, trouvent des expédients pour s'allonger encore, les colonnes se dressent sur de hauts piédestaux ; c'est vraiment de l'élégance, ce qui n'empêche pas que ce soit de la décadence la mieux caractérisée, et cependant c'est une autre école de décadence que celle qui régnait à Palmyre ». Les temples de Qanawat ne sont pas mieux traités : « Quoique ces ruines, comparées aux autres restes antiques du Hauran, aient plus d'élégance et soient mieux appareillées, ce n'en est pas moins une détestable architecture, un art en décadence, des matériaux rebelles et enfin une ville d'une médiocre importance historique ». Quant à Bosra, où il voit au carrefour des rues les restes des monuments qui sont aujourd'hui identifiés comme le temple de la Tychè et le nymphée, il en décrit sommairement l'aspect et conclue péremptoirement : « les proportions sont inconnues à l'art d'aucune époque, ce doit être le fait de quelque Vitruve de la Pentapole. C'est laid jusqu'au ridicule ». Ce n'est, dit-il, que « l'idée d'être le premier artiste à les dessiner, qui m'a soutenu dans mon labeur ». Laborde, à l'instar des dessinateurs comme Borra, Cassas à Palmyre ou Bankes dans le Hauran, pétris de culture classique, est encore plus dérouté devant ces monuments édifiés dans un matériau austère, peu facile à sculpter, et dont le style comme le décor, empruntés aux cartons du répertoire classique gréco-romain, s'en affranchissent souvent, donnant une impression de lourdeur à l'ensemble.

Malgré cela, l'intérêt pour la région ne se dément pas tout au long du XIXe siècle si l'on en juge par l'allongement de la liste des visiteurs de toutes nationalités qui relatent leur voyage et parmi lesquels les Anglais restent les plus nombreux. Un grand nombre d'entre eux sont des pasteurs ou des missionnaires qui ont lu Burckhardt et Buckingham et sont attirés par ce pays, certes encore dangereux, mais devenu accessible aux visiteurs. Guidés aussi par la Bible et les Évangiles, ces hommes d'Église viennent à la découverte de l'ancien Bashan, pays des Réfaïtes, royaume du roi Og, et du Leja dans lequel ils voient le pays d'Argob où ils assimilent le village d'Ezra, sur la bordure occidentale, avec l'*Edreï* de la Bible. Les récits qui parlent des villes de ce royaume « munies de remparts, de portes et de verrous en bronze » leur paraissent correspondre avec l'architecture minérale et massive des bâtiments du Hauran[199]. Par ailleurs, ils pensent trouver dans ces contrées un peu reculées et restées longtemps à l'écart de la civilisation occidentale, un terrain favorable à l'évangélisation des populations. Nonobstant leurs considérations bibliques, tous apportent néanmoins leur pierre à la

---

199. *Deutéronome*, 3, 4-5. *I. Rois*, 4, 13.

connaissance de la région, soit en visitant de nouveaux villages, soit en donnant de nouvelles informations sur les ruines et les habitants.

En 1830, le professeur d'histoire biblique George Robinson fait partie de ceux qui annoncent clairement ne s'intéresser à la région que « parce qu'elle est souvent citée dans la Bible ». Accompagné d'un officier qu'il a rencontré au Liban, le capitaine Chesney[200], il longe la bordure occidentale du Leja (Mismiyyeh, Ezra) pour rejoindre Shahba ; il visite quelques-uns des sites de la bordure du Jebel[201] avant de s'arrêter à Suweida. Mais, en raison de l'insécurité de la route, il renonce à aller à Bosra et revient à Ezra d'où, par la plaine de la Batanée, il gagne Dera au sud[202]. Deux choses originales sont à retenir de ce récit de voyage. En premier lieu, la visite effectuée par le capitaine Chesney à des sites encore non explorés du Leja (Shaqra, Sur, el-Asim), dont il revient toutefois assez déçu, estimant que « cela ne valait pas de courir le risque de s'exposer aux tribus qui s'y trouvaient » et, d'autre part, le fait que Robinson décrit pour la première fois quelques-uns des monuments de Dera dont l'aqueduc et les thermes.

Les pères jésuites français, Pierre-Marie Riccadonna et Benoît Planchet quant à eux, ont clairement pour but principal d'évangéliser les autochtones et surtout de faire comprendre ce que sont la foi chrétienne et le respect de ses règles à une population faiblement éduquée « sans prêtres, sans autels, abandonnée à la plus profonde ignorance, à la rapine, au meurtre ». C'est ce que constate le père Riccadonna en 1834 quand il s'arrête à Hit, dans le nord du Jebel Druze aux limites du désert du Safa. Les Arabes chrétiens qu'il visite sont, selon lui, « totalement ignorants en matière religieuse... n'ont aucune idée d'abstinence, de jeûne, ni

---

200. Francis Rawdon Chesney, alors encore capitaine, a été chargé d'une mission pour étudier la navigabilité sur l'Euphrate pour joindre l'Inde plus facilement que par le cap de Bonne-Espérance. Cf. J. CLAVÉ, « La route de l'Inde par la vallée de l'Euphrate – les expéditions du général Chesney », *La revue des deux mondes*, 2ᵉ période, t. 85, 1870, p. 135-159. Voir *infra* p. 188.
201. Sleim, Atil et Qanawat.
202. G. ROBINSON, *Travels in Palestine and Syria*, 2 vol., Londres, H. Colburn, 1837.

de carême ». Il est par exemple totalement effaré à Basir de se voir offrir pour dîner un mouton « à demi cru, farci de grain trituré, assaisonné de beurre » alors que c'est vendredi, jour maigre. Tout comme il lui semble inconcevable que Qanawat, qui passe pour la patrie du prophète Job et où l'on vénère son tombeau, soit « maintenant séjour des infidèles ». Craintif ou sectaire, il évite soigneusement les villages musulmans et refuse d'en fréquenter les habitants, même lorsque à proximité de Mujeimir plusieurs d'entre eux viennent à sa rencontre pour l'inviter à un mariage, comme si, dit-il, « nous étions les gens qu'il fallait pour un semblable rôle et nous avions tout le loisir et le talent de figurer en écuyers habiles dans une fête nuptiale d'Arabes et de Turcs ! ».

Tout en se désolant que tant de chrétiens un peu partout soient des « schismatiques », il décrit néanmoins au passage les curiosités qu'il voit dans les villages, parfois avec un certain enthousiasme. C'est le cas à Qanawat où les « colonnades, les temples, les inscriptions qu'on y voit, [lui] ont fait presque oublier Balbek » et à Bosra où il « serait resté un mois entier à admirer tous les détails d'un temple magnifique », en réalité l'église Saint-Serge, Bacchus et Léonce. Emporté par son admiration pour les monuments du Hauran, il n'hésite pas à écrire qu'« ayant visité avec tant d'assiduité et tant d'amour les antiquités de Baies, d'Herculanum, de Pompéi, qui ne sont, pour ainsi dire, que les vestibules de l'archéologie ; arrivé maintenant à Balbek, à Schiolaba [sans doute Shahba], à Kanassat [Qanawat], à Bosra, qui s'ouvraient devant moi comme autant d'imposantes galeries et de véritables musées, combien j'aurais été heureux de m'arrêter à les examiner et à les décrire[203] ». Nous sommes bien loin des jugements dégoûtés de Laborde !

Son alter ego, le père Benoît Planchet, qui a pris le relais de Riccadonna, parti en Chaldée, se fixe le but en octobre 1837 de combler « les besoins spirituels des habitants… à éveiller leur foi et à exciter en eux le désir du salut », tout en tentant de convertir quelques Druzes « inaccessibles à la vérité[204] ». Contrairement à son

---
203. P.-M. RICCADONNA, « Missions du Levant », *Annales de la Propagation de la foi*, 1839, p. 97-117.
204. B. PLANCHET, *Annales de la propagation de la foi*, 11, 1839, p. 117-126.

La découverte d'un nouvel espace : le Hauran en Syrie... 143

collègue, son apport sur le paysage archéologique est relativement faible, si ce n'est pour déplorer que ce qui devait être une contrée riche et peuplée dans l'Antiquité, au vu des nombreuses ruines un peu partout, soit devenu en raison « du temps, des guerres, des irruptions des Arabes... un lieu désolé, un désert muet » ; ce qui lui inspire des propos mélancoliques et désabusés sur les « vanités du monde » et un couplet moralisateur qui explique que tout cela est « un juste châtiment de l'infidélité et du schisme des Grecs disputeurs, qui si longtemps lassèrent l'Eglise par leurs vaines prétentions et les sophismes de leur fausse théologie, et qui semblent vouloir la désespérer aujourd'hui par leur orgueilleuse obstination[205] » !

Mais le récit le plus complet dans ces années est certainement celui du révérend irlandais Josias Leslie Porter (1823-1889) qui vient à Damas comme missionnaire dans le but de convertir la communauté juive[206]. Dès son arrivée à Damas en 1849, Porter avait formé le projet de se rendre dans le Hauran dont il estimait que l'on connaissait peu de choses de ses populations aux religions différentes et auxquelles, selon son jugement, aucune instruction religieuse n'avait été transmise. Il souhaite donc entrer en contact avec elles et établir des écoles dans chaque village. Sachant qu'il se trouve dans une contrée dont il est question dans la Bible, il ne doute pas d'être en mesure de retrouver dans les villes, dont les noms sont inchangés, des vestiges « du temps des prophètes et des Patriarches ». La fin de la guerre druze contre le Sultan à la fin de 1852 lui offre enfin l'opportunité de réaliser son exploration du Hauran. Il quitte Damas le 31 janvier 1853 avec une caravane qui, par le côté est du Leja, se rendait à Hit au nord du Jebel. Porter ne devait rester que 11 jours durant lesquels il visite seulement les plus importants villages, depuis le nord du Jebel (Hayat, Hit, Shaqqa) jusqu'à Bosra[207] et revient par la bordure sud puis ouest du Leja[208] avant de rejoindre Damas le 11 février.

---

205. *Id.*, p. 122.
206. J. L. PORTER, *Five Years in Damascus : including an Account of the History, Topography and Antiquities of that City ; with Travels and Researches in Palmyra, Lebanon and the Hauran*, 2 vol., Londres, Murray, 1855 ; *Id., Handbook for Travellers in Syria and Palestine*, Londres, Murray, 1858.
207. Via Shahba, Sleim, Qanawat, Atil, Suweida.
208. Rimet al-Lohf, Busr al-Hariri, Ezra, Khabab.

Porter renoue avec la tradition du récit de voyage au jour le jour, celle de Burckhardt et de Buckingham, dont il connaît parfaitement les ouvrages. Comme pour la plupart de ses prédécesseurs, on se rend compte que tout est effectué au pas de course, avec des levers au milieu de la nuit, des chevauchées de plus de six heures et par conséquent des passages très rapides sur certains sites. Il dut néanmoins prendre beaucoup de notes, car il est souvent d'une extrême précision quand il décrit le paysage et les villages traversés, agrémentant son propos de quelques croquis (éléments d'architecture, scènes de la vie quotidienne, plans), de copies d'inscriptions et de descriptions des principaux monuments. Prisonnier toutefois de son sacerdoce et de sa connaissance de la Bible, il a tendance à faire une confiance aveugle au texte de celle-ci dans l'identification des lieux et des événements censés s'y être déroulés. Il ne peut s'empêcher de rapprocher les propos d'Isaïe (XXXIII, 9 et 13) de la situation de désolation de la région dont les plus beaux monuments sont en ruine parce qu'elle « a été maudite en raison des péchés de ses habitants ». Il devait revenir, dans un ouvrage publié plus tard, sur un mode plus lyrique, sur sa certitude d'avoir vu dans le Hauran les cités du Bashan, le pays des Géants du roi Og où la vie n'avait pas changé depuis le temps des Patriarches[209].

Porter avait en outre convaincu Cyril Graham, rencontré à Damas en 1857, de découvrir à son tour ce Bashan mythique, persuadé que le « pays des Rephaïm », dont Og était le roi selon la Bible, était bien là, avant la venue d'Abraham. Graham n'aurait rien rapporté de bien nouveau de sa visite du Hauran si, pendant longtemps, on n'avait cru qu'il avait été le premier à atteindre Umm al-Jimal. Il ignorait que Bankes un demi-siècle avant lui avait réussi à le faire. Resté, lui aussi, peu de temps sur le site en raison des menaces que faisaient encore peser les Bédouins Anazeh sur la région, il ne laissa qu'une rapide description des lieux et quelques copies d'inscriptions. Mais c'est à Graham que revient l'honneur d'avoir révélé les premières inscriptions safaïtiques sur les rochers basaltiques du Safa, nom que l'on donne à

---

209. *Id., The Giant Cities of Bashan and Syria's Holy Places*, Londres, T. Nelson, 1865.

la steppe qui s'étend à l'est au-delà du Jebel Druze[210]. Cette région est recouverte d'un tapis de cailloux volcaniques provenant des éruptions des volcans du Jebel qui, par le résultat des différences extrêmes de températures entre le jour et la nuit, se sont vitrifiés. Mais au printemps, après les pluies, l'ensemble se couvre de verdure, et les lacs qui se sont formés sont encore emplis d'eau. À la date où vient Graham, personne ne sait déchiffrer ces intrigants graffitis relevés par le voyageur et ce n'est qu'en 1901 que l'on parviendra à établir qu'il s'agit d'un alphabet en caractères sud-arabiques. On se rendit alors compte que Graham avait découvert les traces des pasteurs nomades qui, depuis l'Arabie, venaient transhumer au printemps dans le Safa et jusqu'aux villages de l'est du Jebel Druze, entre le Ier et le IVe siècle apr. J.-C. Ils gravaient dans la pierre leur nom, leur généalogie, leurs retrouvailles nostalgiques avec les écrits laissés par leurs ancêtres, leurs frayeurs dans le désert où des bêtes sauvages (lions, panthères, loups, chacals) menaçaient les hommes et leurs troupeaux de chameaux, de chèvres et de moutons, et pour lesquels ils invoquent la protection de leurs divinités, et notamment la grande déesse arabe Allat[211].

Le Hauran au milieu du XIXe siècle continue de voir passer toute sorte de voyageurs, des aventuriers comme l'aristocrate anglais Lord Lindsay en mai 1847[212], des curieux parmi lesquels l'orientaliste Jules de Bertou qui a signalé à Emmanuel Guillaume Rey l'existence du théâtre à Bosra, qu'il n'a fait qu'apercevoir « lors de sa trop courte apparition à Bosra », des missionnaires comme William Thomson qui vient en 1858-59[213]. Les hommes

---

210. C. GRAHAM, « Explorations in the Desert East of Hauran and the Ancient Land of Bashan », *Journal of the Royal Geographical Society*, 28, 1858, p. 226-263 ; *Id.*, « Bericht über eine um Jahre 1857 ausgeführte Entdeckungsreise in die östlich vom Dshebel Hauran liegende wüste », ZAE, 1858, p. 414-423.
211. Cf. R. DUSSAUD, *La pénétration des Arabes en Syrie avant l'Islam*, BAH 59, Paris, Geuthner, 1955, p. 96-106.
212. Il remonte depuis Jérusalem en direction de Damas, en passant par Bosra et Suweida, Atil et Qanawat, puis Shahba et suit ensuite la bordure sud du Leja avant d'atteindre Ezra et Sanamein. Sa relation de voyage, très brève et sur les traces de Burckhardt, apporte très peu de choses nouvelles sur la région (*Letters on Egypt, Edom and the Holy Land*, 2 vol., Londres, Tait's Edinburg Magazine, 1838).
213. *The Land and the Book*, New York, 1859.

politiques et les diplomates font aussi partie du lot, tels que le politicien anglais Charles James Monk qui, en 1849, emprunte à peu près le même itinéraire et ne manque pas lui aussi, dans le court récit de son voyage, de citer la Bible à l'occasion des descriptions de villages, de ruines ou des mœurs des habitants et recopie quelques rares inscriptions[214], ou encore le consul de France à Jérusalem Edmond de Barrère, réputé être passé au moins à Bosra avant 1857 si l'on en juge par la mention de son passage sur le site dans l'ouvrage de E. G. Rey[215]. C'est aussi le moment où l'on utilise la photographie dont le premier à en faire usage fut précisément l'archéologue et orientaliste français Emmanuel Guillaume Rey en 1857[216]. Celui qui devint ensuite un spécialiste du Moyen Âge est âgé de 20 ans quand il effectue ce voyage. Il connaît déjà bien tous les ouvrages de ceux qui l'ont précédé (Seetzen, Burckhardt, Laborde ou Porter) et emprunte un itinéraire peu original qui, depuis Mismiyyeh, Hayat et Hit, le conduit en suivant la bordure orientale du Leja jusqu'à Bosra *via* Shahba, Qanawat, Atil et Suweida, avant de rejoindre les bords de la mer Morte par Tsil et Fik. Son récit au jour le jour insiste sur les paysages, l'accueil des habitants, la nourriture et s'émaille de remarques sur les monuments anciens dont il donne, outre des photos, des croquis et des plans, effectués aussi par son compagnon de voyage le docteur Delbet. Mais, même si Rey est un savant, comme le prouvent ses travaux ultérieurs, il est encore en 1857 dans la lignée des aventuriers découvreurs du Hauran dans la mesure où il ne fait aucune analyse historique de ce qu'il voit. Il précède cependant de peu la venue de ceux qui vont se consacrer, non seulement à la découverte des ruines, mais aussi à leur étude et à la réalisation des premiers corpus d'inscriptions afin de reconstituer l'histoire d'un pays qui, pour ce qui concerne l'Antiquité, est absent des sources littéraires.

---

214. C. J. Monk, *The Golden Horn and Sketches in Asia Minor, Egypt, Syria and the Hauran*, 2 vol., Londres, R. Bentley, 1851.
215. E. G. Rey, *Voyage dans le Haouran et aux bords de la Mer Morte, exécuté pendant les années 1857 et 1858*, Paris, Arthus Bertrand, 1860. Alors qu'il est chez le sheikh, celui-ci dit à Rey détenir en outre une lettre de Barrère.
216. E. G. Rey, *op. cit.*

Deuxième partie

Le temps des savants et des expéditions scientifiques (milieu XIXe-début XXe siècle)

La mainmise d'Ibrahim Pacha sur la Syrie après la prise de Damas en 1832 favorisa le rétablissement de l'ordre et de la sécurité dans les campagnes, particulièrement dans celles du sud en butte à des bandes de Bédouins pillards et aux Wahabites. Comme nous l'avons vu, c'est à cette période que l'on constate une augmentation du nombre de voyageurs, particulièrement dans les campagnes du Hauran, même si l'insécurité n'a pas encore totalement disparue. La révolte druze de 1837-1838, en réponse aux exigences d'une conscription trop lourde exigée par les Ottomans, ralentit seulement temporairement les expéditions. Les affrontements répétés avec les Druzes en 1852, 1876, 1896 et 1911 n'empêchent néanmoins pas les savants, puis des expéditions scientifiques de toutes nationalités, de venir travailler dans la région. L'assurance de trouver dans le sud de la Syrie des bâtiments anciens en excellent état de conservation, ainsi qu'une importante quantité d'inscriptions araméennes, nabatéennes et surtout grecques, plus ou moins bien recopiées auparavant par des voyageurs pressés, en est la raison principale.

En revanche, malgré des conditions identiques et un patrimoine tout à fait remarquable, la Syrie du Nord reste relativement à l'écart des explorations entre la fin du XVIIIe siècle et le milieu du XIXe. Ce n'est en effet qu'à partir des années 1860 que l'on voit arriver les premiers savants dans cette partie de la

Syrie et, plus tard encore, dans la vallée de l'Euphrate. Melchior de Vogüé, venu en 1861, laisse entendre que le faible nombre de visiteurs en Syrie du Nord est peut-être dû à l'abandon des villages par leurs habitants en butte aux exactions des autorités ou des nomades[217], mais cette situation était aussi celle du Sud, pourtant largement parcouru. On ne s'explique pas vraiment les raisons de ce faible nombre d'explorations, si ce n'est que l'accès était peut-être plus difficile et que les villages, presque tous inhabités, offraient peu de solutions d'hébergement. Quant à la vallée de l'Euphrate, c'est souvent l'ignorance de l'existence de sites archéologiques, cachés sous des tells ou enfouis dans le sable, qui explique qu'il faille attendre les découvertes fortuites de Doura-Europos (1920) ou de Mari (1933) pour voir les premières explorations scientifiques.

---

217. M. de VOGÜÉ, *La Syrie centrale*, t. 1, Paris, J. Baudry, 1877, p. 4.

I

Les premiers savants : Wetzstein, Waddington et de Vogüé

Ill. 22a. Photographie de William Henri Waddington en 1883 par Eugène Pirou (Bibliothèque nationale de France)

Ill. 22b. Photographie de Melchior de Vogüé en 1883 par Eugène Pirou (Bibliothèque nationale de France)

Les premiers savants à se rendre en Syrie au milieu du xixe siècle, même s'ils bénéficient de l'appui de sociétés savantes ou d'institutions d'État, comme l'Académie en France, voyagent encore à leurs frais, comme leurs prédécesseurs. Cela leur est possible parce qu'ils appartiennent souvent à de riches familles aristocratiques, et que certains d'entre eux ont embrassé la carrière diplomatique. Johann Gottfried Wetzstein, orientaliste de formation, est consul de Prusse à Damas lorsqu'il entreprend une tournée dans le Hauran et le Safa en 1858. De son côté, Melchior de Vogüé (1827-1916) fait un continuel va-et-vient entre ses postes de diplomates (attaché à l'ambassade de France à Saint Pétersbourg en 1849, ambassadeur à Constantinople et à Vienne après 1871) et des études d'archéologie et d'histoire, au gré des changements des régimes politiques en France. Son contemporain, avec lequel il voyage en Syrie en 1861 et 1862, William Henri Waddington (1826-1894), appartient quant à lui à une riche famille franco-anglaise de cotonniers et de filateurs et fit une carrière politique en France. Il fut plusieurs fois ministre (1873 et 1877-79), sénateur en 1876, président du Conseil de la IIIe République en 1879, ambassadeur de France à Londres entre 1883 et 1893.

Wetzstein, de Vogüé et Waddington se distinguent des voyageurs et aventuriers précédents par les remarquables publications scientifiques tirées de leurs explorations, où ils ne s'attardent pas à faire le récit de leur itinéraire et à dresser la liste des villages traversés, mais font des analyses historiques et artistiques de ce qu'ils observent, et interprètent le sens des inscriptions qu'ils recopient. Toutes leurs publications servent encore de nos jours de référence. Toutefois, voyageant seuls et sans grands moyens techniques, ils ne procédèrent à aucune fouille ou dégagement qui leur auraient permis d'accéder à autre chose que ce qui était visible à l'œil nu.

C'est au cours du printemps 1858 que J. G. Wetzstein effectue un grand tour d'exploration du Hauran qui le conduit dans de nombreux villages des plaines de Batanée et de la Nuqrah, comme de la montagne, mais aussi sur le plateau du Leja et dans le Safa. Il y recopia de nombreuses inscriptions grecques et latines inédites qu'il publia avec des fac-similés en 1864[218].

---

218. J. G. WETZSTEIN, « Ausgewählte griechische und lateinische Inschriften, gesammelt auf Reisen in der Trachonen und um das Haurângebirge », *Philologische und historische Abhandlungen des Königlichen Akademie der Wissenschaften zu Berlin*, Berlin, 1864.

Il avait publié auparavant le résultat de ses observations géographiques, tout particulièrement celles sur les phénomènes volcaniques du Trachôn et du Safa, et sur l'architecture dont il donna quelques croquis un peu sommaires, largement dépassés, quelques années plus tard, par ceux de Vogüé[219].

Quand Melchior de Vogüé arrive à Beyrouth en 1861, à la demande de Waddington, il a déjà effectué plusieurs voyages en Méditerranée orientale dans les années 1853-1854. Il s'était rendu notamment en Grèce, à Constantinople, à Baalbek et à Palmyre, avant de séjourner longuement en Palestine, à Jérusalem puis en Égypte, où il fut l'hôte de Mariette à Saqqara, avant de revenir à Jérusalem pour compléter ses « connaissances » sur la topographie des lieux et des nombreux monuments, notamment ceux de l'époque des croisades[220]. De ce séjour studieux en Palestine, il tira un ouvrage, *Les Églises de la Terre sainte*, paru en 1860[221], dans lequel il révéla, outre ses connaissances scientifiques, des talents remarquables de dessinateur.

Waddington, venant d'Asie Mineure, arrive également à Beyrouth en avril 1861. Il avait le projet, dans le sillage d'Ernest Renan, de compléter à ses frais le programme de ce dernier, en explorant l'arrière-pays syrien jusqu'aux limites du désert. Il fait donc une première exploration de 70 jours au cours de l'été 1861 qui le conduit dans le Safa, lequel, outre son paysage exceptionnel, conserve des graffitis énigmatiques sur des rochers, révélés par le voyageur Cyril Graham quatre ans auparavant[222], et aussi des inscriptions grecques gravées par des soldats qui, sous l'Empire romain, étaient cantonnés dans un fortin, pour

---

219. J. G. WETZSTEIN, *Reisebericht über Hauran und die Trachonen nebst einem anhange über die Sabäischen Denkmäler in Ostsyrien*, Berlin, D. Reimer, 1860.
220. De Vogüé, dont les compagnons de voyage sont rentrés en France, arrive à Jérusalem lors de la semaine sainte. Il considère « comme une chance unique dans sa vie de passer le vendredi saint sur le Calvaire et le jour de Pâques devant le Saint-Sépulcre ».
221. M. de VOGÜÉ, *Les Églises de la Terre sainte*, Paris, V. Didron, 1860. Dans l'introduction, de Vogüé raconte son voyage du Caire à Jérusalem par voie terrestre avec une caravane.
222. Voir *supra*, p. 144-145 et note 210. J. G. Wetzstein, l'année suivante, recopia lui aussi quelques-uns de ces graffitis.

surveiller les mouvements des tribus venant du désert. Puis il se rend dans le Hauran jusqu'à Umm al-Jimal, à Palmyre et dans la région qui s'étend entre Damas et Alep. Nous avons connaissance de cette tournée par le récit qu'en fit son ami de Vogüé devant l'Académie des Inscriptions et Belles-Lettres en 1863[223], car Waddington n'a rien laissé de précis sur son voyage si ce n'est deux carnets de notes manuscrites avec les copies d'inscriptions faites dans chacun des villages où il s'était rendu. Ces carnets furent confiés plus tard à l'Institut de France par de Vogüé, et Jean-Baptiste Chabot en publia une partie seulement en 1939[224]. On connaît en outre quelques lettres, datées de Beyrouth ou de Damas entre avril 1861 et le printemps 1862, qu'il avait envoyées au baron Jean de Witte, archéologue et numismate belge, qui les déposa à l'Institut de France et dont certaines furent publiées dans le *Journal des Savants* en 1914[225]. C'est ainsi que l'on apprend que son premier voyage en 1861 fut assez fatigant en raison de la chaleur et qu'il essuya quelques mésaventures dont il ne précise pas la nature. Celles-ci devaient trouver quelques éclaircissements dans la communication de Georges Perrot en 1909 devant l'Académie des Inscriptions et Belles-Lettres, à la suite des conversations qu'il avait eues avec Waddington. Celui-ci, qui voyageait avec une escorte réduite à deux gendarmes albanais, un cuisinier et des muletiers, fut parfois en butte aux menaces des sheikhs et pris à partie dans des rassemblements d'une foule hostile. Mais Waddington n'était pas homme à se laisser impressionner. Perrot, renseigné par de Vogüé, vante son intrépidité, son endurance, son énergie et

---

223. M. de Vogüé, « Voyage scientifique de MM. Waddington et le comte Melchior de Vogüé en Syrie », séances du mois de février, *CRAI*, 1863, p. 24-28.

224. Ces carnets, à la suite d'une information erronée, ont été attribués à M. de Vogüé, et c'est ainsi qu'on les a archivés à la bibliothèque de l'Institut de France. Voir J.-B. Chabot, « Le voyage en Syrie de W. R. (*sic*) Waddington », *Mélanges syriens offerts à René Dussaud*, I, Paris, 1939, p. 352-366. Chabot ne donne toutefois pas les copies d'inscriptions qui se trouvaient au recto du carnet n° 1.

225. H. Dehérain, « Lettres de William Henri Waddington sur son voyage archéologique en Syrie en 1861 et 1862 », *Journal des Savants*, 1914, p. 269-277.

son indifférence aux aléas du temps ; l'inconfort ne l'empêchait jamais « de dormir profondément et de se réveiller aussi dispos que s'il avait passé la nuit dans son lit[226] ».

Ayant pris conscience lors de cette expédition de l'importance de la tâche à accomplir, tant pour faire des relevés architecturaux qu'épigraphiques, Waddington fait alors appel à de Vogüé qui le rejoint à Beyrouth en décembre 1861, accompagné de l'architecte Edmond Duthoit. Après avoir consacré les quelques mois d'hiver à l'étude des monuments de Chypre, les deux hommes[227] partent pour la Syrie du Sud avec la bénédiction du consul de France, mais sous pavillon anglais. Il y avait en effet à craindre que des Français ne soient pas bien accueillis, deux ans après que la France a envoyé un corps expéditionnaire pour mettre fin aux massacres perpétrés par les Druzes du Liban. Ils explorent ensemble entre le 20 mars et le 10 mai 1862 le Hauran et le Safa, poussant jusqu'au Jebel Seis, volcan se dressant dans le désert à l'est, puis, par la Palestine, ils rentrent à Beyrouth début septembre, chargés de notes, de dessins, d'estampages d'inscriptions[228]. Waddington, qui souhaitait repartir en France pour exploiter sa documentation, accompagna de Vogüé jusqu'à Alep où ils se séparèrent au printemps 1863. De Vogüé partit alors en compagnie de Duthoit explorer les jebels de Syrie du Nord (Riha, al-Ala, Halaqa, Seman) et la côte de Lattaquié dont Waddington lui avait signalé l'importance des ruines chrétiennes. De Vogüé devait revenir très impressionné par cet ensemble dont, dit-il, : « je serais presque tenté de refuser le nom de ruines à une série de villes presque intactes, ou du moins dont tous les éléments se retrouvent, renversés quelquefois, jamais dispersés, dont la vue transporte le voyageur au milieu d'une civilisation perdue et lui en révèle pour ainsi dire tous les secrets[229] ».

---

226. G. PERROT, « Notice sur la vie et les travaux de M. William-Henri Waddington », *CRAI*, 11, 1909, p. 876-938.

227. Duthoit ne les accompagna pas en Syrie, il resta à Chypre où les trois hommes s'étaient rendus dans l'hiver 1862, en attendant de pouvoir aller en Syrie aux beaux jours.

228. H. DEHERAIN, *op. cit.*, p. 276-277.

229. M. de VOGÜÉ, *op. cit.*, p. 25-26.

Cet ensemble d'explorations scientifiques du sud au nord au cours des deux années passées en Syrie fit l'objet de publications savantes. De Vogüé, qui s'était intéressé tout particulièrement à l'architecture des monuments civils, publia en 1863 avec l'aide de Duthoit les 151 planches de plans, élévations et détails de décors qu'il avait réalisées, dans un ouvrage global intitulé *La Syrie centrale*, espace qu'il définissait comme : « la région qui s'étend du nord au sud, depuis les frontières de l'Asie Mineure jusqu'à celles de l'Arabie Pétrée, et qui est bornée à l'est par le grand désert, à l'ouest par la ligne des fleuves qui courent parallèlement à la mer, le Jourdain, le Léontès [le Litani], l'Oronte[230] ». Les commentaires des planches firent l'objet d'un autre volume, paru seulement en 1877, agrémentés de dessins de détails[231]. Les innombrables inscriptions recopiées sur les sites furent publiées sous forme de corpus, de Vogüé se chargeant des inscriptions sémitiques et safaïtiques, parues en 1868[232], Waddington des inscriptions grecques et latines, publiées en 1870[233] ; l'un et l'autre de ces corpus font encore autorité et sont des ouvrages de référence. Le corpus de Waddington, au départ, devait se composer uniquement des inédits, mais il y incorpora les inscriptions que le consul de Prusse à Damas, J. G. Wetzstein, avait publiées en 1864 à la suite de son exploration du Hauran en 1858[234] et quelques autres (celles de Burckhardt par exemple) quand il n'avait pas pu les revoir lui-même.

Il expliquait dans sa préface que, dans sa démarche « d'éclairer l'histoire des régions intérieures de la Syrie », il fallait réunir « tout ce que l'épigraphie pourrait nous apprendre sur ces questions obscures, les textes nouveaux faisant disparaître les difficultés des anciens ». Waddington, qui avait passé deux années à recueillir ces inscriptions, dont cinq mois dans le Hauran, était

---

230. M. de Vogüé, *La Syrie centrale : architecture civile et religieuse du Ier au VIIe siècle. Planches*, t. 2, Paris, 1865.
231. *Id.*, *La Syrie centrale : architecture civile et religieuse du Ier au VIIe siècle. Texte*, t. 1, Paris, J. Baudry, 1877.
232. M. de Vogüé, *La Syrie centrale, inscriptions sémitiques publiées avec traduction et commentaire*, Paris, 1868.
233. W. H. Waddington, *op. cit.*
234. J. G. Wetzstein, *op. cit.*, p. 255-368.

conscient que la tâche n'était pas achevée et que des recherches plus approfondies permettraient « une moisson abondante », surtout si l'on déblayait les édifices anciens et que l'on explorait, aussi minutieusement qu'il l'avait fait pour l'est de la région, des zones comme la plaine du Hauran et le Jawlan entre la route du Hadj et le Jourdain. Il appelait donc de ses vœux des « voyageurs bien préparés sur le plan scientifique à reprendre et achever cette tâche ». Il n'imaginait pas que cent soixante ans plus tard les 650 inscriptions, dont 500 inédites, qu'il avait recopiées dans le Hauran uniquement seraient plus de 4 000, dont 1 000 inédites[235] et que les 55 inscriptions grecques recopiées à Palmyre seraient aujourd'hui au nombre de 563[236].

Toutefois, malgré leur intuition que d'autres textes étaient à découvrir, à condition de déblayer des monuments ou de fouiller les sites, aucun des deux ne se livra à cet exercice qui dépassait leurs capacités, si ce n'est dans le sanctuaire de Sia pour y dégager des inscriptions que Waddington avait repérées en 1861. C'est à cette occasion d'ailleurs qu'il évoque l'expédition de pierres inscrites à Damas dans l'intention de les faire parvenir au Louvre. Elles n'y arrivèrent jamais et furent entreposées à Damas au Palais Azem.

---

235. M. SARTRE, *IGLS* XIII/1, BAH 107, Paris, Geuthner, 1982 et XIII/2 BAH 194, Beyrouth, Presse de l'Ifpo, 2011 ; A. SARTRE-FAURIAT et M. SARTRE, *IGLS* XIV, BAH 207, Beyrouth, Presses de l'Ifpo, 2016 ; *Id.*, *IGLS* XV, BAH 204, Beyrouth, Presses de l'Ifpo, 2014 ; *Id.*, *IGLS* XVI, 1-2, BAH 219 et 220, Beyrouth, Presses de l'Ifpo, 2020 ; *Id.*, *IGLS* XVI, 3-6 (à paraître).
236. J.-B. YON, *IGLS* XVII, BAH 195, Beyrouth, Presses de l'Ifpo, 2012.

II
La permanence des aventuriers

Les explorations du consul d'Angleterre Richard Francis Burton (1869-1872)

Dans les années qui suivent, l'intérêt pour la Syrie et ses vestiges antiques ne se démentit pas et le pays vit passer presque chaque année des voyageurs de différentes nationalités. Parmi eux, quelques-uns se distinguent par leur personnalité ou l'intérêt de leurs remarques, mais aucun avant la fin du siècle ne procéda à de véritables explorations archéologiques avec des dégagements et des fouilles. Parmi les plus intéressants d'entre eux, on peut citer Richard Francis Burton (1821-1890) qui, au cours d'une vie aventureuse sur tous les continents, vient en Syrie comme consul d'Angleterre à Damas à la fin 1869. Burton est un personnage hors du commun, à la réputation sulfureuse, doué de multiples compétences : « officier militaire, escrimeur, explorateur, écrivain et poète[237], traducteur, linguiste, orientaliste, maître soufi, ethnologue, diplomate et expérimentateur passionné de la plupart des perversions humaines[238] », auxquelles s'ajoute celle d'être polyglotte, il aurait parlé 29 langues et 11 dialectes.

---

237. Il est l'auteur de plus de 43 ouvrages.
238. D'après l'auteur de sa notice dans Wikipedia. Cf. F. BRODIE, *The Devil Drives : A Life of Sir Richard Burton*, New York, Eland, 1967; trad. fr., *Un diable d'homme*, Paris, Libretto, 2013.

Depuis son plus jeune âge, avec ses parents, il a pris l'habitude du voyage, passion dont il ne se départira jamais, voyageant seul ou accompagné parfois d'aventuriers comme lui. Il séjourna notamment en Inde en tant que militaire pour la Compagnie des Indes Orientales, se rendit en Arabie où il réussit à entrer à La Mecque et à Médine, explora une bonne partie de l'Afrique, en particulier la région des grands lacs à la recherche des sources du Nil, résida en Guinée, visita le Maroc, les États-Unis, l'Amérique du Sud, l'Islande et, au cours de sa carrière, occupa plusieurs postes de consul d'Angleterre[239]. Lors de sa courte présence en Syrie (1869-1871), pris par les multiples problèmes qu'il rencontra dans sa tâche de consul[240], il visita assez peu de choses nouvelles, mais de chacun de ses voyages il laissa, avec sa femme Isabel, des récits détaillés.

Palmyre (1870)

En mai 1870, parvenant à dégager « quelques jours de vacances », Burton consacre dix-sept jours pour aller à Palmyre et en revenir, en compagnie de sa femme Isabel, d'un voyageur français, le vicomte Fernand de Perrochel[241], et du consul de Russie à Damas, M. Ionine. Le récit qu'en fait Isabel Burton montre qu'organiser un voyage à Palmyre est toujours aussi coûteux et périlleux, bien que le pouvoir ottoman ait envisagé d'établir un « cordon militaire » entre Damas et l'Euphrate avec des postes fortifiés près des puits, une route signalée par des poteaux, et manifesté sa volonté de maintenir les Bédouins par la force dans le désert situé entre l'Anti-Liban et le Nedj. En réalité, seule une troupe de 1 600 hommes armés, stationnée à Qaryatain, à cinq heures de Damas et trois de Palmyre, assure la sécurité de la région sous les ordres d'un officier hongrois, Omar bey, au ser-

---

239. Fernando Po dans la baie de Biafra en 1861, Santos au Brésil en 1864, Damas en 1868 et enfin Trieste en 1871.
240. Il dut faire face notamment à de graves problèmes entre les communautés.
241. Fernand de Perrochel (1843-1881), qui voyage en Orient dans les années 1870, devint député de la Sarthe en 1876. Cf. *Fernand de Perrochel : un comte en Orient. Voyage entre poétique et politique*, Choix de textes présentés et annotés par Olivier Salmon, Alep, Al-Mudarris, 2020.

vice des Turcs[242]. Afin d'espérer gagner Palmyre sans encombre, les Burton auraient pu accepter de payer 6 000 francs par personne (240 livres) à un chef bédouin de la tribu des Mezrab, branche des Anazeh[243]. Ce dernier est marié à une Anglaise, Lady Jane Ellenborough, qui sert d'entremetteuse auprès des étrangers désirant se rendre à Palmyre en leur dressant un tableau très sombre de la difficulté à trouver l'emplacement des puits dans le désert et en convainquant les candidats à l'aventure des dangers qu'il y a à ne pas être escortés. Celle-ci, qui avait divorcé de Lord Ellenborough et vécu de nombreuses aventures amoureuses[244], avait élu domicile à Damas où on l'appelait l'«Honorable Jane Digby el-Mezrab» après son mariage avec un Bédouin de dix-sept ans son cadet, Mijwal el-Mezrab. Elle avait un peu plus de 60 ans quand Isabel Burton fit sa connaissance et elle avait conservé beaucoup d'atouts physiques. « Elle avait été une des plus belles femmes de son temps, grande, raffinée dans ses manières et sa voix », « une des femmes les plus agréables que l'on pouvait rencontrer », selon Burton lui-même, grand amateur de la gent féminine ! Elle parlait neuf langues qu'elle pouvait aussi bien lire qu'écrire, peignait, sculptait, pratiquait la musique. Elle fascine Isabel Burton qui estime qu'elle « a eu la vie la plus romantique et aventureuse que l'on puisse imaginer[245] ». Elle passait une partie de l'année à Damas dans une maison construite pour elle et l'autre sous une tente de Bédouins avec son mari qu'elle sert comme une servante, passant pour la reine de la tribu.

---

242. Il avait épousé la fille du grand savant allemand J. H. Mordtman. D'après Lady Burton, celle-ci vivait à Qaryatain dans une hutte de terre, confinée comme une femme de harem, avec pour compagnie une hyène et un lynx apprivoisés, lequel dormait dans son lit ! (I. BURTON, *The Romance of Isabel Lady Burton*, Londres, Hutchinson & co., 1897, vol. 2, p. 413-414).

243. En 1864, Louis Vignes s'était vu demander 5 000 francs, soit 200 livres sterling, juste pour une escorte, et, d'après lui, les prétentions de ce chef bédouin « suivaient une progression croissante dont il était difficile de prévoir les limites ». Cf. L. VIGNES, *Le voyage d'exploration de la mer Morte à Pétra*, t. 2, Paris, 1874, p. 34.

244. Elle fut, entre autres, la maîtresse de Louis Ier de Bavière et de son fils le roi Othon de Grèce.

245. Cf. Mary S. LOVELL, *A Scandalous life: a biography of Jane Digby*, Londres, Fourth Estate, 1996.

Elle n'était pas sans rappeler une autre anglaise célèbre et tout aussi extravagante qui l'avait précédée en Orient, Lady Hester Stanhope, les multiples aventures amoureuses, connues, en plus. Décidés à se passer de l'escorte coûteuse des Mezrab, les Burton n'en étaient pas moins bien encadrés : un drogman, six serviteurs, un cuisinier, 28 muletiers, 14 mules, et 28 ânes ont été mobilisés pour transporter les tentes, les provisions, les bagages et l'orge pour les chevaux ainsi que 17 chameaux loués en route à Qaryatain. Les voyageurs sont accompagnés par une dizaine d'hommes de l'aga de Jayrud et de deux officiers de la garnison de Qaryatain, armés de 80 baïonnettes et 25 sabres[246]. Isabel Burton revient toutefois de Palmyre avec une impression très mitigée, estimant que le site « n'en vaut pas la peine, ni par la grande colonnade détruite, ni par le temple du "Soleil" [il est de fait à ce moment-là totalement englobé dans le vieux village], et si on le compare à Baalbek ». Malgré tout, elle concède que cela est différent « si l'on examine le site, son environnement et les tours funéraires[247] ». Dans un autre de ses écrits, elle reconnaît que la vue de Palmyre en arrivant sur le site « est le spectacle le plus imposant qu'elle ait vu » tant cela est « gigantesque, si étendu, si dénudé, si désolé, en partie enterré dans le sable. Il y a quelque chose qui vous coupe le souffle dans cette splendide nécropole ». Et elle ajoute : « je n'oublierai jamais le site imposant de Palmyre[248] ». Elle admet toutefois qu'en cinq jours on ne peut porter un véritable jugement et qu'il faudrait rester au moins douze ou treize jours sur place.

Malgré leur rapide séjour, il semble que les visiteurs se soient néanmoins livrés à quelques « fouilles diverses », mais que « sans matériel adéquat et un séjour trop court, cela n'ait pas donné de bons résultats ». Dans le village d'Atneh après Qaryatain, ayant entendu dire qu'il « existait des curiosités sous terre, ils s'ar-

---

246. Récit d'Isabel Burton, inséré dans *Unexplored Syria. Visits to the Libanus, the Tulul el Safa, the Anti-Libanus, the northern Libanus and the Alah*, vol. 1, Londres, Tinsley Brothers, 1872, p. 22-27, et développé davantage dans *The Romance of Isabel Lady Burton, op. cit.*, p. 401-415.
247. *Unexplored Syria, op. cit.*, p. 25.
248. Isabel BURTON, *The Life of Sir Richard F. Burton*, vol. 1, Londres, Chapman and Hall, 1893, p. 475.

rêtèrent pour creuser et trouvèrent une vieille catacombe avec une femme qui portait un ornement ; les corps étaient couverts de pièces de monnaies et des morceaux de pierre formaient un collier de protection contre le mauvais œil ». À Palmyre même, Burton « passa plusieurs jours à fouiller » et trouva « des ossements humains, des squelettes avec des cheveux qu'ils ramenèrent avec eux » au grand dégoût de leur compagnon de voyage Perrochel, « choqué par ce manque de sensibilité et persuadé qu'une femme française aurait fait une crise d'hystérie[249] ». Il est clair que, comme certains voyageurs qui les avaient précédés, ils cherchaient avant tout des momies. Une remarque sur le fait qu'ils n'aient pas pu accéder aux étages supérieurs des tours funéraires, et qu'Isabel Burton émette quelques doutes sur la présence de momies, tend à prouver que c'est ce genre de vestiges qu'ils auraient aimé trouver. Il n'est fait qu'une brève allusion aux bustes funéraires en bas-reliefs et à « des statues grecques » dont une, « grandeur nature », est attribuée *de facto* à Zénobie[250] !

Liban, Syrie centrale et Palestine (1870-1871)

En juillet de la même année, Burton et sa femme, accompagnés de l'orientaliste Edouard Henry Palmer, qui devait effectuer une exploration du Sinaï[251], et de Charles Frederick Tyrwhitt-Drake, se rendent à Baalbek, par la vallée du Barada et Bludan, où ils obtiennent la permission du Gouverneur général pour la Syrie de démolir un mur « saracène » qui masquait le temple de Jupiter. Poursuivant en direction des Cèdres, ils reviennent à Damas pour effectuer en octobre une exploration des terres druzes (Beit ed-din) et une ascension de l'Hermon que Burton avait déjà faite en octobre 1869. Il avait réussi à enlever une pierre avec un « fragment d'inscription grecque », envoyée ensuite en Angleterre. Profitant du passage à Damas à la mi-janvier 1871 d'un de ses amis du Brésil, Charles Williams, Burton l'escorta en suivant la caravane qui allait à La Mecque jusqu'à Ramtha, au sud de Dera. Puis il remonta par Ezra et en profita pour rendre

---

249. *Id.*, *The Romance of Isabel Lady Burton*, op. cit., p. 421.
250. *Id.*, *The Life of Sir Richard F. Burton*, op. cit., p. 472.
251. Il devait y trouver la mort en 1882.

visite aux principaux sheikhs. Revenu à Damas, il n'y resta que fort peu de temps et repartit en février pour Homs et Hama où il voulait voir plusieurs blocs portant des caractères étranges (il s'agissait de caractères hittites), qui avaient été signalés par Burckhardt et dont il avait vu des fac-similés. Accompagné du vice-consul de France à Homs et Hama, M. F. Bambino, il se rendit à Hama en passant par Salamyeh, mais ne vit que des inscriptions grecques et revint par le Krak des chevaliers.

En mars 1871 Burton, accompagné de Drake, descendit à Jérusalem pour la semaine sainte par la route *via* Quneitra et Tibériade, tandis que sa femme venait le rejoindre par mer depuis Beyrouth. C'est à cette occasion qu'elle croisa à l'hôtel plus de 180 « touristes » venus par l'intermédiaire de l'agence Cook[252]. Ils s'étaient répandus dans la ville « comme des sauterelles », faisant dire aux autochtones : « ce ne sont pas des touristes, mais des cookii ». Isabel Burton estime qu'ils constituent une « curieuse ménagerie de bipèdes », dont elle décrit humoristiquement les travers et le ridicule, qui ne dépareraient pas les touristes voyageant en groupe d'aujourd'hui[253] !

Safa, Hauran et Syrie du Nord (1871-1872)

Mais à peine étaient-ils revenus à Damas le 19 mai 1871 que Burton forme avec Drake le projet d'entreprendre un vaste tour dans le Safa, contrée réputée dangereuse, et dans le Hauran. Burton, qui connaît les récits des explorations du Safa par Graham[254] et Wetzstein[255], brûle d'envie de s'y rendre depuis son arrivée à Damas, malgré les difficultés et le danger dû aux relations entre le Gouvernement général de Damas et les tribus de Bédouins du secteur. Les « Shitaya, les Ghiyas et les Anjad campent dans le Safa » et les Solut sur le Leja avec les Druzes ; tous font parfois des incursions en direction de Damas. Burton

---

252. Thomas Cook organise des voyages à partir de 1845 et les premiers touristes en Orient, notamment en Égypte, arrivent vers 1869. La demande est telle qu'une agence est ouverte au Caire.
253. I. BURTON, *The Romance of Isabel Lady Burton, op. cit.*, p. 469-470.
254. Cf. *supra* p. 144-145 et note 210.
255. J. G. WETZSTEIN, *Reisebericht über Hauran und die Trachonen, op. cit.*

rapporte un certain nombre d'incidents meurtriers qui se sont déroulés dans les années 1869-1871 dans lesquels étaient impliqués des Beni Hassan, des Anazeh, des Subah et des Wuld Ali jusque dans la Ghouta et au sud de Damas. Il ne se passait pas une semaine sans incidents dans ces années-là, mais cela n'empêche pas l'intrépide Burton de faire trois excursions en 1869 en direction de trois « couvents ghassanides » qui avaient été signalés par Porter (*Five Years*), dont celui de Harran el-Awamid, et deux autres encore en 1870[256].

Son compagnon de voyage, Charles Frederick Tyrwhitt-Drake, était une vieille connaissance de Burton. Il avait été en expédition sur le Nil avec lui et l'avait accompagné à Baalbek et chez les Druzes du Liban. Naturaliste, il avait été patronné par l'université de Cambridge pour mener des recherches dans le Sinaï, avant d'être missionné par le Palestine Exploration Fund pour l'étude des fameuses pierres de Hama. Il avait également voyagé avec Claude Reignier Conder, notamment en Palestine, en Syrie[257] et en Asie Mineure. Il effectua également en octobre 1872 une reconnaissance dans les jebels entre Hama et Alep en Syrie du Nord qui lui permit de localiser une cinquantaine de villages dont El-Bara, Hass, Dana-Sud où l'immigration circasienne faisait craindre à Burton une disparition probable de leurs vestiges[258]. Drake devait mourir à 28 ans à Jérusalem en 1874.

Ils quittent Damas le 24 mai en empruntant un itinéraire assez peu original par Shaqqa, Shahba, Sia et Qanawat, puis le sud du Jebel Druze jusqu'aux limites du désert à l'est. Burton note qu'en un demi-siècle, depuis le passage de Burckhardt, les villages ont subi des dégradations « qui les rendent presque méconnaissables ». La raison en est due au repeuplement de 17 d'entre eux dans la montagne, durant le règne de Rachid Pacha, par des Druzes venus du Liban et de l'Hermon ; en 1866, plus de 700 à 800 familles s'y étaient installées. Les deux explorateurs

---

256. *Unexplored Syria, op. cit.*, p. 148-159.
257. C. R. CONDER, « Inscriptions », *PEFQS*, 17-18, 1885, p. 14-17, et 22, 1890, p. 188-189.
258. Cf. le récit de cette expédition dans I. BURTON, *The Life of Sir Richard F. Burton, op. cit.*, p. 524 ; et une brève allusion par Burton dans la préface de *Unexplored Syria, op. cit.*, p. 11.

ne sont pas allés cependant au-delà de la région de Mushennef et ils ne se sont jamais rendus à Bosra par exemple, préférant revenir à Shaqqa pour aller explorer le Safa et la grotte de Umm Niran, sous la croûte basaltique. Ils rentrèrent à Damas le 7 juin et Burton devait quitter la Syrie en août, rappelé par le Foreign Office à la suite de multiples reproches, plus ou moins justifiés, qui lui étaient faits depuis son arrivée en 1869[259].

Au cours de leur tournée dans le Hauran, Drake avait recopié de nombreuses inscriptions grecques dont certaines étaient inédites. Cette expédition de Burton et Drake en Syrie du Sud est relatée dans un ouvrage qui parut à Londres en 1872 où sont évoqués en même temps tous les déplacements effectués par Burton pendant son séjour en Syrie[260]. Toutefois, il ne procéda à rien d'autre que des observations de surface, comme chez la plupart des voyageurs de cette époque, y compris ceux qui se prétendent archéologues, comme le pasteur américain Selah Merrill en 1874, financé sous cette appellation par l'American Palestine Exploration Society. Leurs observations permettent néanmoins de suivre l'état de conservation des ruines au fil du temps, souvent lié au repeuplement des villages par des transferts de population d'une région à l'autre ou en raison de la sédentarisation des Bédouins. Cela permet aussi de constater que l'intérêt pour le Hauran en particulier reste, pour bon nombre de voyageurs, fondé sur l'image qu'en donne la Bible et l'idée qu'il faut convertir les populations musulmanes ou druzes, mais aussi christianiser de façon plus radicale les Chrétiens et parfois même les prêtres[261]. À Shaqra par exemple, en 1873, le révérend John Wright parvient à vendre quelques livres pieux, mais il surprend le prêtre en train d'en voler un ! Ces missionnaires utilisent parfois des méthodes surprenantes pour parvenir à leurs fins, le révérend Wright raconte notamment qu'il avait amené avec lui

---

259. I. BURTON, *The Romance of Isabel Lady Burton, op. cit.*, p. 510-523.
260. R. F. BURTON et C. F. T. DRAKE, *Unexplored Syria, op. cit.*
261. Cf. par exemple la tournée effectuée dans le sud de la Syrie par le missionnaire américain William Thomson en 1858-59 (*The Land and the Book. The Holy Land. Lebanon, Damascus and beyond Jordan*, 2 vol., 5ᵉ éd., Londres, Harper and Brothers, 1886) ou celle du révérend J. Wright en 1873 : « The Land of the Giant Cities », *The Leisure Hours*, Londres, 1874.

La permanence des aventuriers 167

un colporteur que la Bristish and Foreign Bible Society avait mis à sa disposition pour vendre des bibles et des livres pieux dans les villages. Mais, devant le peu de succès dans certains d'entre eux, y compris chrétiens, Wright utilise une méthode originale pour attirer le chaland : il crie ou chante quelque chose. Il a notamment remarqué que le cri le plus efficace est « haddock frais » avec un accent campagnard ou, s'il est dans un village druze, d'entonner leur chant de guerre, ce qui a pour effet de faire venir les gens et de les mettre de bonne humeur[262] ! Pendant que la foule se presse autour de l'étal de livres, Wright en profite pour faire le tour du village, sautant de toit en toit, ameutant les gens dans les cours des maisons pour leur faire la lecture de passages bibliques. Mais, dit-il, quand les gens deviennent agressifs et qu'il se rend compte que « cela revient à donner de la confiture aux cochons » (*to throw pearls before swine*), il les calme en leur achetant quelques antiquités, des monnaies notamment, dont il confie avoir une collection de celles d'*Adraa* (aujourd'hui Dera).

Selah Merrill quant à lui a eu le mérite en 1875-1877 d'employer les services de Tancrède R. Dumas, un photographe de Beyrouth, qui réalisa les premiers clichés des monuments des « cités du Bashan » visitées par Merrill[263]. Ces photographies, dont certaines de monuments aujourd'hui disparus, donnent une image fiable que l'on peut ainsi comparer aux dessins réalisés par les premiers voyageurs.

---

262. J. WRIGHT, *op. cit.*, p. 522-523.
263. S. MERRILL, *East of Jordan. A record of Travels and Observation in the Country of Moab, Gilead and Bashan during the years 1875-1877*, New York, Ch. Scribern's sons, 1881; *Id.*, « Catalogue of photographs, Taken Expressly for the American Exploration Society, During the Reconnaissance East of the Jordan, in the Autumn of 1875 », *Palestine Exploration Society, Fourth Statement*, New York, 1876, p. 101-113.

III
De l'exploration individuelle aux expéditions collectives

Les Français étendent leurs explorations en Syrie

Les années 1870 voient se multiplier les expéditions scientifiques financées désormais par des institutions ou des États, même si celles-ci restent davantage encore de l'ordre de l'exploration que de l'organisation de fouilles. De ce point de vue, les Anglo-Saxons ou les Allemands sont davantage soutenus dans leur travail scientifique que les Français. L'archéologue et helléniste Olivier Rayet n'hésite pas en 1882 à comparer les politiques culturelles française et allemande et à écrire que le Landtag prussien et le Reichstag allemand votent des crédits pour la fonte des canons et l'achat de torpilles, mais que cela « ne les empêche pas de pourvoir fort généreusement les établissements d'instruction supérieure, les musées et les entreprises scientifiques ». Il incite les politiques français à « témoigner aux études de l'Antiquité le quart de l'intérêt que leur portent la Chambre des Communes de Londres ou le Reichstag de Berlin[264] ». On constate toutefois que, même de la part des Anglais et des Allemands, la Syrie reste une destination un peu marginale au profit d'autres terrains de recherche plus prisés, parce que plus prestigieux ou d'apparence plus prometteuse, comme l'Italie, la Grèce, l'Égypte ou la Mésopotamie. C'est aussi le cas de la France, auquel s'ajoute son intérêt pour les Antiquités

---

264. O. RAYET, « Les Antiques au Musée de Berlin », *La gazette des Beaux-Arts*, 1er septembre 1882, p. 224-250, et *Études d'archéologie et d'art*, Paris, 1888.

Nationales et l'Algérie, et le fait qu'au Proche-Orient elle ne dispose pas de relais scientifiques pour l'archéologie, comme c'est le cas avec l'École française d'Athènes depuis 1846, l'École française de Rome en 1874 et celle du Caire qui ouvre ses portes en 1880, avant de devenir en 1898 l'Institut français d'archéologie orientale (IFAO). Le Proche-Orient, qui devait, à l'origine, dépendre de l'Institut du Caire, reste encore pour de nombreuses années du ressort d'initiatives autonomes.

Ce n'est qu'en 1881 que le ministère de l'Instruction publique en France accepte de soutenir l'exploration de la Phénicie, de la Syrie et de la Palestine par le grand orientaliste Charles Clermont-Ganneau (1846-1923) qui, malgré sa chaire d'archéologie orientale à l'École Pratique des Hautes Études (EPHE), obtenue en 1876, doit poursuivre sa carrière de diplomate et recourir au soutien du Palestine Exploration Fund pour sa mission en Palestine en 1874. Conscient du manque d'appuis logistiques et scientifiques, Clermont-Ganneau plaide inlassablement pour l'accroissement des moyens accordés à la recherche en Syrie et pour la création d'un centre de recherches permanent.

Jusqu'à la fin de la Première Guerre mondiale, la Syrie reste encore largement à l'écart des grands programmes de recherche français, même si plusieurs savants appartenant à l'EPHE, au Louvre ou à l'Université s'y rendent en mission individuelle. René Dussaud (1868-1958) est de ceux-là.

Ill. 23. Photographie de René Dussaud

De l'exploration individuelle aux expéditions collectives 171

Entre 1895 et 1897, il effectue trois missions d'exploration, à cheval, en Phénicie du Nord, dans la région de l'Oronte et dans le Massif Calcaire en Syrie du Nord. Puis, dans les années suivantes, missionné par le ministère de l'Instruction publique et des Beaux-Arts, auquel se joignent l'Académie des Inscriptions et Belles-Lettres et l'EPHE pour le financement, il fait deux missions dans le sud de la Syrie en compagnie d'un autre orientaliste attaché à la Bibliothèque nationale, Frédéric Macler, et du petit-fils de l'émir Abdelkader, l'émir Taher. Leurs expéditions dans la Harra, le Safa et le Jebel Druze n'explorèrent rien de très nouveau géographiquement par rapport à leurs prédécesseurs, Wetzstein, de Vogüé, Waddington, ou Burton, mais leur but était essentiellement de faire une nouvelle moisson de textes safaïtiques et grecs et de poursuivre l'étude épigraphique de la région pour confirmer ou rectifier les copies antérieures. Ainsi, comme le précise Dussaud : « ne faut-il pas s'étonner de ne pas trouver dans les publications des descriptions du pays que nos prédécesseurs ont déjà fait connaître et les incidents de voyage, toujours les mêmes, pour nous attacher spécialement aux questions que soulève l'épigraphie du Safâ[265] ». Si Dussaud ne dit rien de précis des difficultés qu'ils rencontrèrent, surtout lors du premier voyage en 1899, il en laisse paraître quelques raisons dans son premier ouvrage[266] et dans la préface du deuxième, publié à la suite de l'expédition de 1901[267]. En 1899, la région du Jebel Druze était totalement bouleversée par les conséquences de la révolte contre les réquisitions de troupes effectuées par les Turcs et l'exil de ses sheikhs en Tripolitaine, Crète, Chypre ou Asie Mineure. Les habitants ne cessaient de vouloir montrer les lieux où s'étaient déroulés les combats et les traces qu'ils avaient laissées. En revanche, deux ans plus tard, les choses étaient rentrées dans l'ordre grâce, semble-t-il, à une amnistie et à une politique d'apaisement conduite par le gouverneur de Damas,

---

265. R. Dussaud et F. Macler, *Voyage archéologique au Safa et dans le Djebel ed-Druz (1901)*, Paris, E. Leroux, 1901.
266. *Id.*, p. 207-209.
267. *Id.*, *Rapport sur une mission scientifique dans les régions de la Syrie moyenne*, Paris, E. Leroux, 1903.

Nazim Pacha, qui semble avoir compris l'intérêt de maintenir les Druzes dans leur Jebel et de les utiliser pour lutter contre les tribus de Bédouins, toujours actives dans les raids de pillage, les Anazeh et les Beni Sakker. Toutefois, Dussaud s'alarme de la méfiance des Druzes à l'égard des médecins que le gouverneur voulait envoyer sur place pour lutter contre les maladies contagieuses dont souffrait grandement la population, la petite vérole et la syphilis. Il envisage donc que la Faculté française de médecine de Beyrouth se préoccupe du problème afin d'éviter la perpétuation de ces maladies si près de Damas.

Dussaud ne procéda à aucune fouille personnellement en Syrie, mais il n'en fut pas moins l'initiateur quelques années plus tard. En 1920, le traité de San Remo confiait à la France un mandat sur la Syrie et le Liban et, dans la foulée, plusieurs institutions furent créées pour favoriser la recherche au Proche-Orient. Dussaud, depuis son poste de directeur du département des Antiquités orientales du Louvre en 1910, puis de directeur général du même musée en 1928, s'emploie à mettre sur pied un service des Antiquités et à organiser des chantiers de fouilles qui, sous son patronage, s'ouvrent à Byblos en 1921, à Ras Shamra en 1929 ou à Mari en 1933-1934 dont il avait décelé les potentiels scientifiques. Parallèlement, Dussaud, qui publiait sans retard ses propres recherches et synthèses, participe à la fondation en 1920 d'une revue scientifique destinée à diffuser les recherches effectuées au Proche-Orient, la revue *Syria*. Le mandat français sur la Syrie constitue, incontestablement, le début des grandes recherches archéologiques françaises dans la région où avaient tenté de s'implanter des équipes venues d'Allemagne ou d'Amérique.

Les missions allemandes et américaines de la fin du XIXe et du début du XXe siècle

Le bilan des explorations scientifiques de la fin du XIXe siècle peut paraître très favorable aux Français, mais d'autres chercheurs ont compris l'importance du patrimoine et du potentiel archéologiques de la Syrie ; certains États y voient même l'opportunité de se faire une place politique.

De l'exploration individuelle aux expéditions collectives 173

À l'automne 1898, l'empereur Guillaume II se rend en pèlerinage aux lieux saints et en visite officielle dans l'Empire ottoman où le sultan Abdul Hamid II cherchait à s'affranchir de l'influence de l'Angleterre pour lui substituer celle, grandissante, des Allemands[268]. Le voyage connaît un grand retentissement en raison des accords politiques et économiques signés ensuite entre les deux empires. Au cours de ses visites dans diverses provinces de l'Empire ottoman, Guillaume II manifeste aussi son intérêt pour le patrimoine religieux et culturel. Lors de son passage à Damas, il fait déposer une couronne sur le tombeau de Saladin et engage officiellement la venue de savants allemands sur les sites de Baalbek et de Palmyre afin d'y faire des recherches approfondies.

Au cours de la même année, ainsi que l'année précédente, deux savants allemands avaient déjà entrepris d'explorer les contrées qui avaient fait partie dans l'Antiquité de la province romaine d'Arabie. L'orientaliste et philologue Rudolf Ernst Brünnow (1858-1917), d'origine allemande mais élevé aux États-Unis où il retourna enseigner en 1910, et le philologue et historien Alfred von Domaszewski (1856-1927), professeur à Heidelberg, font deux expéditions qui leur permettent de visiter de très nombreux sites de la Jordanie actuelle (de Madaba à Aqaba, *via* Pétra), le Hauran oriental de Bosra à Shahba et le site de Dmeir à l'est de Damas. Leur itinéraire détaillé, émaillé de très nombreux plans côtés très professionnels, de reconstitutions en élévation, de photographies de monuments et de camps militaires, ainsi que nombreuses copies d'inscriptions, constituent une somme scientifique de première importance encore utilisée par les chercheurs actuels[269].

C'est toutefois l'archéologue allemand Theodor Wiegand, qui a été nommé en 1897 directeur du département des Musées de Berlin en résidence à Constantinople et en même temps conseiller culturel à l'ambassade d'Allemagne, qui va être le grand organisateur des relations culturelles avec l'Empire ottoman. Il déploie une intense activité qui lui permet notamment d'obtenir le trans-

---

268. H. I. EL-MUDARRIS et O. SALMON, *Voyage en Orient de Guillaume II en 1898*, Aleppoart, 2010.
269. R. E. BRÜNNOW et A. von DOMASZEWSKI, *Die Provincia Arabia*, Strasbourg, K. J. Trübner, 1904-1909.

fert dans les Musées de Berlin de la moitié des objets découverts lors des fouilles prévues en Asie Mineure (Milet, Didymes), à Samos, à Baalbek et à Babylone. De 1916 à 1918, avec le titre d'inspecteur général des Antiquités pour la Syrie, la Palestine et l'Arabie occidentale, il dirige un grand « commando germano-turc », le *Denkmalschutzkommando*, chargé de faire des travaux topographiques, historiques et archéologiques sur plusieurs sites en Palestine et en Syrie dont ceux de Baalbek et de Palmyre. Theodor Wiegand dirige lui-même une mission à Palmyre en 1917 et ses observations furent complétées plus tard par celles de l'architecte Daniel Krencker venu en 1928. L'ensemble de leurs travaux, portant uniquement sur l'architecture de la ville antique et du château, fut publié en 1932 avec les travaux qu'avait effectués en 1902 l'archéologue Otto Puchstein, lequel avait également fouillé à Baalbek avec Bruno Schultz[270]. L'ouvrage fait encore autorité par les nombreuses figures et la précision des relevés, même si certaines conclusions furent critiquées dès sa parution, notamment par Franz Cumont qui minimise les vues de Wiegand sur l'importance de l'influence romaine et l'importation des rues à colonnades depuis l'Occident[271]. Cette influence allemande offusque par ailleurs certains savants français, comme l'archéologue Paul Perdrizet qui écrit en 1901 : « Les missions allemandes en Syrie font partie d'un plan politique. Ce n'est pas seulement pour faire déposer des couronnes sur le tombeau de Saladin que l'empereur s'intéresse à la Syrie. Et s'il est un pays où nous devrions veiller à maintenir l'influence française, n'est-ce pas la Syrie ?[272] ». C'est la défaite de l'Allemagne en 1918 qui signera la fin, temporaire, de cette influence au profit des puissances mandataires, l'Angleterre et surtout la France.

Les sympathies du sultan d'Abdul Hamid pour les chercheurs allemands, combinées à ses grands projets ferroviaires, favorisèrent l'exploration de la région du Jawlan par un ingénieur

---

270. D. Krencker, O. Puchstein, B. Schultz, C. Watzinger, T. Wiegand, K. Wultzinger, *Palmyra*, Berlin, Keller, 1932.

271. F. Cumont, *Revue de philologie et d'histoire*, 12, 1933, p. 724-726.

272. P. Perdrizet, « Les dossiers de P.-J. Mariette sur Ba'albek et Palmyre », *REA*, 3, 1901, p. 225-264.

germano-américain. Gottlieb Schumacher, dont les parents allemands avaient émigré aux États-Unis avant de venir s'installer à Haïfa, avait fait des études de mécanique en Allemagne et il occupait dans les années 1880 le poste d'ingénieur en chef de la province d'Acre. C'est à ce moment-là que le sultan décida de construire une voie ferrée entre Haïfa en Palestine et Dera dans le sud du Hauran qui devait se raccorder à la ligne du Hedjaz. Schumacher fut chargé de prospecter la région située à l'est du Jourdain ainsi que la partie occidentale du Hauran. Le travail qu'il y effectua entre 1884 et 1886 ne devait pas se limiter à des relevés techniques liés à sa tâche d'ingénieur. Il se livra en réalité à un véritable inventaire de l'ensemble des villages de la région, notamment ceux à l'est du Jourdain qui n'avaient pas encore été explorés. Il dressa des cartes détaillées, donna de nombreux plans de sites et de monuments, dessina des vestiges archéologiques, fit des copies d'inscriptions grecques, mais il livra aussi d'importantes analyses scientifiques de ce qu'il observait tant sur le plan géographique qu'historique. Une première publication parut en 1886 en anglais, avec les prospections détaillées d'une vingtaine de villages et de sites entre l'est du nahr er-Rukkad et la plaine occidentale du Hauran entre Nawa au nord et Dera au sud[273]. Deux ans plus tard parut en annexe du Palestine Exploration Fund la traduction en anglais de l'ensemble de sa prospection sur le Jawlan qu'il avait publiée en allemand deux ans auparavant[274]. Schumacher devait revenir en 1896 dans certains villages de la même zone, livrant de nouvelles observations sur les changements survenus depuis l'arrivée du chemin de fer[275], puis à nouveau en 1913[276]. Son travail, d'une grande utilité encore de nos jours, fut souvent pionnier, non seulement parce qu'il

---

273. G. SCHUMACHER, *Across the Jordan being an Exploration and Survey part of Hauran and Jaulan*, Londres, A. P. Watt, 1886.
274. G. SCHUMACHER, « Der Dscholan. Zum ersten Male aufgenommen und beschrieben », *ZDPV*, 20, 1897, p. 167-368 ; *Id.*, « The Jaulân. Surveyed for the German Society for the Exploration of the Holy Land », *PEFQSt*, avril 1888.
275. G. SCHUMACHER, « Das südlische Basan zum erstern Male aufgenomen und beschrieben », *ZDPV*, 22, 1899, p. 118-227.
276. G. SCHUMACHER, « Unsere Arbeiten im Ostjordanlande », *ZDPV*, 37, 1914, p. 45-54, 123-134, 260-266 et *ZDPV*, 38, 1915, p. 136-149.

visita des sites ignorés de ses prédécesseurs, mais aussi parce qu'il fit des descriptions complètes et scientifiques de ce qu'il observait. Parmi ses apports originaux, on retient notamment les très nombreux dolmens du Jawlan et la description détaillée de la curieuse ville souterraine de Dera avec un plan et des croquis. Toutefois, on s'étonne qu'un esprit scientifique comme lui ne puisse s'empêcher d'écrire : « Il est probable que ces cités souterraines sont le travail des premiers habitants du Hauran, ceux que l'on appelle les "Géants" dans les Écritures[277] ».

Parallèlement aux chercheurs allemands, arrive pour la première fois en Syrie, en 1899, toute une équipe d'archéologues, d'épigraphistes et d'architectes américains conduits par l'archéologue Howard Crosby Butler, soutenus par l'université de Princeton et un groupe d'hommes d'affaires new yorkais. L'équipe comptait plusieurs savants hellénistes et sémitisants de Princeton, William Kelly Prentice, Robert Garett et Enno Littmann. Escortés par un contingent de soldats armés et de 80 bêtes portant les bagages, ils explorent à partir d'Iskanderun [Alexandrette] tous les sites de Syrie du Nord qu'avait signalés de Vogüé en son temps, ainsi qu'une partie du Hauran au sud, mesurant et photographiant tous les monuments et les restes architecturaux d'importance.

Ill. 24. La maison à portique de Réfadè (Jebel Seman, Syrie du Nord), photographiée par l'expédition américaine de Princeton en 1905.

---

277. *Across the Jordan*, op. cit., p. 139.

De l'exploration individuelle aux expéditions collectives 177

Mais, à l'issue de cette première expédition, de nombreux secteurs avaient été négligés et d'autres méritaient d'être revus. À la suite de ce premier voyage, Butler fit toutefois une synthèse sur l'architecture de ces régions en la découpant par périodes historiques[278], tandis que Prentice publiait les inscriptions grecques inédites[279] et Littmann les inscriptions sémitiques[280]. Légèrement modifiée, avec F. A. Norris, qui remplaça Garrett comme cartographe, l'équipe revint durant l'hiver 1904-1905, puis au printemps 1909 pour achever son exploration de la Syrie dont certains sites n'avaient pu être que superficiellement étudiés lors de la précédente expédition en raison des intempéries. Ils parcoururent l'ensemble de la Syrie et se rendirent dans presque tous les villages de Syrie du Sud, y compris les plus petits, dont certains n'avaient encore fait l'objet d'aucune prospection. Ils retournèrent également dans les jebels du Massif Calcaire au nord (Ala, Barisha, Halaqa et Seman).

Cette immense entreprise donna lieu à plusieurs volumes de publications avec de nouvelles cartes plus précises, des commentaires sur chaque village, des plans, des reconstitutions de monuments, des photographies en grand nombre (plus de 1 500) et le relevé de plus de 800 inscriptions grecques et latines en grande partie inédites[281]. Butler est frappé par le nombre de monuments antiques encore préservés, même s'il déplore que le Sud ait beaucoup plus souffert du repeuplement que le Nord. La transformation des bâtiments en habitation et leur démolition pour en récupérer les blocs dans des constructions récentes de maisons ou de casernes turques avaient été particulièrement préjudiciables aux vestiges antiques. On citera notamment la destruction du grand temple de Mismiyyeh dans le nord du Hauran, totalement démantelé pour construire une caserne, encore en place aujourd'hui. Cet important travail des Américains est resté d'actualité, même si de nouvelles découvertes, faites après leur passage, apportèrent des éclairages nouveaux et conduisirent

---

278. H. C. BUTLER, *Publications of an American Archaeological Expedition to Syria in 1899-1900*, Part II, *Architecture and other Arts*, New York, 1904.
279. W. K. PRENTICE, *ibid.*, Part III, *Greek and Latin Inscriptions*, New York, 1908.
280. E. LITTMANN, *ibid.*, Part IV, *Semitic Inscriptions*, New York, 1904.
281. H. C. BUTLER, *Syria. Publications of the Princeton University Archaeological Expeditions to Syria in 1904-1905, and 1909*, Leyde, 1907-1930.

parfois à réviser leurs conclusions. Butler et son équipe eurent en effet tendance à attribuer aux Nabatéens tout ce qui ne leur paraissait pas d'époque romaine « classique », alors que ce qu'ils voyaient n'était que de l'architecture et de l'art pré-provincial dans lequel les Nabatéens n'avaient que peu à voir[282]. D'autre part, face à certains monuments en ruine, Butler et ses architectes, formés à l'architecture classique grecque ou romaine, ont souvent eu tendance à faire des reconstitutions grandioses assez éloignées de la réalité, comme en ont témoigné récemment les dessins effectués un siècle plus tôt par W. J. Bankes qui avait pu voir les bâtiments dans un meilleur état de conservation ; l'exemple du temple d'Hebran dans le Jebel Druze, pour ne citer que celui-là, est particulièrement significatif[283]. Quoi qu'il en soit, les Américains de Princeton avaient effectué un travail scientifique gigantesque qui fait encore autorité aujourd'hui chez tous ceux qui s'intéressent à la Syrie antique, ne serait-ce que parce que, depuis leur venue, les monuments ont encore subi des dégradations ou des disparitions multiples.

Gertrude Bell : première femme à explorer la Syrie (1900, 1905 et 1909)

Ill. 25. Photographie de Gertrude Bell

---

282. Par exemple à propos du sanctuaire de Baalshamin à Sia. Voir *infra* les corrections apportées par la Mission Française de Syrie du Sud à la suite de la reprise des fouilles de Sia dans le chapitre III.

283. A. SARTRE-FAURIAT, *Les voyages*, *op. cit.*, p. 116-117 et 203-206. Il en est de même pour les temples de Sleim et de Qanawat.

De l'exploration individuelle aux expéditions collectives 179

Au moment où les Américains effectuaient leur deuxième mission en 1905, une intrépide anglaise, Gertrude Bell, qui devait laisser son nom associé aux sites de l'Euphrate et de la Mésopotamie, parcourait les mêmes espaces et croisa leur route en Syrie du Nord. Gertrude Bell n'était pas la première Anglaise à se rendre en Syrie et à y laisser sa marque. Un siècle avant elle, Hester Stanhope, nièce du Premier ministre anglais William Pitt, s'établissait en Orient où, après de multiples aventures, elle finit sa vie en 1839 dans son domaine de Joun au Liban, don du pacha de Saint Jean d'Acre Abdallah Pacha[284]. Gertrude Bell partageait avec Hester Stanhope la jeunesse, la richesse et l'intrépidité, mais leurs différences se situaient dans l'intérêt que Bell portait aux vestiges du passé, contrairement à Hester Stanhope. Cette dernière, bien qu'ayant réussi à gagner la confiance des chefs de tribus de Palmyre qui la proclamèrent « reine de Palmyre » après son entrée triomphale sur le site en 1813[285], n'avait pas la fibre scientifique et des ruines de Palmyre par exemple elle ne retint pratiquement rien, préférant disait-elle « observer les Bédouins jusqu'à la perfection », se déclarant « plus intéressée par l'œuvre de Dieu que par celle des hommes. Ces rudes indigènes, avec leurs magnifiques aptitudes personnelles... donnent le plus merveilleux exemple de la force mentale et corporelle[286] ». On ne pourrait mieux dire que les Bédouins du désert la séduisaient plus que les colonnes de Palmyre !

Gertrude Bell aurait pu se contenter de faire des études sommaires et, comme son milieu l'y prédestinait, faire un beau mariage et avoir des enfants, mais elle est en réalité plus éprise de connaissances et de voyages. Gertrude, dès l'enfance, était de nature intrépide, et elle le prouva tout au long de sa vie. Au lieu d'être éduquée à domicile, elle fit ses études secondaires au

---

284. Voir p. 94.
285. Cf. le récit de LAMARTINE, qui fut son hôte à Joun, dans *Le voyage en Orient*, Paris, Gosselin, 1835, p. 148, et le témoignage quasi mythique d'un Bédouin, recueilli par J. S. BUCKINGHAM, *Travels AT, op. cit.*, p. 428-42 (traduction dans A. SARTRE-FAURIAT et M. SARTRE, *Palmyre. La cité des caravanes*, Paris, Gallimard, 2ᵉ éd., 2018, p. 116-117).
286. DUCHESSE DE CLEVELAND, *Life and Letters of Lady Hester Stanhope, by her niece the Duchess of Cleveland*, Londres, Murray, 1917.

Queen College à Londres, avant de s'inscrire en 1886 à l'université d'Oxford où, pour la première fois, les jeunes filles sont autorisées à suivre des cours. Innovation inouïe pour certains professeurs dont l'un demande que les jeunes filles qui assistent à son cours lui tournent le dos ! Gertrude, peu formalisée par cette attitude, s'enthousiasme pour l'histoire et ne craint pas de défendre ses idées de manière parfois un peu insolente et passionnée. Elle obtint son diplôme en 1888 avec la mention « Très Bien », première parmi les étudiants à obtenir cette distinction à la School of Modern History d'Oxford. Retourner ensuite à une vie provinciale et monotone n'était manifestement pas pour elle et la suite devait le démontrer[287]. Voyageuse infatigable, fascinée par l'archéologie du Proche et du Moyen-Orient, aventurière, agent secret, Gertrude Bell ne fit pas moins de trois voyages en Syrie entre 1900 et 1909.

1er voyage en Syrie du Sud et à Palmyre (1900)

Entre les années 1889 et 1904, Gertrude Bell voyagea presque continuellement de l'Europe à l'Asie et c'est en 1900 qu'elle se rendit pour la première fois à Jérusalem pour, de là, effectuer ses premières expéditions à Pétra, dans le Jebel Druze en Syrie du Sud, puis à Palmyre. Avec Gertrude Bell on retrouve l'esprit aventurier des premiers voyageurs dans la région. Elle se déplace seule, tout juste accompagnée de quelques serviteurs, d'un guide et de muletiers chargés de transporter ses malles cabines contenant ses robes du soir et sa porcelaine, son matériel de campement, et même sa baignoire portative qui l'attendent le soir à l'étape. C'est toujours ainsi qu'elle voyagea dans les années suivantes, ne se départissant jamais de ce raffinement et de cette élégance, même dans les endroits les plus improbables où elle tient toujours à cueillir des fleurs ou des herbes pour agrémenter sa table. Bien qu'elle ait concentré ses recherches et ses travaux archéologiques sur l'Anatolie (Binbir Kilisè) et surtout sur la Mésopotamie (Al-Ukhaidir), la Syrie ne lui est pas restée

---

287. Cf. C. MOUCHARD, *Gertrude Bell. Archéologue, aventurière, agent secret*, Paris, Tallandier, 2015.

étrangère[288]. Mais elle n'y fit aucune recherche archéologique particulière, se contentant parfois de recopier une inscription ou deux. Son premier voyage ne fit pas l'objet d'une publication spécifique. Il faut en chercher l'itinéraire dans son journal et dans les lettres qu'elle envoya à son père et que publia sa belle-mère, Florence, en 1927 après la mort de Gertrude[289]. Ce premier contact avec la Syrie devait la conduire depuis Jérusalem jusqu'à Damas d'où elle fit plusieurs excursions, à Palmyre et au Liban. Les nombreuses photographies qu'elle avait prises au cours de ce voyage furent intégrées dans l'ouvrage *The Desert and the Sown*, publié en 1907 à l'issue de sa seconde expédition de 1905, car il s'agit de sites où elle n'est pas revenue. Le 30 avril 1900, venant de Jérusalem, elle entre dans le Hauran par Dera où elle espère visiter la fameuse ville souterraine, reprenant les affirmations de nombreux voyageurs qui veulent que cela date « de l'époque de Og, roi du Bashan ». Elle ne dit pas comment elle en connaît l'existence ; peut-être a-t-elle lu l'ouvrage de J. G. Wetzstein, le consul de Prusse à Damas, qui fut le premier à l'explorer en 1858 et à en donner une description dans son récit de voyage[290], ou bien est-ce par la relation qu'en fit Merrill en 1881 en reprenant largement les descriptions de Wetzstein, faute d'avoir pu pénétrer très avant dans les galeries encombrées de débris[291], mais c'est plus sûrement par Schumacher qui en avait donné un plan dans son ouvrage après son passage en 1884[292]. Ce qu'elle ignore, apparemment, c'est que l'entrée fut bouchée entre 1886 et 1892[293] ; de fait, personne ne peut lui en indiquer l'emplacement et, après avoir creusé la terre pendant une heure pour ne finir

---

288. Sur les explorations et les fouilles de Bell, surtout en Mésopotamie, cf. L. COOPER, *In Search of Kings and Conquerors. Gertrude Bell and the Archaeology of the Middle East*, Londres-New York, L. B. Tauris, 2016.
289. Les carnets de route et les lettres sont en ligne sur le site de l'université de Newcastle (http://www.gerty.ncl.ac.uk) et une partie de la correspondance se trouve dans Lady BELL, *The Letters of Gertrude Bell selected and edited by Lady Bell*, D. B. E., 2 vol., Londres, E. Benn, 1927.
290. J. G. WETZSTEIN, *op. cit.*, p. 47-48.
291. S. MERRILL, *op. cit.*, p. 349-353.
292. G. SCHUMACHER, *op. cit.*, p. 121-148, fig. 49-72.
293. Cf. A. SARTRE-FAURIAT et M. SARTRE, introduction à *Adraa*-Der'a, *IGLS* XIV, p. 24-28.

par trouver que « des restes de repas de hyènes », elle repartit dégoûtée. Poursuivant vers l'est en direction de Jizeh, elle entre en contact pour la première fois avec l'architecture minérale du Hauran dont elle décrit en détail les modes de construction effectués sans le recours au moindre morceau de bois, que ce soit pour les plafonds, comme pour les portes et les fenêtres. Elle est le 2 mai à Bosra, accueillie par le « Mamur », l'agent du sultan pour la région, qui la fait monter sur le minaret de la mosquée d'Omar afin de contempler « les colonnes et les tours carrées noires sur chaque église et mosquée et le grand château » dans les murs duquel elle s'émerveille « des inscriptions en latin, grec, coufique[294] et arabe ».

Pour aller à Damas, son projet était de passer par le Jebel Druze et elle souhaitait s'y rendre par la route de Salkhad. Le Mudir, le gouverneur de la place de Bosra, tenta de l'en dissuader en lui disant qu'il n'y avait rien à voir, que la route était dangereuse et qu'il avait reçu un télégramme de Damas disant que l'on craignait pour sa sécurité. Gertrude, qui n'était pas femme à obéir, quitta donc Bosra de nuit, pour échapper à la garnison turque du château, prit la direction de Jmerrin, qu'elle avait visité la veille et dont elle connaissait la route, pour rejoindre Iré en pays druze où elle savait que le sheikh était toujours très accueillant envers les voyageurs étrangers[295]. Accompagnée d'un guide druze, elle peut enfin se rendre à Salkhad qui l'émerveille par son grand château au sommet d'un cône volcanique. Continuant sa route, elle gagne la montagne et forme le projet de monter sur le sommet du Jebel Kuleib à plus de 1 600 m d'altitude, mais le temps brumeux et froid l'en empêcha et elle se rendit donc directement à Qanawat et à Sia. Évitant Suweida, où elle craignait d'être arrêtée par les Turcs, elle rejoignit le pied du Jebel à Sleim et remonta le long de la bordure orientale du Leja. Regrettant de ne pouvoir aller sur le plateau, elle gagna directement Buraq

---

294. Le coufique est un style d'écriture de l'arabe, sous forme calligraphique, dont le nom dérive de la ville de Koufa en Iraq où elle s'est développée au IXe siècle.

295. Cela semble être resté une tradition dans le village, malgré le remplacement de la famille al-Hamdan par celle des el-Atrash à la tête de la communauté druze entre 1852 et 1857.

De *l'exploration individuelle aux expéditions collectives* 183

au nord du Leja, et parvint à Damas le 11 mai en suivant une caravane de chameaux. Après 10 heures de chevauchée, elle fit halte dans le souq pour y manger avec délice des « glaces faites de lait, d'eau et de citron, servies dans un bol chinois », avant de gagner son hôtel et de passer au consulat d'Allemagne pour récupérer son courrier. Depuis Damas, Bell ne pouvait pas ne pas aller à Palmyre et elle s'y rendit quelques jours après son arrivée à Damas. Il est intéressant de noter que cette intrépide avait pris la précaution d'en demander la permission à son père dont elle trouva la réponse favorable à son arrivée du Hauran. Peut-être avait-elle aussi besoin d'argent, parce qu'elle explique que « cela ne devrait pas être plus cher que tout le reste », mais « qu'il lui faudrait trois soldats » pour l'accompagner. Après une traversée du désert de plusieurs jours par Qaryatain, avec des nuits courtes et glacées, enveloppée dans une moustiquaire pour échapper aux insectes, des journées très chaudes et de l'eau de source qu'il fallait boire « les yeux fermés », elle arrive à Palmyre par la vallée des tombeaux le 20 mai 1900. Comme tous les voyageurs qui découvraient le site, Gertrude Bell est éblouie par « la plus belle chose qu'il lui ait été donné de voir dans le pays, excepté Pétra ». Mais elle ne s'y attarde pas et, après une courte visite à Qasr al-Hair Gharbiyeh, elle est de retour à Damas le 29 mai, après avoir fait une halte dans deux villages chrétiens, Maaloula et Saydnaya.

2ᵉ voyage en Syrie du Sud, au Liban et en Syrie du Nord (1905)

Gertrude Bell ne devait revenir dans le Hauran que cinq ans plus tard et publier cette fois l'itinéraire qui l'a conduite de Jérusalem à Antioche entre les mois de janvier et mai 1905. Abondamment illustré, l'ouvrage eut un grand succès lors de sa parution en 1907[296]. Après avoir visité Umm al-Jimal le 14 février, elle évite Bosra de peur sans doute d'avoir à se justifier de son attitude lors de son dernier passage cinq ans auparavant, mais

---

296. G. BELL, *The Desert and the Sown. Travels in Palestine and Syria*, Londres, W. Heinemann, 1907.

repasse à Salkhad pour continuer sa route dans la neige et le froid par les villages du sud et de l'est du Jebel Druze[297]. Mais, plus que les villages eux-mêmes, dont elle ne dit pratiquement rien, elle s'attache surtout à décrire les populations et leurs mœurs, à relater ses conversations avec les sheikhs druzes dont plusieurs s'intéressent à la guerre russo-japonaise pour la raison étrange qu'ils pensaient que les Japonais étaient druzes ! C'était sans doute pour la même raison que, comme l'expliquait Burckhardt en 1812, ils croyaient aussi que les Anglais étaient druzes parce qu'ils n'étaient ni musulmans, ni grecs, ni catholiques. On aurait tort de chercher dans cette partie de l'ouvrage consacrée au sud de la Syrie des informations précises sur les ruines et les monuments dont elle sait qu'ils ont déjà été visités et décrits par de Vogüé ou Dussaud. Toutefois, avant de rejoindre Damas, elle fait un aller-retour dans le Safa jusqu'au site de « Kalat el-Beida » [Qasr al-Abyad] auquel elle accorde une grande importance pour tenter de déterminer la date de construction du fort et signale en chemin les multiples graffitis safaïtiques, grecs ou arabes gravés sur les rochers et qu'avaient vus d'autres voyageurs avant elle. Elle transmit ses copies d'inscriptions safaïtiques à Littmann, lorsqu'elle le rencontra à Damas en mars 1905, et il intégra dans son corpus celles qui étaient inédites[298].

Après quelques jours passés à Damas, Bell reprend la route en direction de Baalbek, qu'elle connaissait déjà, mais tout ce qui était « au-delà vers le nord, était nouveau pour elle » ; cela explique qu'elle se livre à des descriptions plus précises de sa route et des monuments qu'elle croise, comme le temple de Laboué ou le mausolée de Hermel. Son séjour à Homs fut toutefois assez peu serein en raison de la curiosité de la population envers elle ; plus de trois cents personnes se pressaient dans son sillage et autour de sa tente dont « les hommes étaient assez désagréables, les femmes pires et les enfants les pires de tous,

---

297. Orman, Sahwet al-Khodr, Saleh, Saneh, Mushennef, Umm ar-Ruaq.
298. E. LITTMANN, *Semitic Inscriptions*, *IVc. Safaïtic inscriptions*, *Publication of the Princeton University Archaeological Expedition to Syria in 1904-1905 and 1909*, Leyde, Brill, 1943.

rien ne semblant pouvoir les écarter ». La ville en outre lui paraît d'assez peu d'intérêt, excepté la porte de Tripoli et « l'ouvrage de brique romain », sans doute le mausolée des Sampsigérames qu'elle ne semble pas avoir reconnu. En revanche, après son passage au Krak des chevaliers, Massyaf et Hosn al-Suleiman, elle est enchantée par Hama et ses norias, son architecture à bandes blanches et noires, les rues recouvertes de voûtes et les souqs, moins défigurés que ceux de Damas et de Homs couverts de tôles. À Qalaat Mudiq, elle sait qu'elle se trouve sur le site d'Apamée des Séleucides et elle signale les rues à colonnades, les murailles et les temples. Avant de rejoindre Alep, elle traverse plusieurs villes mortes du Jebel Zawiyeh qu'avaient déjà explorées de Vogüé et Butler[299]. À Tarutin, elle rencontre la mission de Princeton qui travaillait sur le site et où, selon ses dires, elle prit une « leçon d'archéologie », puis elle passe à Mgharah où elle évoque des tombes rupestres. Elle ne reste que deux jours à Alep qui ne lui fait pas bonne impression à la fois en raison du mauvais temps, des mauvaises odeurs et du vent. Certes, la ville a du charme et de très beaux monuments, mais elle la trouve endormie sur son passé, en déclin économique et elle ne réussit pas vraiment à connaître la société locale bien qu'elle ait été reçue par le pacha et que son ami Mohammad Ali et sa femme anglaise aient favorisé ses visites et déplacements.

Elle repart en direction d'Antioche par la « grand-route d'Alexandrette » qui la conduit à Saint-Siméon d'où elle explore plusieurs sites au nord et à l'est du Jebel Seman[300] avec un guide turc yezidi qui savait comment il fallait faire pour atteindre les villages. En effet, Bell ne possède pas de cartes détaillées de la région dont certains villages n'ont pas été visités par les voyageurs précédents et qui, au moment où elle s'y rend, n'ont pas encore fait l'objet d'exploration par la mission américaine de Butler. En repartant du village de Basufan par un chemin « incroyablement pierreux », elle redescend en direction

---

299. Kafr Ambil, Khirbet Hass, El-Bara, Serdjilla, Deir Sambil, Ruweiha, Dana-Sud.

300. Burjkeh, Surkanya, Fafertin, Kharab Shams, Burj el-Kass, Qalota, Brad, Keifar, Kafr Nabu, Basufan, Burj Haidar et Kafr Lab.

des Jebel Barisha et Ala, rejoint la plaine de Sarmada et passe à Dana-Nord puis à Bab el-Hawa par la route romaine. Suivant la vallée, elle se rend à Babisqa où un berger lui apprend qu'il n'y a pas de chemin pour atteindre le site de Baqira qu'elle souhaitait voir. Compte tenu de l'heure avancée, le berger n'avait pas l'intention de l'accompagner, mais comme le dit Gertrude « je n'avais pas fait autant de miles pour échouer » et, « grâce à un mélange d'intimidation et de persuasion », le berger finit par accepter de lui montrer la route. Mais au bout d'une heure il s'arrêta et se contenta de montrer du doigt le village sur la colline avant de faire demi-tour. Les chevaux étaient exténués par la montée dans les cailloux et Gertrude, « pour ne pas avoir fait tout ce chemin en vain si près du but », décide alors de finir la montée seule à pied pendant encore une demi-heure. Ce fut un épisode marquant pour elle et bien propre à enflammer son esprit romantique que cette montée au soleil couchant parmi les fleurs et son arrivée au pied du temple dans un site désert avec, au loin, le son d'une flûte de berger[301]. Redescendue au pied de la colline, elle retrouve son serviteur qui avait été très anxieux qu'elle ne croise un voleur ; ils reprennent leur chemin en direction de Dehès où ils avaient établi leur camp pour la nuit. Avant de quitter le Jebel, Gertrude Bell tenait à voir un dernier site, celui de Qalb Lozeh et sa belle église du ve siècle. Enfin, rejoignant Harim dans la vallée de l'Oronte, elle arrive à Antioche et poursuit sa route en direction de la Cilicie où elle découvre pour la première fois le site de Binbir Kilisè où elle devait revenir deux ans plus tard faire des fouilles avec l'archéologue anglais William Ramsay.

Son récit, émaillé d'anecdotes et de dialogues avec les personnes qu'elle rencontre, ne donne pas vraiment de descriptions précises des villages et des paysages. Elle se comporte comme les voyageurs du siècle précédent, parcourant le pays de manière à voir le plus de choses possible, mais de façon relativement superficielle. Et si, pour quelques villages, elle est la première à s'y rendre et à faire des photos, ce sont les Américains de Princeton qui, la même année puis à nouveau en 1909, donne-

---

301. Le temple se situe à Burj Baqira et il était encore debout en 2011.

ront les descriptions les plus complètes sur tous ces villages et d'autres encore avec des plans côtés et des reconstitutions des différents monuments (églises, tombes, maisons) qui faisaient le grand intérêt de la Syrie du Nord.

La route de l'Euphrate (1909)

Gertrude Bell, toutefois, apporta une autre pierre à la connaissance archéologique de la Syrie en raison du trajet qu'elle effectua le long de l'Euphrate lorsqu'elle se rendit en Mésopotamie en 1909. La partie amont du fleuve, à partir de Jerablous, avait déjà été parcourue par plusieurs voyageurs au XVIIIe siècle (H. Maundrell, puis R. Pockoke[302]), mais lorsqu'ils poursuivaient jusqu'en Mésopotamie, la plupart d'entre eux traversaient par le désert depuis Alep par Taybé et rejoignaient le fleuve à la hauteur d'Anat. Seul P. Della Valle, abordant l'Euphrate à Mayadin en 1614, descendit la vallée par la rive droite jusqu'à Anat avant de traverser le fleuve pour se rendre à Babylone.

Début février 1909, après avoir passé un an en Angleterre, Gertrude Bell, venant d'Égypte, débarque à Beyrouth et se rend rapidement à Alep où, cette fois, elle prend davantage de temps pour apprécier la ville et la richesse de ses monuments[303]. Après avoir réuni tout ce qui était indispensable à son voyage vers la Mésopotamie (nourriture pour les humains et les chevaux, vêtements pour toutes les circonstances, matériels divers), elle prend la route en direction de Bab et Membidj pour gagner l'Euphrate avec l'intention de le suivre jusqu'à Bagdad par la rive gauche. Ce projet la distingue de ses prédécesseurs qui, lorsqu'ils avaient emprunté la vallée, l'avaient fait par la rive droite et pas systématiquement sur une aussi longue distance. Il semble qu'elle ait été convaincue de l'intérêt de cet itinéraire par l'archéologue allemand Bernard Moritz qu'elle avait rencontré peu de temps auparavant au Caire où il était bibliothécaire de la Khedivial Library. Il lui avait dit « qu'il serait très profitable de s'y rendre et ce qui devait y être fait[304] ». Moritz, qui était un spécialiste

---

302. Voir *supra*, p. 62-68.
303. G. BELL, *Amurath to Amurath*, Londres, W. Heinemann, 1911, p. 1-16.
304. Lettre de Gertrude Bell, 29 janvier 1909.

d'inscriptions arabes, avait beaucoup voyagé en Égypte et au Moyen-Orient et avait participé à la mission de Robert Koldewey sur les sites sumériens de Basse Mésopotamie, Zurghul et al-Hiba. L'archéologue allemand Max von Oppenheim, qui était au Caire au même moment, semble avoir, lui aussi, eut un rôle dans le montage de l'expédition de Bell à laquelle il dut fournir des indications, en raison du récent voyage qu'il avait effectué en Mésopotamie en suivant le fleuve, et en lui conseillant d'utiliser les meilleures cartes du moment, celles de Kiepert. Les Kiepert père puis fils étaient des géographes et cartographes allemands qui, outre leurs cartes de plusieurs continents, avaient réalisé celles des itinéraires de voyageurs en Orient au XIXe siècle (G. Robinson[305], E. Sachau en 1879[306], M. von Oppenheim[307] et H. Lucas en 1899). En 1900, Richard Kiepert avait publié une carte détaillée intégrant aussi les relevés du lieutenant-colonel Francis R. Chesney[308] et du géologue William F. Ainsworth, carte qui devint la référence, malgré ses imperfections et ses erreurs, jusqu'au travail de R. Dussaud[309].

Au départ d'Alep, Gertrude Bell suit la route traditionnelle par Bab et Membidj-*Hiérapolis* relevant au passage la présence de bornes milliaires de Septime Sévère. À *Hiérapolis*, elle signale les remparts et un grand bassin avec un autel au milieu,

---

305. G. ROBINSON, *op. cit.*
306. E. SACHAU, *Reise in Syrien und Mesopotamien*, Leipzig, F. A. Brockhaus, 1883.
307. M. VON OPPENHEIM, *Vom Mittlemeer zum Persischen Golf*, Berlin, D. Reimer, 1899.
308. Chesney avait été chargé par le gouvernement britannique de trouver un accès commode aux Indes et d'explorer les possibilités de navigation fluviale. En 1836, il devait effectuer une reconnaissance de l'Euphrate entre Birecik et le golfe Persique relatée dans *The Expedition for the Survey of the rivers Euphrates and Tigris*, Londres, Longman & co., 1850. W. F. Ainsworth, qui fit partie de la première exploration de 1836, devait en refaire une deuxième en 1865 ; il publia *Travels and Researches in Asia Minor, Mesopotamia, Chaldea and Armenia*, Londres, 1842 et *A Personal Narrative of the Euphrates Expedition*, Londres, J. W. Parker, 1888. Il est question de Chesney (p. 141) lorsqu'il accompagna G. Robinson en 1830 dans le Hauran et fit une incursion rapide dans quelques sites du Leja.
309. R. DUSSAUD, *Topographie historique de la Syrie antique et médiévale*, Paris, Geuthner, 1927.

ancien lac sacré du sanctuaire d'Atargatis, déesse syrienne, où étaient élevés dans l'Antiquité les poissons consacrés à la divinité. À l'époque où Bell vient à Membidj-*Hiérapolis*, on pouvait encore voir des fragments de colonnes et de blocs antiques et deviner les traces d'un théâtre et d'un stade. Tout ou presque a aujourd'hui disparu, et c'est un terrain de football qui occupe l'emplacement du lac ! À trois heures de route de Membidj, elle rejoint l'Euphrate à la hauteur de Tell Ahmar d'où elle prend un bac pour traverser le fleuve et explorer ce tell que lui avait recommandé son ami l'archéologue David Hogarth qui y était venu en 1908[310]. Tell Ahmar conservait de nombreux vestiges hittites en surface et G. Bell fit dégager une des stèles inscrite et sculptée en bas-relief d'un roi se tenant debout sur un taureau dont l'indentification divise les villageois sur le fait de savoir si ce n'était pas plutôt un porc[311] ! Un peu plus loin, à Kubbè, elle découvre une tête de lion et, dans le cimetière, une inscription fragmentaire en latin. Puis, à Kara Kazak, elle trouve des quantités de pierres taillées et moulurées ainsi que des jambages de portes massifs, à demi enterrés dans le sol, dont elle pense qu'il s'agit de vestiges d'une ville byzantine. La proximité de Karkemish lui fait retraverser le fleuve pour voir ce site couvert de ruines romaines et byzantines qui avait déjà été partiellement exploré par des savants européens comme P. Henderson en 1878 et 1881, D. Hogarth en 1908 et 1911, puis Leonard Wooley en 1912-1914, missions auxquelles participa le fameux Thomas E. Lawrence qui devait s'illustrer lors de la révolte arabe contre les Turcs. Revenue rive gauche, Bell continue sa chevauchée en explorant systématiquement tous les sites où l'on pouvait voir des ruines ou soupçonner un site historique de quelque période qu'il soit, tant sur le plateau que sur les rives de l'Euphrate[312]. En vingt-six jours depuis Alep, elle en visite plus d'une centaine jusqu'à Anat, dont seu-

---

310. Hogarth lui aurait demandé de faire des estampages des inscriptions, car il n'était pas satisfait des siens, ainsi que des photos qu'elle lui apporta à son retour à Oxford.

311. G. BELL, *op. cit.*, p. 28-29.

312. Cf. le relevé de l'ensemble des sites et de leur contenu archéologique d'après les écrits de G. Bell dans J. GABORIT, *La vallée engloutie. Géographie*

lement quelques-uns avaient été signalés de façon rapide par des voyageurs précédents, soit qu'ils s'y soient rendus comme l'Allemand Max von Oppenheim en 1899[313] ou le Français Henri Pognon[314], soit qu'ils les aient vus depuis leur bateau comme l'Anglais F. R. Chesney. Elle note soigneusement les emplacements des sites qui ne figuraient sur aucune carte et prend des photos panoramiques pour en faciliter le repérage géographique ultérieur. Tous ces lieux étaient les témoins de l'occupation humaine de la vallée depuis les plus hautes périodes de la Préhistoire jusqu'à la période pré-islamique. Tous ne présentaient pas un aspect spectaculaire et beaucoup étaient devenus des tells dont rien n'était visible en dehors d'objets de surface, mais d'autres conservaient encore des vestiges assez spectaculaires. C'est le cas de Serrîn où, dans un lieu que les Arabes appelaient les « moulins à vent », se dressaient encore deux grandes tours funéraires dont l'une mesurait plus de 4 m de haut. Une inscription syriaque en attribuait la construction à un certain « Manu pour lui et ses fils en 385 des Séleucides », c'est-à-dire en 74 av. J.-C. Bell fit une description précise de la tour, avec un plan et un croquis d'élévation partielle, la photographia et discuta de son architecture, comparée à d'autres modèles en Orient ou en Afrique du Nord[315]. La tour était environnée de tombes rupestres appartenant à la nécropole d'une ville disparue que Bell propose d'identifier avec la *Baisampse* du géographe Ptolémée. Spectaculaires étaient aussi le château d'époque islamique de Qalaat Jaber ou le site de Zelabiyeh sur le rebord de la falaise. Ce dernier faisait face au site jumeau, sur la rive droite, de Halabiyeh dont la construction initiale était attribuée à Zénobie de Palmyre au

---

historique du Moyen-Euphrate, 2 vol., BAH 199, Beyrouth, Presses de l'Ifpo, 2015 ; et un aperçu plus succinct dans L. COOPER, *op. cit.*, 2016.

313. M. VON OPPENHEIM et H. LUCAS, « Griechische und Lateinische Inschriften aus Syrien, Mesopotamien und Kleinasien », *Byzantinische Zeitschrift*, 14, 1905, p. 1-74 ; M. VON OPPENHEIM, *Tell Halaf un die verschleierte Göttin*, Leipzig, Hinrichs, 1908.

314. H. POGNON, *Inscriptions sémitiques de la Syrie, de la Mésopotamie et de la région de Mossoul*, Paris, Imprimerie nationale, 1907.

315. G. BELL, *op. cit.*, p. 35-37.

IIIe siècle de notre ère. Remarquables aussi étaient les tours funéraires du Jebel Baghouz à la hauteur d'Abu Kemal, toujours dressées sur leur colline en 2011.

Ill. 26. Site de Halabiyeh

Les observations de Bell sur l'Euphrate ne se limitèrent pas aux ruines, elle prit aussi de nombreuses notes sur les populations qu'elle rencontrait et sur les paysages. Si parfois ses descriptions peuvent sembler un peu superficielles, elle fit néanmoins un travail de repérage qui fut d'une grande utilité lorsque plusieurs des sites qu'elle avait répertoriés firent l'objet de fouilles après la Première Guerre mondiale ou de fouilles d'urgence avant la mise en eau des barrages sur l'Euphrate dans les années 1960-1970[316]. Sans compter que ses innombrables photos (plus de 200) restent des témoignages importants de ce qu'étaient ces sites et leurs monuments avant les dégradations dues au temps et aux guerres dont les plus récentes en Iraq et en Syrie ont grandement endommagé ou fait disparaître le patrimoine de ces deux pays.

La Première Guerre mondiale devait donner un coup d'arrêt aux voyages et aux prospections archéologiques en Syrie pour lesquelles les missions allemandes s'étaient multipliées

---

316. J. GABORIT, *op. cit.*

sur l'Euphrate. Ernst Hertzfeld et Friedrich Sarre, qui avaient exploré en 1907 la rive droite entre Meskéné et Deir, revinrent en 1910 et 1912 sur les sites de Rahba et Doura ; P. Maresh visita Zelabiyeh en 1909. Des Français continuaient les prospections épigraphiques, en particulier les pères de l'École biblique de Jérusalem, comme Paul-Marie Séjourné en 1898, Raphaël Savignac avec Félix-Marie Abel en 1904-1905 dans le Jebel Druze, ou Antonin Jaussen avec Raphaël Savignac qui firent une mission épigraphique à Palmyre en 1914. Cette familiarité avec le terrain valut à certains d'entre eux, moins célèbres que Lawrence, d'être recrutés par les divers services de renseignement pendant la guerre[317]. Ce fut le cas du père Antonin Jaussen qui, après avoir été brièvement prisonnier des Turcs, fut recruté comme officier de renseignement dans les troupes françaises du Levant. Max von Oppenheim quant à lui, directeur du service de renseignement allemand pour le Moyen-Orient, s'employait à susciter des rébellions dans l'Empire britannique et dans les pays sous l'influence des Anglais. Nommé « Aryen d'honneur » entre les deux guerres par les nazis, il eut beaucoup de mal à retrouver une activité archéologique lors du mandat français en Syrie.

Le retour de la paix en 1918 et le nouvel ordre mis en place sur les ruines de l'Empire ottoman allait redéfinir les zones d'influence au Proche-Orient. La période du mandat français en Syrie à partir de 1920 relança à grande échelle les recherches archéologiques et posa les bases d'une véritable recherche scientifique durable avec des institutions chargées de la gérer, institutions que la Syrie conserva après son indépendance en 1946.

---

317. Cf. « Jaussen et les services de renseignement français (1915-1919) », dans H. LAURENS, *Orientales II. La IIIe République et l'Islam*, Paris, CNRS Éditions, 2004, p. 143-159.

Troisième partie

L'archéologie en Syrie
du mandat français à la guerre civile
(1920-2011)

I
Le mandat français et l'organisation de l'archéologie au Levant

Le démantèlement de l'Empire ottoman après la Première Guerre mondiale eut pour conséquence, entre autres, de confier à la France un mandat de tutelle sur les territoires du Levant (Liban et Syrie). La France, nous l'avons vu précédemment, avait déjà créé des liens scientifiques forts avec ces territoires et le mandat, officiellement confirmé par la conférence de San Remo en avril 1920, contribua à les renforcer avec la création d'institutions propres à y gérer et organiser les recherches archéologiques et historiques. La France avait en effet pris beaucoup de retard institutionnel dans le domaine scientifique, non seulement par rapport aux Anglais et aux Allemands, mais également dans les pays du Levant eux-mêmes par rapport à ses investissements en Égypte, Italie ou Grèce où des Écoles françaises pour la recherche avaient été ouvertes au XIXe siècle. Dès 1829, un Institut de correspondance archéologique avait été installé à Rome qui deviendra l'École française de Rome en 1875 ; l'École d'Athènes est fondée en 1846, et il existe au Caire depuis 1880 une Mission Permanente qui prit ensuite le nom d'École française du Caire ; enfin, une mission archéologique est installée à Constantinople en 1894. Il avait bien été question de créer à Beyrouth un Centre français d'études orientales dès 1882, à l'imitation de ce qui avait été fait au Caire, mais le projet avait été ajourné par le ministère de l'Instruction publique, malgré l'implication du grand savant qu'était Charles Clermont-Ganneau.

La nomination de personnalités scientifiques réputées à la tête des services dédiés à la recherche après la guerre accéléra considérablement la mise en place d'institutions indispensables au soutien des missions, chargées d'ouvrir des chantiers nouveaux ou de poursuivre les anciens. Au Liban, et surtout en Syrie au cours des années du mandat jusqu'en 1945, plusieurs chantiers de fouilles et des prospections furent encouragés dont les résultats firent considérablement avancer les connaissances sur l'histoire de ces pays depuis les plus hautes époques. Lors de l'indépendance acquise finalement en 1946, bien que le Grand Liban ait été séparé de la Syrie, les institutions mises en place par la France se maintinrent et le travail engagé se poursuivit avec profit jusqu'en 2011, date à laquelle la guerre civile en Syrie mit non seulement un coup d'arrêt aux recherches de terrain, mais ravagea de façon dramatique, et pour certains de façon définitive, l'ensemble des sites archéologiques.

La formation d'un service des Antiquités

La fréquentation de la Syrie et de son patrimoine par de nombreux savants au cours du XIXe siècle avait convaincu beaucoup d'entre eux de la nécessité de créer les conditions de sa sauvegarde et de mettre en place des institutions spécifiques à ce pays pour y protéger et entretenir le riche potentiel archéologique, en même temps que favoriser le travail des chercheurs dont l'Empire ottoman ne se souciait guère. Une fois la guerre terminée, l'éviction de l'Empire ottoman de ses territoires du Levant réveilla chez les savants français le désir de faire aboutir de multiples projets élaborés avant 1914, en s'appuyant sur les autorités militaires qui devaient gérer le pays afin de le doter des mesures indispensables. Un grand congrès français de la Syrie, réuni à Marseille en 1919, formula parmi ses conclusions le vœu de voir la France prendre en main l'organisation d'instituts scientifiques et la création d'un service des Antiquités. Son président Ernest Babelon trouva des accents lyriques pour défendre la place historique de la France au Proche-Orient « dont la tradition remonte aux Croisades » et qui faillirait « à ne pas faire respecter après la victoire des armes ses droits séculaires et se laisser ravir par d'autres ce patrimoine intellectuel et scientifique[318] ».

L'archéologue et helléniste Joseph Chamonard fut chargé la même année, et donc avant même l'officialisation du mandat, de réfléchir à ce que devrait être ce service des Antiquités de Syrie. Dans un article paru en 1920 dans le premier numéro de la revue *Syria*, il faisait un constat terrible de la situation des antiquités dans le pays, en butte aux destructions et aux disparitions, « sans conteste la plus lésée des provinces de l'Empire ottoman », ajoutant : « il n'en fut pas de moins protégée, ni de plus frustrée du bénéfice de sa richesse ». C'est ainsi qu'il cite l'exemple du théâtre romain de Jéblé « le plus beau monument romain de toute la côte de Phénicie » selon E. Renan en 1860, et que van Berchem trouve en 1895 « ayant subi de rudes assauts ainsi qu'en témoignent les maisons arabes construites à ses dépens, sur les ruines mêmes ». L'église de Tourmanin en Syrie du Nord, presque intacte en 1860 lors du passage de de Vogüé, est totalement détruite d'après l'archéologue Maurice Pillet qui n'a pu en retrouver que l'emplacement en 1919. On peut également citer les ravages perpétrés dans les nécropoles livrées aux pilleurs de tombes[319]. J. Chamonard n'est pas plus tendre avec les autorités turques, en l'occurrence le directeur du Musée d'Istambul, Hamdy Bey, qui avait rempli les salles des plus beaux objets mis au jour par les missions archéologiques, sans trop se soucier de les laisser dans leur contexte, ou d'en renseigner la provenance exacte. Par ailleurs, le sultan lui-même pouvait distribuer à des particuliers ou à des États étrangers des pièces provenant de fouilles ou des trafics illicites qui allaient enrichir les musées européens (Louvre, British Museum, Glyptothèque de Copenhague, etc.). Ce fut le cas, entre autres, des blocs sur lesquels était gravé le Tarif de Palmyre, concédés en 1888 au prince Abamalek Lazareff, archéologue amateur, qui les fit transporter au musée de l'Ermitage à Saint Pétersbourg,

---

318. E. BABELON, « Le congrès français de la Syrie. Les travaux de la section d'archéologie et d'histoire », *CRAI*, 1919, p. 227-228.

319. J. CHAMONARD, « À propos du service des Antiquités de Syrie », *Syria*, 1, 1920, p. 81-98.

ou des plus belles pièces de Baalbek envoyées à Berlin dans les caisses de la mission allemande. Chamonard préconisait donc : « inventaire, classement, entretien, réparation et surveillance des ruines par des inspections régulières, création de Musées ».

Mais la situation au lendemain de la guerre était assez confuse sur l'avenir archéologique des territoires occupés, sur lesquels les Britanniques exerçaient un contrôle général, tendant à exclure des recherches les savants d'autres nationalités. Plusieurs rencontres eurent lieu en 1919 entre les Britanniques et les Français pour tenter de trouver un accord qui ne léserait personne et qui protègerait le patrimoine syrien des exportations des trouvailles archéologiques au British Museum. Le retrait des troupes britanniques de Syrie et l'arrivée des troupes françaises du général Gouraud devaient, dans l'immédiat, régler la question archéologique en réservant son organisation à la puissance mandataire, mais restait néanmoins le problème de la réciprocité en matière de recherches dans les espaces partagés entre la France et la Grande-Bretagne. Le cas se posait surtout en Palestine, sous autorité britannique, où la France avait des institutions archéologiques et des chantiers en cours. Depuis les années 1850, les savants français s'y succédaient dans le sillage pionnier de Frédéric de Saulcy, puis de Charles Clermont-Ganneau à partir de 1867. En 1882, les Dominicains installés au couvent Saint-Étienne de Jérusalem avaient créé une mission d'Études bibliques et orientales pour les Français désireux de poursuivre des recherches en Palestine. Il s'agissait de contrebalancer les autres institutions étrangères, allemandes, anglaises ou russes. En 1890, cela devint l'École pratique d'études bibliques qui accueillait des chercheurs, tant ecclésiastiques que laïcs, avec pour but « l'enseignement de l'archéologie sacrée, l'étude des langues orientales, des monuments et de la géographie exégétique ». Des conférences, des excursions d'étude avec des étudiants étaient aussi au programme de l'institution. En 1892, est fondée la *Revue Biblique* qui doit diffuser « l'exégèse, l'histoire de l'exégèse, la théologie scripturaire, la controverse biblique, l'archéologie, la géographie, la philologie des langues sémitiques, les découvertes récentes et la bibliographie ». Il s'agissait donc de ne pas laisser le champ libre aux Anglais.

Le mandat de la France s'exerça par l'intermédiaire d'un Haut-commissariat de la République française dont la direction fut confiée par Clémenceau au général Gouraud. En 1920, montrant que l'archéologie faisait bien partie de ses préoccupations, celui-ci mit en place à Beyrouth un service des Antiquités qui dépendait du ministère de l'Instruction publique en France et dont le premier directeur fut, d'abord de façon éphémère, Joseph Chamonard, puis l'orientaliste Charles Virolleaud qui resta en poste jusqu'en 1929.

L'organisation de la recherche

Parallèlement au service des Antiquités, l'Académie des Inscriptions et Belles-Lettres à Paris patronna une Mission archéologique permanente organisée en janvier 1921, destinée à accueillir les chercheurs lors de leurs missions et un Institut français d'archéologie et d'art musulman fut ouvert l'année suivante à Damas dans l'enceinte du palais Azem, dirigé par Eustache de Lorey[320]. Enfin, une législation nouvelle permit, comme l'avait préconisé Joseph Chamonard, une surveillance plus étroite du patrimoine. Désormais, des inspecteurs des Antiquités seraient affectés dans trois zones : région côtière et Liban, zone est du Liban à l'Euphrate et zone sud pour la Palestine. Ils étaient chargés de faire un inventaire détaillé des monuments antiques de leur zone et un bilan de leurs dommages. Confiées au départ à des militaires, ces tâches sont rapidement dévolues à des spécialistes des antiquités gréco-romaines, arabes et franques chargés d'appliquer les directives, avant que du personnel local soit formé pour prendre le relais. Deux musées sont aussi créés, l'un à Damas pour l'art arabe, l'autre à Beyrouth pour l'art antique, afin de conserver les objets découverts après partage avec les

---

320. Sur l'évolution de cet institut voir : R. AVEZ, *L'institut français de Damas au palais Azem (1922-1946), à travers les archives*, Damas, Presses de l'Ifpo, 1993.

institutions patronnant les recherches. Un autre fut installé à Alep un peu plus tard pour répondre à la conservation des trouvailles de Tell Halaf, Arslan Tash et Tell Ahmar, tandis qu'on envisageait d'installer des dépôts d'antiquités à proximité des zones de recherches archéologiques.

Pour compléter les dispositions, l'orientaliste René Dussaud fonde en 1920 la revue *Syria* et la collection de la Bibliothèque Archéologique et Historique (BAH), destinées à publier les articles et les synthèses scientifiques issus des recherches effectuées au Liban et en Syrie. Il avait fallu moins d'une année pour doter le Proche-Orient des structures qui lui faisaient défaut, pour développer la recherche et contrôler son fonctionnement, à l'instar de ce qui se faisait déjà en Égypte ou en Tunisie. Des dispositions identiques furent également mises en place en Iraq, en Palestine et en Transjordanie par les autorités mandataires britanniques. Avec ces dernières, des accords de réciprocité et d'égalité entre les savants furent conclus pour accorder des concessions de fouilles aux autres puissances alliées, ce qui impliquait la mise à l'écart des savants allemands, ce dont M. von Oppenheim devait pâtir un certain temps avant d'obtenir enfin un site de fouilles.

Les débuts de l'ouverture aux autres nations

Cette ouverture à des missions étrangères illustra tout particulièrement le mandat du nouveau directeur des Antiquités, Henri Seyrig, qui succéda à Virolleaud en 1929. Seyrig possédait de solides qualités, autant sur le plan scientifique que personnel, et il connaissait bien le Proche-Orient pour avoir fouillé à Séleucie de Piérie avec Paul Perdrizet, et à Palmyre. Neuf ans après sa création, le service des Antiquités devait faire face à des tâches de plus en plus amples, et les prétentions allemandes sur l'archéologie en Syrie inquiétaient beaucoup les autorités françaises. Une réforme des institutions était devenue nécessaire, et le ministère des Affaires étrangères en confia la mission à R. Dussaud. Ce dernier, éminent savant orientaliste spécialiste du Proche-Orient, avait effectué de nombreux travaux en Syrie (cf. *supra*). Il était alors directeur du musée du Louvre, membre de l'Académie des Inscriptions et Belles-Lettres et de plusieurs commissions archéologiques au Proche-Orient, et il régnait en maître sur toutes les décisions à prendre.

Les années 1930, sous sa direction, vont voir s'accroître les missions ouvertes à des savants étrangers, ce qui avait l'avantage de multiplier aussi les chantiers et de faire avancer les découvertes tout en dégageant la France d'obligations financières lourdes. Dussaud toutefois, dans son rôle de directeur du musée du Louvre, était plus réservé sur l'ouverture aux collaborations, car il estimait que les accords de partage faisaient perdre à la France des lots importants d'objets, d'autant plus qu'en Syrie l'État recevait aussi sa part. Pour certaines missions, Dussaud imposa donc que les Français se contentent de leurs seuls crédits, comme à Tell Ahmar que fouillait François Thureau-Dangin ou à Khan Sheikoun avec Robert Du Mesnil du Buisson[321]. Sans pouvoir énumérer tous les chantiers qui furent effectués par des missions étrangères, on peut citer les missions danoises dirigées par Harald Ingholt dans la nécropole sud-ouest à Palmyre en 1924-1925, puis à Hama en 1930 ; celles des Tchèques à Sheikh Saad dans le Sud en 1924, puis à Tell Arfad au nord d'Alep, avec Bedrich Hrozny ; celles des Belges à Apamée à l'initiative de Franz Cumont, avec Ferdinand Mayence qui dirigea les fouilles de 1930 à 1938 ; des Anglais avec Max Mallowan sur l'Euphrate à Chagar Bazar à partir de 1935, puis à Tell Brak, et des Américains à Doura en 1928. Même le sulfureux baron allemand Max von Oppenheim, espion patenté et actif au service de l'Allemagne avant 1914, se vit finalement accorder en 1927 le site néolithique de Tell Halaf en Jézireh et celui de Djeblet al-Beida, mais entouré d'un luxe de précautions administratives et d'une surveillance rapprochée visant à limiter son champ d'action et ses capacités de nuisance[322].

---

321. N. CHEVALLIER, *La recherche archéologique française au Moyen-Orient 1842-1947*, Paris, Éditions Recherche sur les Civilisations, 2002, p. 320 et n. 362, qui renvoie à un courrier de Dussaud du 9 octobre 1929 au ministère de l'Instruction publique.

322. Cf. *Id.*, p. 314-319.

II

Les grands chantiers archéologiques en Syrie sous le mandat

Parmi les missions du service des Antiquités figurait celle de développer la recherche sur le terrain à laquelle des crédits spécifiques étaient alloués par le Haut-commissariat, répartis par l'Académie des Inscriptions et Belles-Lettres. En dépit des difficultés dues à une faible dotation financière, des chantiers s'ouvrirent un peu partout, soit pour poursuivre des travaux déjà en cours, soit pour donner suite à des découvertes fortuites très importantes, soit pour mettre en valeur et fouiller des sites prestigieux. Dans la première catégorie s'inscrivent les fouilles déjà engagées avant la guerre : notamment en Phénicie celles de Byblos avec Georges Contenau, de Sidon avec Pierre Montet, d'Umm el-Amed avec Eustache de Lorey, des environs de Tyr avec Denyse Le Lasseur, seule femme de l'ensemble, et celles de Maurice Pézard et Charles Brossé à Tell Nebi Mend au sud de Homs[323]. Dès 1922, le général Gouraud pouvait inaugurer au Louvre une grande exposition avec des objets provenant des fouilles archéologiques en Syrie, exposition renouvelée en 1924 en présence de son successeur le général Weygand qui s'était chargé lui-même de rapporter les pièces provenant de Sidon.

---

323. Tell Nebi Mend est sur le lieu de la bataille de Qadesh qui opposa les Hittites au pharaon Ramsès II au XIIIe siècle avant notre ère. C'est là que se situe la cité de *Laodicée* du Liban, citée par Strabon (*Géographie*, XVI, 2, 18-20), et par Pline l'Ancien (*Histoire Naturelle*, V, 19).

La poursuite des recherches en Phénicie

On ne peut énumérer tous les chantiers qui furent ouverts durant le mandat en Syrie, mais aussi au Liban. Certains ne devaient faire l'objet que de quelques campagnes, mais d'autres se poursuivirent au-delà du mandat, et contribuèrent à mettre en valeur le riche passé de la région à toutes les époques. La politique de René Dussaud vis-à-vis de l'archéologie française en Syrie était de faire des fouilles sur la longue durée. Bien que directeur du Louvre et, à ce titre, soucieux d'enrichir les collections du musée, il défendait l'idée que rien ne remplaçait une fouille minutieuse et régulière qui permettait « de faire réapparaître les objets dans leur cadre » et « de révéler une civilisation tout entière[324] ». Face aux exigences financières d'une telle politique, il fallait trouver des crédits supplémentaires car la dotation allouée au Service archéologique de Syrie par les Affaires étrangères et les subventions du ministère de l'Instruction publique ne suffisaient pas. Dussaud engagea donc les musées à subventionner des fouilles, quitte à abandonner certains sites au profit d'autres plus prometteurs, car il est clair dans son esprit que « les Musées nationaux ne peuvent contribuer aux missions que si les fouilleurs rapportent des objets ».

Parmi les nombreux chantiers lancés par Dussaud, et qui furent pérennes, ceux des sites de la côte renouvelèrent considérablement les connaissances sur les villes phéniciennes, notamment pour les périodes les plus anciennes. Les fouilles de Byblos et de Sidon au Liban reprirent à partir de 1921 avec Charles Virolleaud et Pierre Montet puis, à partir de 1924, avec Maurice Dunand qui les conduisit pendant plus de cinquante ans. À Byblos, M. Dunand inaugura une nouvelle méthode de fouilles, qui consistait à quadriller le terrain en carrés, systématiquement dégagés par prélèvements horizontaux d'une vingtaine de centimètres. Ce décapage présentait l'avantage de fouiller chaque carré avec minutie, mais faisait perdre en revanche la dimension

---

324. Cité par A. Parrot, *Tello. Vingt ans de campagnes de fouilles (1877-1933)*, Paris, Albin Michel, 1948.

verticale dans le cas d'un même monument ainsi découpé en tranches.

Pour les autres, quelques chantiers se distinguaient tout particulièrement par l'importance des découvertes qui y furent faites et dont les travaux se poursuivaient encore à la veille de la guerre en 2011.

Doura-Europos : une découverte fortuite d'importance considérable (1920)

Au printemps 1920, des soldats anglais qui cherchaient à établir un poste de mitrailleuses près du fort de Salihiyeh sur la rive droite de l'Euphrate, mirent au jour des fragments de peintures murales. Le général Cunningham, qui commandait les troupes sur le Moyen-Euphrate, avait alors constitué un petit dossier dont, l'année suivante, un professeur américain de Chicago, James Breasted, prit connaissance à Bagdad. À l'intérieur, il trouva plusieurs documents parmi lesquels la reproduction en couleur de quatre personnages debout avec, à côté d'eux, des lettres indiquant la présence de quatre autres. Y était jointe une dépêche, adressée au colonel Leachman, qui annonçait la découverte dans le fort de Salihiyeh de peintures avec des personnages grandeur nature que Cunningham jugeait opportun de faire expertiser par des archéologues[325]. Le dossier avait été soumis à Gertrude Bell (cf. *supra*) qui occupait alors un poste important dans l'administration britannique en Mésopotamie et elle avait assuré de son soutien pour fournir des moyens matériels à une expédition. Breasted fut chargé par les militaires anglais d'une mission sur place qui devait se faire sans délais en raison des décisions, encore secrètes, de faire refluer les troupes britanniques en aval de Doura, ce qui aurait alors empêché toute exploration dans un État arabe autonome[326]. Ne disposant que d'un

---

325. J. BREASTED, « Peintures d'époque romaine dans le désert en Syrie », *Syria*, 3, 1922, p. 177-213.

326. Il s'agit de la période où rien n'est encore très clair sur le devenir des provinces syriennes de l'ancien Empire ottoman et où l'émir Fayçal revendique la création d'un État autonome.

seul jour, Breasted ne put faire que des relevés sommaires, mais suffisants, pour prendre conscience de l'extrême importance de la découverte et en faire une relation détaillée avec des plans, des photos et des copies des inscriptions qui accompagnaient les personnages. Les multiples questions soulevées par ces peintures dans une chapelle du fort ne pouvaient que susciter la curiosité des scientifiques.

À la suite d'une entente entre l'Académie des Inscriptions et Belles-Lettres et le Haut-commissariat en Syrie, l'archéologue et orientaliste belge Franz Cumont, membre étranger associé à l'Académie, se vit confier une mission de fouilles sur le site en 1922. La France apporta sa logistique à l'expédition sous la forme d'un contingent de 200 soldats appartenant aux troupes de l'État d'Alep qui, sous le commandement des officiers de l'armée du Levant, furent chargés de déblayer les tonnes de sable accumulées sur les ruines. Très vite, l'édifice aux peintures fut dégagé et révéla que celles-ci décoraient les parois d'un temple consacré aux dieux palmyréniens[327]. L'édifice venait ainsi documenter les liens entre Palmyre et Doura où résidait une communauté de Palmyréniens, ce que les découvertes épigraphiques confirmèrent par la suite. Cumont fit une nouvelle mission en 1923 et les dégagements se poursuivirent encore jusqu'en 1925, montrant la grande importance et la richesse archéologique du site, désormais identifié sans conteste comme une fondation de Séleucos Ier, roi en Syrie de 312 à 281 av. J.-C. Devant l'ampleur du chantier, il s'avéra très vite que, pour mener à bien ces recherches, il fallait ouvrir le site à d'autres archéologues. Les Français ne pouvaient pas assumer financièrement l'ensemble des chantiers ouverts dans ces premières années du mandat.

En 1928, l'Académie des Inscriptions et Belles-Lettres s'associa donc à l'université de Yale aux États-Unis et, jusqu'en 1937, des équipes mixtes œuvrèrent à Doura ; les résultats furent spectaculaires. Outre Franz Cumont, de grands noms de l'archéologie s'y illustrèrent en assurant conjointement la direction scientifique,

---

327. F. CUMONT, *Fouilles de Doura-Europos (1922-1923)*, Paris, Geuthner, 1926.

comme Maurice Pillet, Robert Du Mesnil du Buisson, Mikhail Rostovtzeff. La publication régulière des campagnes révélait, année après année, à quel point les découvertes revêtaient une très grande importance pour l'histoire de la Syrie aux époques hellénistique et romaine. En effet, le site ne cessa au fil du temps de livrer des masses d'informations sur l'urbanisme gréco-romain, les constructions militaires dans cette ville disputée aux frontières de l'Empire de Rome, et sur la vie religieuse. C'est peut-être dans ce dernier domaine que se firent les découvertes les plus spectaculaires dès les premières années de la fouille.

La mise au jour d'une synagogue peinte, lors de la sixième saison de fouilles, fut d'abord, après plusieurs jours de travaux de dégagement, un très grand moment d'émotion pour les archéologues. L'Américain Clark Hopkins, qui dirigea la fouille en 1932 et 1933, a décrit ce moment de la découverte : « Le signal fut donné et les meilleurs de nos piocheurs dégagèrent la couche de terre qui masquait le mur ouest. Comme une couverture ou une série de couvertures, la terre tomba et révéla des images, des fresques, de couleurs éclatantes, étonnantes ; si fraîches qu'elles semblaient avoir été peintes un mois auparavant [...]. Le travail dans les autres tranchées s'arrêta presque. Les membres de l'expédition qui n'étaient pas déjà là furent appelés en hâte. C'était comme dans un rêve ! Dans l'espace infini du ciel bleu clair et du désert gris et vide, un miracle se produisit, une oasis de peintures surgissait de la terre monotone[328] » ; « nous nous tenions ensemble dans un silence muet et un étonnement complet[329] ». Il y avait de quoi parce que, comme le dit encore Hopkins, non seulement « les peintures qui ont survécu depuis l'époque classique sont peu nombreuses », mais surtout « parce qu'elles reproduisaient des scènes de l'Ancien Testament dont il n'y avait aucun précédent et qu'il ne pouvait y en avoir », les représentations des figures humaines dans l'art juif étant en

---

328. C. HOPKINS, « The excavations of the Dura synagogue paintings », dans *The Dura-Europos synagogue, a reevaluation (1932-1972)*, Missoula, J. Gutmann édit., 1973, p. 16.

329. *Id.*, *The Discovery of Dura-Europos*, New Haven-Londres, Yale University Press, 1979.

principe interdites. Les études montrèrent que la synagogue avait subi plusieurs phases de construction liées à l'accroissement de la communauté juive de la ville et que les décors avaient été eux aussi repris plusieurs fois, en dernier lieu vers 250 apr. J.-C., soit seulement six ans avant la prise de la ville par les Perses et sa destruction.

Cet ensemble de fresques narratives de l'Ancien Testament d'une exceptionnelle richesse devait être impérativement protégé (cf. cahier central, ill. 27a et 27b). Dans un premier temps, on mit en place un toit de tôle qui s'avéra insuffisant. Quelques heures seulement après la mise au jour, les couleurs avaient déjà pâli au soleil et, comble de malchance, des fragments qui avaient été prélevés furent délavés par une pluie soudaine. Il fut donc décidé de déposer les fresques pour les mettre à l'abri, mais où ? La convention de partage des trouvailles de fouilles aurait imposé de les répartir entre le gouvernement syrien et l'université de Yale. Henri Seyrig estimant que des fresques juives ne seraient pas forcément bien acceptées en Syrie où, en outre, aucun endroit n'existait pour les accueillir, il accorda donc à Yale de les emporter totalement. Les Syriens recevraient en contrepartie les reliefs du Mithréum (temple du dieu Mithra) découverte la même année que la synagogue[330] et les fresques de la maison chrétienne, la plus ancienne connue au monde, datée de 241 de notre ère, découverte l'année précédente[331].

Alors que les caisses étaient déjà prêtes à être embarquées à Beyrouth en 1934, les autorités syriennes refusèrent l'autorisation de les exporter au prétexte que l'on « bradait un patrimoine national ». L'accord final inversa la situation, la Syrie conservait les fresques de la synagogue, les Américains emportaient les reliefs du Mithréum et les fresques de la maison chrétienne. Un espace spécial leur fut consacré dans le nouveau musée de Damas ouvert

---

330. Le sanctuaire, installé au départ dans une maison privée par deux soldats palmyréniens en garnison à Doura au IIe siècle de notre ère, fut rebâti et rénové plusieurs fois, dont la dernière vers 240-256. Cf. M. ROSTOVTZEFF, « Das Mithraeum von Dura », *Mitteilungen des deutschen archäologischen Instituts*, 49, 1934, p. 180-207.
331. Elle fut mise au jour en 1932 par C. Hopkins et reçu ce nom parce qu'elle était installée dans une ancienne habitation privée.

en 1936 où la salle peinte fut reconstituée avec la cour qui la précédait, mais resta pratiquement toujours difficile d'accès en raison de la situation géopolitique de la région. Peut-être est-ce un bien pour les peintures qui ont ainsi conservé toute leur fraîcheur, à la différence de celles emportées à Yale qui ont perdu leurs pigments.

Ougarit/Ras Shamra : un nouveau chantier sur la côte syrienne (1928)

Tandis que se poursuivaient les travaux en Phénicie du Sud, c'est le coup de pioche fortuit d'un paysan en mars 1928 à Minet el-Beida, petit port de la côte syrienne à 10 km au nord de Lattaquié, qui mit au jour tout près du rivage un tombeau souterrain avec une chambre sépulcrale voûtée en encorbellement. Le 30 mars 1929, l'archéologue français Claude Schaeffer arrivait sur le site avec une caravane de 7 chameaux portant les bagages sur des pistes impraticables par les voitures. En quelques jours, il repéra des traces d'occupation depuis le Néolithique (haches polies, meules et lames en silex) jusqu'à l'époque romaine (colonnes, céramiques sigillées) du site de l'antique *Mahadou*, port principal d'*Ougarit*. La fouille de plusieurs tombeaux à voûte devait révéler un riche matériel composé de céramiques intactes, d'armes en bronze, et des statuettes en bronze rehaussées d'or et d'argent. En mai de la même année, c'est en portant son regard sur le tell voisin de Ras Shamra (le « cap du fenouil »), à 800 m en arrière de la côte, que Schaeffer soupçonna l'existence d'un établissement beaucoup plus important dont dépendait la nécropole. Avec Georges Chenet et 20 soldats de l'armée du Levant mis à sa disposition, il découvrit les vestiges d'une véritable ville avec un grand palais détruit par un incendie, des temples, des maisons, des rues et un abondant matériel qui en fixa l'époque : le IIe millénaire. En pratiquant à Ras Shamra la fouille stratigraphique jusqu'au plus profond des couches, Schaeffer fut à même de distinguer cinq niveaux d'occupation entre le Néolithique (vers 7500) et le Bronze récent (1190-1185). Grâce aux monuments, aux nécropoles, aux multiples objets et à l'épigraphie, les fouilles en parallèle de la nécropole et de la ville révélèrent une cité riche et puissante aux IIIe et IIe millénaires, qui était en relations étroites avec l'Égypte, le monde méditerranéen et la Mésopotamie. La mise au jour de plusieurs tablettes en écriture cunéiforme révéla l'usage de plusieurs langues selon les besoins ; certaines en akkadien, en hourrite ou en assyro-babylonien, et d'autres dans une langue encore inconnue des savants[332] (cf. cahier central, ill. 28). Celle-ci n'étant composée que de seulement 30 signes cunéiformes, on comprit assez vite que l'on était en présence d'abécédaires, le premier de ce type complet connu, grâce auxquels il fut possible de déchiffrer rapidement ces textes rédigés en ougaritique, une langue sémitique de l'ouest. C'est sans doute en raison du contexte commercial international que fut mis au point par les scribes d'Ougarit ce système d'écriture plus simple que le syllabique des autres écritures cunéiformes.

La fouille dut s'interrompre avec la guerre en 1939 et ne put reprendre, toujours sous la direction de Claude Schaeffer, qu'en 1948.

Palmyre : restaurations de grande ampleur et fouilles sur le site (1929-1930)

Alors qu'il est à Athènes en 1928 comme secrétaire général de l'École française, Henri Seyrig surprend une conversation qui laisse entendre que les Allemands ont l'intention de demander une concession de fouilles à Palmyre. Ceux-ci, depuis quelque temps, tentent un retour dans l'archéologie syrienne avec, en tête de liste, l'archéologue-espion Max von Oppenheim qui vient d'obtenir de reprendre ses fouilles d'avant-guerre sur le site de Tell Halaf et souhaite étendre ses recherches sur d'autres tells environnants. Oppenheim est extrêmement actif, et il annonce qu'il veut créer un Institut allemand à Damas destiné à éclipser tous les autres. Seyrig adresse immédiatement une requête à Dussaud pour que l'Académie lui permette d'organiser une mission sur le site de Palmyre. Dès l'année suivante, devenu

---

[332]. C. SCHAEFFER, « Les fouilles de Minet el-Beida et de Ras Shamra (campagne du printemps 1929) », *Syria*, 10, 1929, p. 285-297 ; C. VIROLLEAUD, « Les inscriptions cunéiformes de Ras Shamra », *Syria*, 10, 1929, p. 304-310.

directeur des Antiquités, il y ouvre l'un des chantiers les plus gigantesques de l'époque du mandat, celui du dégagement et de la mise en valeur du temple de Bêl, avec la restauration de plusieurs autres monuments du site.

Palmyre conservait, nous l'avons vu, de nombreux et imposants vestiges qui avaient fait l'admiration de tous ceux qui avaient pu s'y rendre, mais l'ensemble donnait l'impression d'un chaos de blocs. Seuls quelques monuments étaient réellement identifiables et, parmi eux, le temple de Bêl. Malheureusement, depuis l'époque médiévale, son enceinte avait servi de refuge aux habitants et avec le temps il avait fini par être largement englobé au milieu d'un village de huttes en terre. C'est ainsi que les voyageurs, depuis la redécouverte du site au XVIIe siècle, décrivaient un temple dont seule la porte monumentale émergeait au-dessus des maisons et que l'on atteignait en empruntant un dédale de ruelles au milieu des maisons. Une photo prise en 1864 par Louis Vignes, alors lieutenant de vaisseau, qui visita le site pour le compte du duc de Luynes, illustre parfaitement cette situation encore d'actualité en 1929[333]. Le temple, après être devenu une église au Bas-Empire, avait été transformé en mosquée par les habitants du village et il conservait dans sa cella les preuves de ses usages successifs. Les aménagements effectués pour cela avaient affecté le bâtiment et le manque d'entretien faisait craindre un effondrement.

La première mesure, en mai 1930, consista à dégager le temple de son environnement bâti, à démolir les constructions de toutes les époques entassées dans l'enceinte et à reloger les habitants dans un village neuf bâti au-delà des remparts, à l'est du site, près de l'oasis. Un crédit exceptionnel de 2 millions de francs fut alloué à cette opération, ce qui permit deux ans plus tard de commencer les travaux qu'Henri Seyrig confia à une équipe d'architectes : Robert Amy, Pierre Coupel, René Duru et Michel Écochard. Ils commencèrent par consolider la porte monumentale du temple

---

333. La photographie devait illustrer le récit de l'expédition de Vignes à Palmyre, davantage dans le but de faire des relevés scientifiques (relevés astronomiques, topographie, estampages d'inscriptions) que dans celui d'explorer les ruines. D'ailleurs, Vignes n'en dit pratiquement rien, sinon qu'il a été très déçu par le site qui, bien que « d'un caractère d'une certaine grandeur », se révéla « très en dessous de ses espérances ». Cf. L. VIGNES, *op. cit.*, p. 33-40.

qui penchait dangereusement et menaçait de s'écrouler en raison de l'usure du bas des montants sur plus de 3 m ainsi que celle des fondations. Puis, ce fut au tour des colonnes qui entouraient la cella du temple d'être renforcées. Les travaux se poursuivirent jusqu'en 1937 et donnèrent lieu à une première publication commune en 1946 à laquelle fut associé Ernest Will, premier pensionnaire de l'Institut français d'archéologie de Beyrouth qui venait d'être créé[334]. Le temple retrouvait en partie son aspect d'origine, isolé au cœur de sa grande enceinte, tel qu'il avait été conçu au début du Ier siècle apr. J.-C. par les Palmyréniens pour remplacer un temple plus ancien, et dont les travaux s'étaient poursuivis durant plus d'un siècle et demi jusqu'en 175.

Parallèlement, d'autres monuments du site connurent des restaurations entre 1930 et 1932, comme le grand arc datant du début du IIIe siècle apr. J.-C. dont une des petites arcades était écroulée et dont la partie centrale accusait une grande fragilité[335]. Un grand hypogée funéraire, celui de Yarhai, fut fouillé en 1934-1935 et son exèdre ouest, avec toutes les sculptures, fut reconstituée dans le tout nouveau musée de Damas qui venait d'être achevé[336]. L'agora, grande place fermée avec un péristyle intérieur, fut quant à elle dégagée en 1940 de l'accumulation de sable qui l'avait presque fait disparaître[337]. Dans le même temps, Jean Cantineau, linguiste et sémitisant, poursuivait le relevé des inscriptions gravées sur les murs et les colonnes des temples, des rues, dans l'agora et sur les monuments funéraires des différentes nécropoles, dans la continuité de ses prédécesseurs, William Henry Waddington et les pères de l'École Biblique de Jérusalem. L'augmentation considérable du nombre de textes

---

334. H. SEYRIG, R. AMY, E. WILL, *Le temple de Bêl à Palmyre*, BAH 83, Paris, Geuthner, 1968 pour l'album, 1975 pour le texte et les planches.

335. R. AMY, « Premières restaurations à l'arc monumental de Palmyre », *Syria*, 14, 1933, p. 396-411.

336. R. AMY et H. SEYRIG, « Recherches dans la nécropole de Palmyre. L'hypogée de Iarhai, fils de Barikhi, petit-fils de Taimarsô », *Syria*, 17, 1936, p. 229-266.

337. C. DELPLACE et J. DENTZER-FEYDY, *L'agora de Palmyre*, Bordeaux-Beyrouth, Ausonius Éditions, Mémoires 14 et BAH 175, Institut français du Proche-Orient, 2005.

conduisit à leur publication dans 10 fascicules dont huit dus à Cantineau seul entre 1930 et 1933. Cette moisson épigraphique, par son extrême richesse et variété, faisait apparaître à quel point Palmyre avait été une cité importante dans l'Antiquité.

Peu à peu, les restaurations redonnèrent au site l'aspect qu'il devait avoir à l'époque romaine, entre les Ier et IIIe siècles de notre ère, car on s'attacha surtout à mettre en valeur la partie de la ville au nord du wadi et les nécropoles, qui étaient les secteurs restés hors du sol. Mais devant l'ampleur de la tâche sur un site aussi étendu, il devint vite nécessaire de faire appel, là aussi, à des savants étrangers auxquels furent confiés d'autres secteurs archéologiques. C'est ainsi qu'entre 1924 et 1925, Harald Ingholt, orientaliste danois et conservateur à la Ny Carlsberg Glyptotek de Copenhague, avait été autorisé à fouiller la nécropole sud-ouest de Palmyre et à étudier les sculptures du site. Il rapporta de ses fouilles un grand nombre de bustes funéraires palmyréniens qui, avec ceux qu'avait collectionnés Carl Jacobsen *via* le vice-consul du Danemark à Beyrouth vers 1880[338] et le voyageur danois Johannes Elith Ostrup dans les années 1890, constituent aujourd'hui la collection de la Ny Carlsberg Glyptotek. Parmi eux figure celui que l'on nomme « la Belle de Palmyre » que beaucoup aimeraient pouvoir identifier comme étant celui de Zénobie. Malheureusement, encore à ce jour, aucun buste funéraire ne peut être attribué, grâce à une inscription, à Zénobie qui, en outre, n'est vraisemblablement pas morte à Palmyre. En revanche, on sait par une inscription que son époux Odainath y avait fait construire un tombeau, qui contenait certainement des portraits des défunts enterrés-là, mais ni l'édifice, ni les bustes n'ont été retrouvés[339].

Ces bustes funéraires si caractéristiques des pratiques funéraires de l'oasis, alors qu'ils sont aujourd'hui très convoités, ont mis, très curieusement, beaucoup de temps à susciter l'intérêt. En effet, on ne trouve chez aucun voyageur avant la fin du XIXe siècle de mention

---

338. Carl Jacobsen était un brasseur danois, fondateur de la brasserie Carlsberg et de la Ny Carlsberg Glyptotek. Le vice-consul du Danemark entre 1875 et 1898 était Julius Loytved qui voyagea aussi dans le Hauran en 1883 en compagnie du consul d'Allemagne Paul Schröder.

339. *IGLS* XVII, 545, cf. *supra*, p. 44.

particulière pour ces objets qui, pourtant, subsistaient en nombre dans les tombeaux, les dessins de Cassas au XVIIIᵉ siècle le prouvent. À la lecture de leurs récits, on voit qu'ils étaient plutôt attirés par les momies, les petits objets en métal ou en céramique et les monnaies. Ces bustes sculptés en bas-relief sur des plaques de calcaire servaient à obturer les orifices des sépultures (les *loculi*), ménagées perpendiculairement dans les parois des tombeaux, où chaque défunt était inhumé individuellement. Quel que soit le type de monument funéraire (tour, hypogée ou temple), chaque sépulture était fermée ainsi avec, le plus souvent, la représentation d'un défunt seul, mais aussi parfois des couples ou des femmes avec un enfant, sans doute mortes en couche et enterrées avec lui. Comme le prouve le portrait de la « Belle de Palmyre » sur lequel il reste des traces (cf. cahier central, ill. 29), ces sculptures étaient peintes pour donner de l'éclat aux visages et, pour les femmes, afin de souligner les couleurs des parures vestimentaires et mettre en valeur leurs bijoux, témoignages de la richesse de leur famille[340]. Cet art du portrait sculpté à Palmyre, qui remonte au Iᵉʳ siècle de notre ère, a certainement été influencé par Rome, et s'est perpétué jusqu'à la fin du IIIᵉ siècle. Leur raréfaction, puis leur disparition, coïncide avec la chute de Palmyre en 273.

Aujourd'hui, tous les musées du monde en abritent dans leurs collections ; on en compte plus de 3 700 à l'heure actuelle quand on y ajoute ceux qui sont dans des collections particulières. Leur entrée dans les musées est liée soit aux accords de partage des trouvailles lors de fouilles légales, soit à la suite d'achat auprès d'antiquaires spécialisés comme les Durighello à Beyrouth dans les années 1880[341], ou les Mitri[342] et Shemtob respectivement à Rhodes et à Londres entre 1877 et 1893, ou de particuliers comme la famille Farah à Beyrouth. La manière exacte dont les bustes ont

---

340. S. Krag, *Funerary Representations of Palmyrene Women*, Turnhout, Brepols, 2018.

341. Les frères Durighello, Edmond et Joseph-Ange, étaient les fils d'Alphonse Durighello consul de France à Saïda dans les années 1850, découvreur du sarcophage d'Eshmounhazar et, en 1887, du Mithréum du site. Devenus antiquaires, ils approvisionnèrent en objets de fouilles la plupart des musées et des collectionneurs d'Europe et des États-Unis.

342. Naoum Mitri est connu pour avoir fourni des objets syro-phéniciens au grand collectionneur W. Froehner à la fin du XIXᵉ siècle.

été acquis ne peut jamais être clairement établie, beaucoup résultant de fouilles clandestines, de dons, ou d'achats sur place par des voyageurs de passage ou des diplomates en poste au Proche-Orient[343]. On citera les cas de Pierre de Ségur-Dupeyron, consul de France à Damas entre 1849 et 1852, Julius Løytved, vice-consul danois à Beyrouth entre 1875 et 1898, ou les consuls britanniques à Alep et à Damas, Philip Anderson et George Devey, ou bien encore les savants de passage (Sébastien Ronzevalle, Salomon Reinach, Melchior de Vogüé) qui tous ont vendu ou fait don de bustes de leur collection aux musées de leurs pays respectifs.

Tell Hariri : un coup de pioche providentiel et la découverte de Mari (1933)

Un peu comme à Doura-Europos et à *Ougarit*, la découverte de Mari est liée à un concours de circonstances : un coup de pioche fortuit au sommet d'un tell. Un jour d'août 1933 sur une colline artificielle proche d'Abou Kémal sur l'Euphrate, des Bédouins qui cherchaient des pierres pour recouvrir la sépulture de l'un des leurs remontèrent une petite statue acéphale d'un personnage assis les mains jointes, sur laquelle était gravée une inscription. Ils s'adressèrent au lieutenant français qui faisait office d'inspecteur des antiquités pour la région, pour savoir que faire « de l'homme qu'ils avaient trouvé ». Celui-ci en référa au service des Antiquités à Beyrouth qui se mit en contact avec R. Dussaud à Paris, lequel comprit immédiatement l'intérêt qu'il y avait à demander une concession du site et à y dépêcher un archéologue. Il s'agissait de couper l'herbe sous le pied à d'autres équipes de fouilleurs, en particulier les Américains de Yale, dont le chantier de Doura n'était qu'à une trentaine de kilomètres, et de parer à d'éventuelles fouilles clandestines après la publicité donnée à la découverte. C'est André Parrot, qui avait dû abandonner les fouilles de Tellô et de Larsa en Iraq,

---

343. A. SARTRE-FAURIAT, « Palmyre, pillage d'un site d'hier à aujourd'hui », dans *Life in Palmyra, life for Palmyra*, Varsovie, à paraître. Un corpus complet des bustes (le Palmyra Portrait Project) est en cours de réalisation, financé par la fondation Ny Carslberg sous la direction du Pr. Rubina Raja.

qui fut envoyé en hâte pour explorer le site et prendre des mesures pour empêcher un pillage, d'autant plus que la zone semblait être restée intacte, exempte même de visites clandestines au cours du temps. La raison en était peut-être que, non seulement le tell était de taille modeste (14,5 m de hauteur) et n'attirait pas spécialement l'œil, mais qu'il était en outre à cette époque à l'écart de la piste principale qui reliait Abu Kemal à Deir ez-Zor en suivant la falaise sud de l'Euphrate. Il avait donc peu intéressé les voyageurs et les savants, qui cherchaient Mari sous un tell de plus grande envergure, si ce n'est l'archéologue américain William Foxwell Albright qui, en 1925, l'avait visité et avait émis l'hypothèse d'y situer le site de Mari. Le nom de cette cité était connu, car il figurait dans plusieurs documents du IIIe millénaire. Par ailleurs, des statuettes ainsi qu'un bas-relief, conservés dans des musées, citaient son nom, mais n'avaient pas été trouvés *in situ*.

Dès sa première campagne à l'hiver 1933-1934, André Parrot mit au jour de nombreux éléments (esplanade, statues, maisons, tombes, céramique) datant de l'époque présargonique (vers 2900-2800) ce qui l'autorisa à conclure que la cité avait une culture identique à celle des villes sumériennes de Basse Mésopotamie. Son équipe de fouilleurs sortit de terre une dizaine de têtes et de corps de statuettes en albâtre anépigraphes, jusqu'à la découverte dans un temple de l'une d'entre elles qui portait une inscription. Elle était vouée à la déesse Ishtar par « Lamgi-Mari, roi de Mari, grand prêtre du dieu Enlil » ; cela permit, non seulement, de savoir à quelle divinité était dédié le temple, mais de prouver que le nom de la ville que recouvrait le tell Hariri était bien Mari[344]. Ceci fut totalement confirmé grâce aux très nombreux ex-voto et statues, retrouvés par la suite. Parrot devait faire, entre 1933 et 1938, six campagnes consécutives sur ce site exceptionnel, « une des plus grandes villes du monde » cinq mille ans auparavant, financées par les Musées nationaux et le ministère de l'Éducation nationale[345], et toutes furent aussi

---

344. Cette orthographe fut celle que l'on donna par habitude au site, mais dans la langue locale le nom est Ma'eri.
345. Tous les rapports préliminaires des six premières campagnes sont publiés dans la revue *Syria*, 16, 1935, p. 1-28 ; 17, 1936, p. 1-31 ; 18, 1937, p. 54-84 ; 19, 1938, p. 1-29 ; 20, 1939, p. 1-22 ; 21, 1940, p. 1-28. Cf aussi pour une syn-

fructueuses. En effet, il mit au jour dès 1935 un gigantesque palais de brique crue dont les murs s'élevaient encore à plus de 5 m de hauteur et qui, au fil des campagnes, s'avéra couvrir plus de deux hectares et demi, et se composer de plus de 300 pièces. Plusieurs chambres avaient conservé leurs peintures murales et leurs salles de bains équipées de baignoires, et c'est dans l'une des cours du palais que fut trouvée la fameuse statue de la « déesse au vase jaillissant ». Ce palais, fruit de plusieurs embellissements et agrandissements successifs, était celui qu'occupa le dernier roi de Mari, Zimri-Lim, qui régna au début du IIe millénaire, entre 1775 et 1761, juste avant la destruction totale du site.

Au centre du tell, proche du palais, fut mis au jour en 1937 un autre temple, le « temple aux Lions », dédié au dieu Dagan, appelé ainsi en raison de l'esplanade de lions en bronze qui en « défendaient » l'accès, puis commença l'étude d'une haute terrasse de briques rouges que l'on appela « ziggourat ». Enfin, parmi les nombreux et importants vestiges livrés par le site, les vingt-cinq mille tablettes d'archives en écriture cunéiforme, rédigées dans un dialecte akkadien qu'il fallut déchiffrer[346], et qui devaient éclairer l'histoire, les règnes, les relations diplomatiques[347], la vie économique[348] et religieuse[349] de la cité entre le début du IIIe millénaire et sa destruction totale par Hammurabi, roi de Babylone, en 1760.

La Seconde Guerre mondiale et « les bouleversements politiques en tous genres » qui s'ensuivirent, selon les mots d'André Parrot, obligèrent à abandonner le chantier à la fin de la sixième campagne en décembre 1938 pour treize ans ; il ne put le reprendre qu'en 1951.

---

thèse : A. PARROT, *L'aventure archéologique*, Paris, Robert Laffont, 1979, pour l'ensemble de ses fouilles à Mari entre 1933 et 1975.

346. F. THUREAU-DANGIN, « Textes de Mari », *Revue d'Assyriologie*, 23, 1936, p. 169-179.

347. G. DOSSIN, « Les archives épistolaires du palais de Mari », *Syria*, 19, 1938, p. 105-126.

348. *Id.*, « Les archives économiques du palais de Mari », *Syria*, 20, 1939, p. 97-113.

349. *Id.*, « Inscriptions de fondations provenant de Mari », *Syria*, 21, 1940, p. 152-169.

Antoine Poidebard et la prospection aérienne (1925-1934)

Dans les années qui suivirent l'installation de la France en Syrie, l'armée française disposait de troupes sur place et de groupes d'aviation. Le père jésuite Antoine Poidebard, archéologue et par ailleurs officier de l'armée, en tira profit pour effectuer des prospections aériennes. Il participa à plusieurs missions au cours desquelles il photographia de nombreux sites et fit du repérage à la recherche de vestiges témoignant de la présence de Rome dans la steppe jusqu'à l'Euphrate. Avec Poidebard, une nouvelle technique au service de l'archéologie était née : la photographie aérienne[350].

Le point de départ de ces prospections aériennes était la volonté de la France de contrôler la région de la Haute Djézireh, à l'extrémité orientale de la Syrie, où les frontières n'avaient pas été bien délimitées, et où les Anglais et les Turcs exerçaient une forte pression. Les premiers œuvraient pour faire attribuer la région du bec de canard à l'Iraq, les seconds à dresser les tribus kurdes et arabes contre la France sur fond de perspectives pétrolières. Dans ce contexte, la France avait besoin de relevés précis des points d'eau et des voies de communication afin d'établir des cartes fiables. En 1925, la Société française de géographie chargea le père Antoine Poidebard de faire les reconnaissances aériennes nécessaires[351]. Devant le succès de sa mission, l'Académie des Inscriptions et Belles-Lettres décida de financer le repérage aérien de tous les confins désertiques de Syrie : Hauran, Safa, Euphrate[352]. Antoine Poidebard, épaulé par le service photographique des armées basé à Rayak dans la Beqaa libanaise, opérait depuis un avion (Bréguet XIV ou Potez 25 TOE)

---

350. F. Denise et L. Nordiguian (dir.), *Une aventure archéologique. Antoine Poidebard, photographe et aviateur*, Marseille-Beyrouth, Éditions Parenthèses, Éditions du musée de l'Arles et de la Provence antiques, Presses de l'Université Saint-Joseph, 2004.
351. L. Nordiguian, « Antoine Poidebard, le missionnaire, l'aviateur et le photographe », dans L. Nordiguian et J.-F. Salles (contributions réunies par), *Aux origines de l'archéologie aérienne. Antoine Poidebard (1878-1955)*, Beyrouth, Presses de l'Université Saint-Joseph, p. 33-45.
352. R. P. A. Poidebard, « Mission archéologique en Haute Djézireh », *Syria*, 11, 1930, p. 33-42.

dont on avait enlevé la tourelle de mitrailleuse pour y installer un Altiphote à pellicules qui remplaça les Aviophotes à plaques de verres, beaucoup moins maniables. C'est ainsi qu'il réalisa entre 1925 et 1932 plusieurs missions, d'abord comme observateur puis comme photographe, dont en 1927 le survol du plateau basaltique du Leja et du désert du Safa en Syrie du Sud, puis la Syrie centrale et Palmyre jusqu'à l'Euphrate en 1929-1932. Au total, c'est un secteur de 750 km sur 200 qui fut couvert dont les résultats furent publiés en 1934 dans un ouvrage intitulé *La trace de Rome dans le désert de Syrie* et, de façon plus modeste, en 1945 dans *Le limes de Chalcis* dont il avait effectué la reconnaissance à l'été 1934 avec l'aide du père René Mouterde qui prospectait au sol. Après la Syrie intérieure, Poidebard s'intéressa à la prospection côtière et notamment aux ports ; c'est ainsi qu'il contribua à mettre en lumière les ports antiques ennoyés de Tyr et de Sidon[353].

Les missions Poidebard en Syrie avaient avant tout un but militaire, mais elles contribuèrent à mettre en évidence des structures archéologiques peu visibles au sol et à en donner les aspects généraux. Après la prise de ces clichés, il était fréquent qu'une vérification au sol ait lieu pour prendre des mesures ou recopier une inscription, ou que, plus rarement, l'on mette en œuvre une fouille, comme celle du *castellum* byzantin de Tell Brak, conduite par Poidebard lui-même avec le concours de l'armée en 1927-1928[354]. Nonobstant ce travail de recherche fondamental, les centres d'intérêt de Poidebard et certaines de ses conclusions sur les structures qu'il photographiait ne furent pas exemptes de critiques de la part des archéologues et des historiens[355]. Il lui fut

---

353. A. POIDEBARD, *Un grand port disparu : Tyr. Recherches aériennes et sous-marines (1934-1936)*, BAH, Paris, Geuthner, 1939. J. LAUFFRAY et A. POIDEBARD, *Sidon : aménagements antiques du port de Saïda. Études aérienne et sous-marine 1940-1950*, Beyrouth, République Libanaise, 1951 ; J. VIRET, « L'apport d'Antoine Poidebard à l'archéologie des ports antiques du Levant », dans L. NORDIGUIAN et J.-F. SALLES, *op. cit.*, p. 151-163, pl. 59-72, p. 225-236.
354. C. CASTEL, « La photographie aérienne au service d'une archéologie pionnière en Haute-Djéziré syrienne », dans *ibid.*, p. 93-107, pl. 35-37.
355. Cf. T. BAUZOU, « Les recherches archéologiques d'Antoine Poidebard en Syrie de 1925 à 1932 », dans *ibid.*, p. 59-78 ; *Id.*, « La Strata Diocletiana », *ibid.*, p. 79-91.

fait notamment le reproche de ne s'intéresser qu'à ce qui était romain et d'avoir tendance à attribuer à Rome tous les éléments repérés. Ce fut le cas avec les palais omeyyades (Qasr al-Hair Gharbiyeh ou Qasr al-Abyad), dans lesquels il voyait des camps romains et que les fouilles ultérieures replacèrent dans leur réel contexte chronologique. Il en était de même pour les tells alignés de la vallée du Khabour et en Djézireh qui furent mis en relation avec un *limes* de défense romain et qui étaient les vestiges d'occupations humaines millénaires remontant à l'âge du Bronze Ancien, ou encore les « forts romains » de la steppe de Chalcidique, en réalité des fermes d'époque byzantine[356]. Il n'en reste pas moins que, si Poidebard n'a pas identifié avec précision tout ce qu'il avait photographié, la documentation qu'il avait constituée revêtit une extrême importance pour les chercheurs ultérieurs qui disposèrent de clichés de régions et de monuments qui allaient connaître de grands bouleversements dans les années d'après-guerre.

---

356. B. GEYER, « Des fermes byzantines aux palais omeyyades ou l'ingénieuse mise en valeur des plaines steppiques de Chalcidique », dans *ibid.*, p. 109-122.

III

La Syrie indépendante et le développement des recherches

Depuis 1936 et la signature des traités franco-syriens et franco-libanais, la fin du mandat de la France était actée. C'est pourquoi, en 1937, René Dussaud avait commencé à réorganiser le service des Antiquités dont la responsabilité devait échoir en 1938 aux États devenus indépendants, assistés toutefois chacun d'un conseiller français. Mais la Seconde Guerre mondiale provoqua un sérieux ralentissement des activités archéologiques en Syrie. Si les crédits ne furent pas totalement supprimés, ils servirent surtout à financer les publications et les gardiennages de sites en butte aux pillages. Par ailleurs, les affrontements entre partisans de Vichy et Forces françaises libres contribuèrent à instaurer une confusion dans la gestion de l'archéologie au Levant et dans son fonctionnement sur place. En 1941, Maurice Dunand était nommé par le général Dentz, qui commandait les troupes de Vichy, directeur du service des Antiquités auprès du Haut-commissariat de France pour la Syrie et le Liban en remplacement de Seyrig qui rejoignait les Forces françaises libres à Londres. Bien que la convention signée à Damas en décembre 1943 instaurât le transfert au gouvernement syrien des responsabilités exercées par les Français, celui-ci déclara vouloir conserver les fonctionnaires français à son service et nomma Maurice Dunand en 1944 directeur du service des Antiquités au ministère syrien de l'Instruction publique.

En avril 1946, le dernier soldat étranger quitta enfin la Syrie, celle-ci était désormais indépendante. Cependant, les institutions fondées par la France ne furent pas abandonnées pour autant. Celle-ci devait continuer à y exercer une prééminence notable dans la recherche archéologique et épigraphique, même si le pays ouvrit ses portes à d'autres nations pour mener à bien les multiples chantiers existant sur l'ensemble du territoire. La fondation à Beyrouth en 1946 d'un Institut français d'archéologie pour l'Antiquité classique et les hautes époques au Levant et même en Iraq, rétablissait une forte présence française dans la recherche, tandis que l'Institut de Damas se spécialisait dans les études des périodes islamiques.

Le partenariat entre la France et les autorités tant syriennes que libanaises ne se démentit pas et la France resta l'un des pays dont les chercheurs étaient les plus nombreux pendant de nombreuses années. Tous les anciens chantiers continuèrent de fonctionner et de nouveaux furent ouverts. Cependant, en raison des nécessités scientifiques à étendre les recherches de terrain ou pour répondre au sauvetage des sites qui devaient être ennoyés par les barrages sur l'Euphrate, la Syrie fit appel à d'autres pays. En 2011, près d'une vingtaine de missions œuvraient sur le territoire syrien. En 2015, elles n'étaient plus que sept, uniquement syriennes et dans les zones sous contrôle du régime. Ailleurs, le chaos, les destructions et les pillages clandestins ont remplacé les fouilles scientifiques. En 2020, malgré des tentatives de séduction de la Direction Générale des Antiquités auprès de certains archéologues complaisants envers le régime de Damas et peu soucieux d'éthique, aucune mission étrangère n'avait officiellement repris.

La reprise des anciens chantiers

L'indépendance du pays ne ralentit pas les recherches sur les chantiers qui avaient été ouverts auparavant. Sur la plupart, les Français retrouvèrent leur place prééminente et les découvertes fondamentales se poursuivirent. Ce fut le cas, dès 1949-1950, pour Ras Shamra[357], et en 1951 pour Mari avec leurs anciens archéologues respectifs, Claude Schaeffer et André Parrot. Dans les deux cas, les premières missions consistèrent à réparer les dégâts que la longue absence des chercheurs avait favorisés, avant de poursuivre les recherches qui se prolongeaient encore en 2011 lorsque tous les chantiers furent interrompus par la guerre civile.

Ougarit/Ras Shamra

À *Ougarit*/Ras Shamra, il fallut évacuer les déblais résultant de l'écroulement des murs et consolider les monuments dégagés lors des campagnes d'avant-guerre. Les ouvriers délogèrent à cette occasion « nombre de serpents et de scorpions qui avaient repris possession de leur fief depuis 1939[358] ». L'ampleur du site et son importance pour la connaissance des hautes périodes justifièrent que plusieurs missions s'y succèdent avec régularité, dirigées par Claude Schaeffer jusqu'en 1972, puis par Henri de Contenson (1972-1973), Jean-Claude Margueron (1975-1976), Marguerite Yon (1978-1998), Yves Calvet (1999 à 2008) et enfin Valérie Matoyan depuis 2009. À partir de 1970, selon des dispositions nouvelles prises par la Direction Générale des Antiquités et des Musées, le travail s'effectua en collaboration avec les archéologues syriens.

Bien que le site soit occupé depuis le Néolithique (XVIIIe millénaire) et que l'on suive son évolution à travers le temps, c'est surtout la période du Bronze Récent et plus particulièrement la dernière phase de celui-ci (XIVe-XIIe siècle) qui est la mieux connue, grâce aux archives du palais. C'est de cette époque que les archéologues datent « l'épanouissement de l'agglomération

---

357. Claude Schaeffer avait pu revenir brièvement sur le site en 1944 alors qu'il était chargé par l'Amirauté française à Londres d'une mission au Proche-Orient. Il avait pu constater qu'aucune fouille clandestine n'avait été pratiquée, mais que des pans de murs avaient été arrachés sur le tell pour prévenir un débarquement. Il y retourna en 1947 avec le directeur général des Antiquités de Syrie, l'émir Djaffar, et en 1948, il reçut l'autorisation de procéder à des sondages, mais pas encore à des fouilles, qui ne reprirent qu'en 1949.

358. C. SCHAEFFER, « Reprises des recherches archéologiques à Ras Shamra-Ugarit. Sondages de 1948 et 1949 et campagne de 1950 », *Syria*, 28, 1951, p. 1-21.

urbaine avec l'enrichissement spectaculaire du royaume », gouverné par des rois au pouvoir de plus en plus grand, sous la protection du dieu Baal dont ils sont à la fois l'image et les représentants[359]. La richesse d'*Ougarit* reposait alors essentiellement sur le commerce maritime de ses ressources naturelles : agricoles (huile, vigne, céréales, pistaches), minérales (pierres, bitume) et forestières. Mais c'est aussi de la mer que vint sa perte. Au tournant du XIIe siècle, les « peuples de la mer », venus du nord-ouest en bateau, envahissent les régions côtières du Proche-Orient, pillent et détruisent *Ougarit* par le feu. La cité disparaît alors définitivement vers 1190-1185.

Mari

À Mari, la Seconde Guerre mondiale et la longue absence des chercheurs avaient, là aussi, considérablement porté atteinte au site, le matériel avait été volé, la maison de fouille dévastée, le palais de Zimri-Lim avait totalement fondu sous l'effet des vents et des pluies. Toutefois, le site avait été épargné par les pillages et le travail put reprendre rapidement dès 1951, avec les mêmes équipes d'ouvriers qu'avant-guerre et apporter, campagne après campagne, nombre d'informations. André Parrot dirigea onze campagnes de fouilles jusqu'en 1974, financées alors par la commission des fouilles auprès de la Direction des affaires culturelles du ministère des Affaires étrangères et par le CNRS, plus des aides ponctuelles étrangères quand un chercheur étranger était associé. Au fil des différentes missions, plusieurs temples (ceux des déesses Ishtarat et Nini-Zaza, du dieu Shamash), le mystérieux massif rouge (une ziggourat « archaïque ») et deux nouveaux palais, ceux des rois présargoniques du IIIe millénaire, situés sous celui de Zimri-Lim, furent mis au jour et explorés.

Lorsque Jean-Claude Margueron reprit la direction du chantier à partir de 1979 jusqu'en 2003, sans abandonner les fouilles des palais, il orienta les recherches pour élargir le champ des connaissances et comprendre ce qu'avait été la ville même de

---

359. M. Yon, *La cité d'Ougarit sur le tell de Ras Shamra*, Paris, Édit. Recherches sur les Civilisations, 1997.

Mari, ses origines, sa structure, ses rapports avec son territoire et le fleuve, ainsi que ses relations avec les autres royaumes pendant les douze siècles de son existence. C'est ainsi que trois villes superposées ont été identifiées[360]. La première, remontant aux environs de 2900 avant notre ère, était une fondation *ex nihilo* sur ce site où il était possible de contrôler les échanges entre la Syrie et la Babylonie, à la fois par les routes et par les fleuves[361]. Un plan très original en cercle avait été adopté pour la mettre à l'abri des fortes inondations et une digue en argile avec une âme en pierre en renforçait la protection, bien que la fondation ait été effectuée sur une terrasse. L'accès au fleuve étant indispensable aux activités d'échanges et pour l'accès à l'eau potable, c'est par un canal que se faisait le raccordement. Les archéologues ont mis également en évidence la présence de nombreuses activités artisanales (métallurgie, charronage, céramique) au sein d'une population sans doute conséquente, estimée à plusieurs milliers d'habitants. La disparition de cette première ville n'est pas expliquée, mais un autre centre urbain la remplaça au xxvie siècle (vers 2550) sur les mêmes fondements arasés, mais plus vaste, dans un contexte économique élargi et où les fleuves ne sont plus les seuls modes de transport : la domestication de l'âne et le développement de la roue rendent possibles désormais des fondations de villes puissantes en Syrie occidentale à l'exemple d'Ebla (voir *infra*). Cette deuxième grande ville avec son palais, ses temples et son riche artisanat d'œuvres d'art n'exista que pendant deux siècles avant de subir une destruction totale par le feu, sans doute à la suite d'un conflit militaire dont le petit-fils de Sargon d'Akkad, Naram-Sin, sortit vainqueur. Une reconstruction presque immédiate donna naissance à la troisième ville, sans doute parce que sa situation géographique à la jonction

---

360. Pour un résumé scientifique très accessible, cf. J.-C. MARGUERON, « Le royaume de Mari », *Studia Orontica. Bulletin du Centre Syrien de la recherche archéologique de la vallée de l'Oronte*, II, 2008, p. 7-61.

361. J.-C. MARGUERON, *Mari. Métropole de l'Euphrate*, Paris, Picard, 2004. Il pencherait plutôt pour la date de 1664, mais s'en tient pour l'instant au *statu quo*, faute de pouvoir expliquer les lacunes de la documentation avant l'arrivée des Amorites. Cet ouvrage est la synthèse de quarante ans de fouilles à Mari entre 1933 et 2003.

des routes de la Syrie du Nord-Ouest et du Khabour commandait l'accès à la Babylonie. Deux périodes ont pu être mises en évidence dans cette séquence d'histoire qui dura encore trois ou quatre siècles : celle de la dynastie des Shakkanakku et celle des Amorites au cours desquelles la ville subit d'importantes transformations et donna par ses œuvres d'art de multiples preuves de sa prospérité.

Cette quasi-continuité des recherches à Mari, pendant plus de soixante-quinze ans, a permis de mettre au jour un nombre considérable de documents et de vestiges fondamentaux pour la connaissance de la capitale de ce royaume suméro-akkadien du IIIe millénaire au milieu du IIe, détruite définitivement par le roi de Babylone, Hammurabi, vers 1760[362]. Outre des temples, dont celui de la déesse Ishtar, un palais du IIIe millénaire en briques crues et cuites dont les fresques murales étaient conservées, ainsi qu'un autre de la fin du IIe millénaire, les fouilles de Mari ont permis la mise au jour de dizaines de milliers de sceaux cylindres et de tablettes en écriture cunéiforme, véritables archives du royaume, ainsi qu'une quantité considérable de statues de divinités et de dignitaires. Tout cela illustrait la vie quotidienne et le fonctionnement de cette « capitale fabuleuse », « une des plus brillantes cités du monde mésopotamien », comme la qualifiait André Parrot[363], et a permis de faire progresser les connaissances sur l'âge du Bronze Ancien et Moyen en Syrie. Mari, selon Jean-Claude Margueron, est, non seulement, « un merveilleux exemple de la naissance d'une cité dans un milieu géographique, économique et humain très spécifique », mais elle a fait aussi « la synthèse de toutes les caractéristiques que l'on trouvait auparavant disséminées sur divers sites de Mésopotamie ». Mais la ville avait encore beaucoup à nous apprendre, car en 2010 lorsque eut lieu la dernière mission à Mari de Pascal Butterlin, seul 8 % du site avait été exploré[364].

---

362. J.-C. MARGUERON, « Mari : principaux résultats des fouilles conduites depuis 1979 », *CRAI*, 1986, p. 763-786.
363. A. PARROT, *Mari, capitale fabuleuse*, Paris, Payot, 1974.
364. P. BUTTERLIN, « Cinq campagnes à Mari : nouvelles perspectives sur l'histoire de la métropole du Moyen-Euphrate », *CRAI*, 154-1, 2010, p. 171-210.

Doura-Europos

Doura-Europos, dont les prospections et les fouilles avaient livré tant d'importantes connaissances (cf. cahier central, ill. 30), avait été abandonnée en avril 1937 après une dixième et dernière campagne de l'université de Yale (USA). À cette date, seul un tiers du site avait été dégagé avec des méthodes que certains jugèrent par la suite contestables. Des accumulations de déblais recouvraient des zones non fouillées, les enlèvements du remblai ancien accolé à la partie interne du rempart pour y rechercher les bâtiments peints l'avaient fragilisé. L'absence de protection ou de conservation des constructions bâties, soit dans un gypse feuilleté, soit en briques crues, les avait soumises aux aléas climatiques, provoquant leur délitement ou leur éclatement sous l'effet des averses torrentielles et des variations thermiques.

Contrairement à d'autres sites où les fouilles reprirent aussitôt après la guerre, ce n'est qu'en 1981 qu'une mission française obtint le droit de faire des expertises à Doura avec Pierre Leriche. Trois missions d'étude des remparts eurent lieu en 1982, 1983 et 1984 suivies d'une mission d'expertise en 1985 qui aboutit à élaborer un plan d'action conjoint entre la Direction Générale des Antiquités et des Musées de Syrie (DGAMS) et la Direction Générale des Relations Culturelles et Techniques (DGRCST) du ministère français des Relations extérieures et à convenir d'un début des travaux pour le printemps 1986[365]. Les premières missions sous la direction conjointe de Pierre Leriche et Mahmoud A'sad, directeur des Antiquités de Deir ez-Zor, eurent avant tout pour but de sauvegarder plusieurs monuments anciennement fouillés et gravement menacés de ruine : la redoute, la tour sud du rempart ouest, la porte principale de la ville (porte de Palmyre) et la citadelle avec le palais du stratège. Mais la poursuite du programme envisageait aussi de faire progresser les recherches historiques à l'aide des études sur les remparts et les portes, les principaux monuments du site (palais du stratège,

---

365. P. Leriche, A. Mahmoud, G. Lecuyot, B. Mouton, « Le site de Doura-Europos : état actuel et perspectives d'action », *Syria*, 63, 1986, p. 5-25.

temple de Zeus Mégistos et d'Azzanathkôna, temple d'Atargatis, maisons et rues, nécropole), ainsi que la céramique, les monnaies et de tout le matériel en place afin d'affiner la chronologie de l'occupation et de l'évolution du site[366]. C'est en même temps dans une perspective nouvelle que se plaçait ce programme : fouiller selon des techniques plus contemporaines, mais aussi restaurer et mettre en valeur un site qui, entre le IIIe siècle av. notre ère et 256 apr. J.-C., était au confluent des civilisations grecque, parthe et romaine, et qui existait sans doute déjà sous la forme d'une bourgade à l'époque assyrienne ou néo-assyrienne[367].

Palmyre

Un autre grand chantier français au cours du mandat, Palmyre, fut lui aussi relancé après la guerre. Mais les Français n'y sont plus les seuls ; en raison de l'ampleur du site, de multiples pays ont obtenu de la DGAMS des autorisations de fouilles, certaines de courte durée et pour des secteurs précis, d'autres plus durables. Parmi les premières figurent les travaux de l'archéologue suisse Paul Collart au temple de Baalshamin qui y travailla entre 1954 et 1956, et parmi les dernières, les fouilles polonaises conduites par Kazimierz Michalowski à partir de 1958 et qui se poursuivaient encore en 2011 sous la conduite de son successeur Michal Gawlikowski.

Paul Collart avait déjà œuvré au Proche-Orient lorsque Henri Seyrig l'avait chargé en 1929 de fouiller et d'étudier le grand autel du sanctuaire de Baalbek. Henri Seyrig, qui dirigeait depuis 1946 l'Institut d'archéologie de Beyrouth, fit à nouveau appel à lui alors qu'il était en mission d'inspection des biens culturels de la Syrie et du Liban pour l'Unesco. Il s'agissait de nouer

---

366. P. Leriche et M. Gelin (éd.), *Doura-Europos Études IV 1991-1993*, BAH, Beyrouth, Presses de l'Ifpo, 1997.
367. P. Leriche et A. Mahmoud, « Doura-Europos. Bilan des recherches récentes », *CRAI*, 1994, p. 395-420. P. Leriche, G. Coqueuniot & S. de Pontbriand (éd.), *Europos-Doura, varia I*, BAH 198, Beyrouth, Presses de l'Ifpo, 2012, où est présenté un bilan des campagnes archéologiques entre 1986 et 2009.

des contacts avec les autorités syriennes dans le but de fouiller le temple de Baalshamin. Trois campagnes seulement, de 1954 à 1956, furent menées sur le chantier, comptant en tout une vingtaine de semaines. Il fallut tout d'abord dégager le temple des structures de l'église byzantine à trois absides qui l'avaient réoccupé au cours de l'Antiquité tardive, ce qui permit de retrouver la structure primitive du temple et un très beau linteau « aux aigles » qui couronnait en son temps la niche cultuelle du dieu Baalshamin. Les archéologues mirent également au jour les cours qui entouraient le temple et eurent la surprise de découvrir la présence d'un tombeau souterrain dans l'espace sacré. Ce dernier, en contradiction avec les règles habituelles de non-coexistence des espaces sacrés et funéraires, ne va pas sans poser un problème, à ce jour non résolu.

Malgré la brièveté de la fouille, les résultats furent néanmoins déterminants pour éclairer les phases de l'édification du temple, les rites cultuels palmyréniens et les remplois du sanctuaire[368]. Il s'avéra que dans sa phase primitive, au Ier siècle apr. J.-C., le temple n'était qu'un simple « Hamana » (sorte de petite chapelle sacrée), entouré plus tard par des cours à portiques offertes par des familles liées au sanctuaire. En 131 apr. J.-C., un généreux citoyen de Palmyre, Malè Agrippa, profita de la venue de l'empereur Hadrien à Palmyre pour donner au temple l'aspect extérieur qu'on lui connaissait en 2015, celle d'un petit temple prostyle tétrastyle aux colonnes corinthiennes. Mais, comme pour d'autres temples de Palmyre, le sanctuaire avait reçu un habillage gréco-romain qui n'avait pas fait disparaître les éléments inhérents au culte d'une divinité sémitique. Il était resté à ciel ouvert et, à l'intérieur, la statue du dieu était abritée sous un dais et cachée derrière un rideau.

Les archéologues polonais ont quant à eux largement contribué par la durée de leur présence sur le site, non seulement à

---

[368]. P. COLLART et J. VICARI, *Le sanctuaire de Baalshamin à Palmyre*, Bibliotheca Helvetica Romana, t. X, 1 et 2, Rome, Institut suisse de Rome, 1969 ; R. STUCKY, « Fouilles suisses du sanctuaire de Baalshamin à Palmyre. Le passé confronté au présent et à l'avenir », *Antike Kunst*, 61, 2018, p. 63-72.

la découverte de nouveaux monuments, mais aussi à la mise au jour de mosaïques, d'inscriptions et d'objets divers. On leur doit notamment la fouille du camp de Dioclétien avec son temple aux enseignes[369], du temple de la déesse arabe Allat au nord-ouest de la ville[370], de maisons et d'églises le long de la grande colonnade, et de tombeaux[371]. L'impressionnante bibliographie de Michal Gawlikowski, qui comporte de nombreuses synthèses, montre l'ampleur des travaux et des études que ce grand savant, sans doute le meilleur connaisseur de Palmyre, a consacré au site dont il a fait progresser les connaissances en de nombreux domaines. Michal Gawlikowski n'est en effet pas simplement un archéologue, mais il est aussi un historien sachant tirer parti des découvertes parfois les plus ténues, pour tisser le fil de l'histoire du site dans les domaines économiques, religieux ou politiques. Plusieurs chercheurs peuvent aujourd'hui exploiter les nombreuses trouvailles archéologiques, comme les bustes funéraires[372], les verres[373], les mosaïques[374], etc., mises au jour lors des diverses missions.

On ne peut détailler tous les travaux de fouilles ou de restaurations effectués sur le site depuis la fin de la Seconde Guerre mondiale, aussi bien par des équipes syriennes (temple de Nabu[375],

---

369. K. MICHALOWSKI, *Palmyre. Fouilles polonaises 1961*, Varsovie, Université de Varsovie, 1963 ; *Id.*, *Fouilles polonaises 1963-1964*, Varsovie, Université de Varsovie, 1966 ; *Id.*, *Les Principia de Dioclétien («Temple aux enseignes»)*, Varsovie, Université de Varsovie, 1984.
370. M. GAWLIKOWSKI, *Le sanctuaire d'Allat à Palmyre*, PAM Monograph Series 8, Varsovie, Université de Varsovie, 2017.
371. M. GAWLIKOWSKI, *Monuments funéraires de Palmyre*, Varsovie, Éditions scientifiques de Pologne, 1970.
372. A. SADURSKA, *Le tombeau de la famille Ailanê. Palmyre VII*, Varsovie, Éditions scientifiques de Pologne, 1977 ; A. SADURSKA et A. BOUNNI, *Les sculptures funéraires de Palmyre*, Rome, G. Bretschneider, 1994.
373. K. AL-AS'AD et K. GAWLIKOWSKA, *Ancient glass of Palmyra Museum*, Varsovie, 2017.
374. M. GAWLIKOWSKI et M. ZUCHOWSKA, «La mosaïque de Bélérophon», *Studia Palmyrenskie*, 11, 2010, p. 9-42 ; J. BALTY, *Les mosaïques de maisons de Palmyre*, BAH 206, Beyrouth, Presses de l'Ifpo, 2014.
375. A. BOUNNI, *Le sanctuaire de Nabu à Palmyre (texte)*, Beyrouth, Institut français du Proche-Orient, 2004 ; A. BOUNNI, J. SEIGNE et N. SALIBY, *Le sanctuaire de Nabu à Palmyre (planches)*, Paris, Geuthner, 1992.

thermes, grande colonnade avec la mise au jour du souk omeyyade, tombeaux[376]), qu'étrangères (tombeaux[377], agora[378], marché[379]). Plusieurs archéologues syriens, formés lors du mandat, s'y firent un nom, seuls ou en collaboration, parmi lesquels Adnan Bounni et Nassib Saliby.

On doit toutefois s'arrêter sur l'un des derniers chantiers qui avait été ouvert à Palmyre et qui promettait beaucoup pour faire progresser l'histoire du site avant l'époque romaine. Il s'agit des fouilles menées par l'équipe syro-allemande, dirigée par Andreas Schmidt-Colinet entre 1998 et 2010 dans la partie sud du wadi, dans ce qu'il est convenu d'appeler « la ville hellénistique ». On soupçonnait déjà depuis longtemps que sous cette étendue de sable sans éléments de surface apparents devaient se tenir des vestiges de la Palmyre antérieure à la venue de Rome. L'orientation de certains temples, comme celui de Bêl regardant vers le sud-ouest, ou ceux d'Arsu ou de Nabu dont l'entrée fut remaniée pour ouvrir sur la grande colonnade édifiée au IIe siècle, laissait soupçonner un urbanisme antérieur dans cette zone. Une prospection magnétique confirma avec éclat ces soupçons en révélant un vaste réseau de rues, de grands bâtiments, des maisons sur une surface de plus de 20 ha. Des sondages en deux petits secteurs furent suivis d'une fouille qui mit au jour des constructions dont l'ancienneté remontait au IIIe siècle av. J.-C. et des preuves d'activités déjà liées au commerce à distance (céra-

---

376. A. BOUNNI et N. SALIBY, « Tombeau de Shalamellat, vallée des tombeaux à Palmyre », *AAAS*, 7, 1957, p. 25-52 ; *Id.*, « Six nouveaux emplacements fouillés à Palmyre (1963-1964) », *AAAS*, 15/2, 1965, p. 121-138.

377. A. SCHMIDT-COLINET, *Das Templegrab n° 86 in Palmyra*, Mainz, von Zabern, 1992 ; T. HIGUCHI et T. IZUMI (éd.), *Tombs A and C, Southeast Necropolis, Palmyra, Syria, Surveyed in 1990-92*, Nara, 1994 ; T. HIGUCHI et K. SAITO (éd.), *Tomb F-Tomb of BWLH and BWRP : Southeast Necropolis in Palmyra*, Nara, 2001 ; K. SAITO, « Excavations at Southeast Necropolis in Palmyra from 1990 to 1995 », *ARAM*, 7, 1995, p. 19-28.

378. C. DELPLACE et J. DENTZER-FEYDY, *op. cit.*, sur la base des travaux de H. Seyrig, R. Duru et E. Frézouls.

379. Dans l'attente de la publication finale, cf. C. DELPLACE, *Palmyre. Histoire et archéologie d'une cité caravanière à la croisée des cultures*, Paris, CNRS Éditions, 2017, p. 135-140.

miques, amphores[380]). Ce quartier fut occupé jusqu'au IIIe siècle apr. J.-C. avant de se dépeupler partiellement, pour des raisons qui sont peut-être liées à une baisse de l'activité économique et de la population après la prise de Palmyre par Aurélien en 273. Ces fouilles ont malheureusement été interrompues, mais si l'on devait un jour reprendre les prospections archéologiques à Palmyre, nul doute que c'est là, entre autres, qu'il faudrait poursuivre les recherches pour documenter le passé de l'oasis.

C'est à un passé plus ancien encore, celui des premières installations humaines, que s'intéressaient aussi les archéologues comme le Syrien Michel al-Maqdissi qui avait entrepris de mettre au jour les vestiges du IIIe millénaire sous le temple de Bêl, à la suite des sondages de R. Du Mesnil du Buisson dans les années 1960[381], ou encore dans le secteur de la source Efqa. Dans ce domaine aussi les recherches s'avéraient prometteuses avant que tout soit interrompu en 2011.

Apamée-sur-l'Oronte

Enfin, un autre site qui avait été l'objet de sept campagnes de fouilles avant la Seconde Guerre mondiale par une mission belge, Apamée-sur-l'Oronte, fut rouvert aux archéologues en 1965. Les travaux d'avant-guerre s'étaient surtout concentrés dans le secteur de la grande colonnade, avec le dégagement d'un Tychéion (temple de la déesse Tychè), d'une synagogue et d'églises. Des études avaient aussi été menées sur le rempart et la porte nord, mais le site se révéla surtout d'une grande richesse en pavements de mosaïques. La première, de plus de 200 m^2, fut mise au jour sous un dallage de marbre du portique de la « cathédrale de l'Est » en 1932, suivie de beau-

---

380. A. SCHMIDT-COLINET et W. AL-AS'AD (éd.), *Palmyras Reichtum durch Weltweiten Handel. Archäologische Untersuchungen im Bereich der Hellenistischen Stadt. Band 1: Architektur und ihre Ausstattung*, Holzhaussen, Vienne, 2013.

381. A. BOUNNI et M. AL-MAQDISSI, « Note sur un sondage dans la cour du sanctuaire de Bêl à Palmyre », *Topoi*, 11-1, 2001, p. 17-34 ; M. AL-MAQDISSI et E. ISHAK, « The first occupation of Palmyra : Soundings in the sanctuary of Bel and Tell ez-Zor », dans J. Aruz (éd.), *Palmyra: Mirage in the desert*, New York, Yale University Press, 2017, p. 40-65.

coup d'autres encore dans les années suivantes. Les pavements, selon les règles en vigueur sous le mandat, furent partagés entre les musées de Damas et de Bruxelles, mais la documentation recueillie par les fouilleurs ne fut malheureusement pas publiée dans son intégralité. L'incendie des Halles universitaires de Louvain en 1944 fit perdre une partie essentielle des notes ramenées de Syrie et, deux ans plus tard, un autre incendie dans l'aile de l'Antiquité aux Musées royaux d'art et d'histoire ravagea la « salle d'Apamée » avec ses documents.

Le retour sur le site s'avérait donc nécessaire pour reconstituer la documentation perdue. Il eut lieu en 1947 et en 1953 où plusieurs chantiers furent rouverts, mais la mort des archéologues Fernand Mayence et Henri Lacoste ne permit pas les publications attendues. C'est seulement en 1966, après une mission de reconnaissance qui avait eu lieu l'année précédente, que fut composée une nouvelle mission archéologique, dirigée par Jean Charles Balty. Sous sa direction, les archéologues belges fouillèrent Apamée jusqu'en 2002, date à laquelle il fut remplacé par Didier Viviers dont les recherches ont dû s'interrompre en 2010.

Apamée, comme Doura, était connue pour être une fondation de Séleucos Ier, roi en Syrie après le partage de l'Empire d'Alexandre, aux environs de l'an 300 avant notre ère, mais les recherches ont montré que l'occupation du site remontait au Paléolithique moyen d'après les silex retrouvés. Si la continuité de l'occupation semble assurée tout au long des IIe et Ier millénaires, peu de traces subsistent de ces périodes[382], et pas davantage sur les siècles qui précédèrent l'arrivée des Grecs, si ce n'est que le site semble avoir été en contact avec l'hellénisme assez tôt. En témoignent des céramiques grecques à vernis noir et une pixide (petit vase rond à couvercle) à figures rouges de la fin du Ve-début IVe siècle av. J.-C., retrouvées dans des sondages sur les flancs sud et est du tell de Qalaat Mudiq. Une garnison macédonienne y fut installée après la victoire d'Alexandre le Grand à Issos en 333, et l'ancien village de *Pharnakè* fut baptisé

---

382. La découverte par l'archéologue tchèque B. Hrozny en 1937 d'une grande stèle hittite hiéroglyphique a documenté la construction de la ville par un roi de Hama au IXe siècle.

Pella en souvenir de la Macédoine avant de prendre, sous le roi Séleucos Ier, le nom d'Apamée qui était celui de sa première épouse perse (Apama). De l'époque hellénistique, la ville, fortement peuplée et prospère, siège des haras et des écuries des éléphants royaux, ne conserve qu'assez peu de vestiges si ce n'est son plan colonial en damier, le tracé des remparts et le principe des avenues à colonnades (les *plateiai*). En effet, les tremblements de terre d'avril 37 apr. J.-C. et surtout celui du 13 décembre 115 entraînèrent d'irrémédiables destructions, et la ville fut totalement reconstruite à l'époque romaine[383]. Les fouilles sur la longue durée ont permis de nombreuses découvertes exceptionnelles, tant archéologiques qu'épigraphiques, sur ce site de 250 ha, carrefour commercial et forteresse dans un environnement agricole riche[384].

Parmi les plus originales, le démontage de la tour XV du rempart, qui avait été renforcé au IIIe siècle apr. J.-C., effectué entre 1986 et 1988. Alertés par des stèles funéraires sculptées qui gisaient au pied du mur partiellement écroulé, les archéologues s'aperçurent que beaucoup d'autres avaient été remployées dans le mur. Une centaine en furent extraites et leur étude révéla une grande cohérence entre elles par le fait qu'elles appartenaient toutes à des soldats morts à Apamée et enterrés dans la nécropole du camp militaire de la IIe légion *Parthica*. Cette dernière, créée par l'empereur Septime Sévère en 197, cantonnait habituellement près de Rome à Albano, mais des détachements étaient envoyés en Syrie lors des campagnes militaires contre les Parthes, puis les Perses, et ils prenaient leurs quartiers d'hiver à Apamée. D'autres soldats, appartenant à d'autres légions ou à des troupes auxiliaires de fantassins et de cavaliers, venus en renfort, avaient également été enterrés là.

---

383. La ville fut encore affectée par de multiples tremblements de terre tout au long du Bas-Empire (458, 526 et 528) et encore au XIIe siècle (1157 et 1170).
384. Pour l'histoire du site on se reportera à la synthèse de M. EL-ZEIN, *Geschichte der Stadt Apameia am Orontes von den Anfängen bis Augustus*, Heidelberg, Ruprecht-Karl-Universität, 1972 ; J. et J. C. BALTY, *Apamée et l'Apamène antique, Scripta varia historica*, Bruxelles, Académie royale de Belgique, 2014.

Ill. 31. Apamée (vallée de l'Oronte) : stèle funéraire d'Aurelius Dolens, soldat d'une aile de cavalerie, mort à Apamée à l'âge de 26 ans.

Cet ensemble de stèles est d'une extrême importance pour connaître la chronologie des campagnes militaires en Orient entre les règnes de Caracalla (215) et Trébonien Galle (252), approfondir la connaissance des troupes et leur composition, l'origine des soldats, l'armement, l'iconographie, etc.[385]

Le deuxième grand intérêt des fouilles d'Apamée tient, comme on l'a dit, aux très nombreuses mosaïques retrouvées en divers endroits sur le site. Depuis la mise au jour de la première en 1932, beaucoup d'autres sont venues enrichir le catalogue des pavements d'Apamée, qu'elles aient été découvertes dans des maisons (maison aux colonnes trilobées, du cerf) ou des édifices publics (portique, « triclinos », tétraconque). La qualité des réali-

---

385. J. C. Balty, « Apamée (1986) : Nouvelles données sur l'armée romaine d'Orient et les raids Sassanides au milieu du IIIe siècle », dans *Fouilles d'Apamée de Syrie I. Apamée et l'Apamène antique, Scripta varia historica*, Bruxelles, 2014, p. 159-177 ; *Id.*, « Cippes, autels funéraires et stèles militaires d'Apamée : typologie des monuments, modèles iconographiques et ateliers », *Syria*, 92, 2018, p. 15-63.

sations et les thèmes représentés font de l'atelier d'Apamée l'un des plus importants du Proche-Orient avec Antioche[386].

Les chantiers archéologiques nouveaux

La volonté des autorités syriennes de développer la recherche historique sur leur territoire entraîna après l'indépendance la multiplication des appels à des missions étrangères pour ouvrir des chantiers nouveaux un peu partout en Syrie. Ce fut aussi parfois en raison de circonstances particulières que le pays fit appel à de multiples missions, notamment pour faire face aux disparitions inéluctables qu'allait entraîner dans la vallée de l'Euphrate la mise en eau du barrage de Tabqa.

Tell Mardikh/Ebla

Les sites des hautes époques en Syrie, beaucoup moins apparents et repérables que ceux des époques romaine et byzantine, sont restés longtemps négligés par les savants qui, pendant longtemps, ont considéré que l'on ne pouvait trouver les traces d'un passé grandiose qu'en Moyenne et Basse Mésopotamie, d'autant plus que c'est là qu'ils pensaient pouvoir éclairer et authentifier les récits de la Bible[387]. Ce sont les fouilles de Mari et de Ras Shamra, menées à la suite de découvertes fortuites (voir *supra*),

---

386. J. BALTY, *Mosaïques antiques de Syrie*, Bruxelles, Centre belge de recherches archéologiques à Apamée de Syrie, 1977 ; *Id.*, « La mosaïque au Proche-Orient, I. Des origines à la Tétrarchie », dans *ANRW*, II, 12.2, Berlin-New York, W. de Gruyter, 1981, p. 347-429.

387. On citera les premières fouilles effectuées à Ninive par le consul de France Paul-Émile Botta dès 1842, puis par l'archéologue anglais Austen Henry Layard en 1847, le site de Tellô par les Français, Nippur par les Américains, Babylone ou Assur par l'Anglais Walter Andrae. Les quelques sites explorés en dehors de la zone mésopotamienne l'avaient été en raison des ruines qui émergeaient hors du sol, comme à Zincirli/Sam'al près de Gaziantep, capitale d'un puissant royaume araméen des IXe-VIIIe siècles, fouillé par les Allemands Félix von Lushan et Robert Koldewey entre 1888 et 1902, ou Tell Ahmar exploré par l'archéologue anglais David Hogarth en 1908 et visité par G. Bell qui y fit des relevés d'inscriptions (voir *supra*) ou encore Tell Halaf découvert par l'Allemand Max von Oppenheim.

qui convainquirent les savants que la Syrie, elle aussi, recélait dans son sol des vestiges spectaculaires et les traces de brillantes civilisations des IIIe et IIe millénaires. Les prospections devaient alors s'intensifier à la recherche des vestiges paléo-syriens en Syrie intérieure.

C'est ainsi qu'en 1964, le professeur romain Paolo Matthiae ouvrait le chantier de Tell Mardikh à 60 km au sud d'Alep suite à la découverte par des paysans à la fin des années 1950 d'une vasque cultuelle en basalte que son examen attentif permit de dater du XIXe siècle av. notre ère[388]. Le tell qui, géographiquement, se trouvait à un point de franchissement des collines vers la plaine côtière offrait en outre aux archéologues l'avantage d'être vierge de tout monument ou cimetière. En 1924, l'archéologue américain William Foxwell Albright, qui faisait route vers Ur, empruntant à rebours le chemin d'Abraham, se trouvait dans la région du tell Afis, quand les habitants lui signalèrent d'autres sites importants, dont un de nom inconnu. Bien qu'il soit en quête du site d'Ebla, il ne prit pas la peine d'aller le voir et passa ainsi à côté de ce qu'il cherchait, sans aucun doute parce qu'il n'imaginait pas, comme plusieurs de ses successeurs dans les années 1930, que le site recherché puisse être à cet endroit.

Le nom de cette cité était connu par le texte gravé sur le socle de la statue de Gudéa trouvée à Tellô à la fin du XIXe siècle[389]. Il y était question de bois précieux venant du « haut plateau d'Ebla » pour construire le temple du dieu Eninnu vers 2150. Le même nom fut déchiffré dans une inscription qui célébrait les victoires et la destruction de trois villes par le roi Sargon d'Akkad entre 2350 et 2300. Mais les recherches s'orientaient plutôt vers la région d'Antioche, de Mardin plus au nord, ou encore la vallée de l'Euphrate. C'est parce qu'Alep et Ebla étaient associées dans des fragments rituels hurrites provenant de l'empire de Hattusa[390] et aussi dans la liste des cités syro-palestiniennes conquises par

---

388. P. MATTHIAE, *Aux origines de la Syrie. Ebla retrouvée*, Paris, Gallimard, coll. « Découvertes Gallimard », 276, 1996.

389. Gudéa était un prince de Lagash, un royaume de Mésopotamie au IIIe millénaire.

390. Les Hurrites étaient originaires de l'Asie Mineure et au IIe millénaire ils occupèrent la Syrie du Nord. Hattusa était la capitale de l'Empire hittite.

Thoutmosis III, retrouvée à Karnak, que l'on eut l'idée de les rapprocher géographiquement. Si cette situation se confirmait, elle était d'autant plus intéressante qu'elle plaçait un centre urbain du IIIe millénaire entre l'Euphrate et la Méditerranée, loin de la Mésopotamie traditionnelle pour ce genre de site.

Dès les premiers coups de pioche en 1964, le tell livra des éléments propres à laisser penser qu'il y avait bien là une ville importante. Un rempart avec des portes, des maisons, des vestiges d'un palais au centre d'une acropole (palais G) contribuèrent à révéler une culture florissante entre 2000 et 1600. En 1968, la découverte sur les flancs de l'acropole du tell, d'un torse de statue avec une dédicace du roi « Ibbit-Lim d'Ebla à la déesse Ishtar » apporta la confirmation que Tell Mardikh était bien le site recherché.

Une dizaine d'années plus tard, en 1975, les archéologues firent une découverte exceptionnelle qui allait permettre de reconstituer la vie de la cité-État entre 2350 et 2300. Quatorze mille cinq cents tablettes d'argile et des centaines de fragments d'autres, écrites en écriture cunéiforme, vinrent s'ajouter aux quarante-deux qui avaient été trouvées l'année précédente. Elles étaient archivées dans une salle spéciale, située sous la salle d'audience du palais, rangées verticalement sur plusieurs niveaux d'étagères en bois. La découverte était d'autant plus exceptionnelle que la période du IIIe millénaire à laquelle elles appartenaient était mal connue. Mais, dans un premier temps, le déchiffrement trop rapide des textes, rédigés dans un araméen local que l'on appela éblaïte, fut à l'origine d'une polémique qui dépassa les frontières de la science et prit une tournure politique embarrassante dans le contexte de la guerre de Kippour entre la Syrie et Israël. En effet, avant même la publication des textes, la rumeur se répandit qu'ils contenaient des informations sur les patriarches de la Bible et qu'il y était question d'Israël, de Yahvé, de Sodome et Gomorrhe, et que, pour cette raison, les autorités syriennes en empêchaient la divulgation. La passion retombée, après des études scientifiques sérieuses et la publication des textes, on établit qu'Ebla fut la capitale d'un puissant royaume du IIIe millénaire, entre 2500 et 2300 av. notre ère, époque qualifiée de « proto-syrienne ». Les tablettes traitaient de sujets très variés dans une langue nouvelle qu'il fut assez aisé de déchiffrer, car certaines d'entre elles étaient des listes lexicales de mots sumériens avec leur correspondance en éblaïte[391]. C'est ainsi que les épigraphistes purent disposer d'un véritable dictionnaire bilingue. Certaines tablettes étaient en rapport avec la vie économique, comme des comptes-rendus de livraisons de tissus, de vêtements, de métaux précieux, de fer et de cuivre, de denrées alimentaires, des enregistrements de bétail et d'activités agricoles ; d'autres concernaient la vie politique sous forme de décrets royaux, d'actes de donations, de traités avec d'autres cités ; d'autres encore documentaient la vie religieuse (liste d'offrandes aux dieux, hymnes, collections d'exorcismes) qui révéla un riche panthéon d'une dizaine de divinités. Le tout couvrait la période des trois derniers règnes précédant la destruction totale du site en 2300, peut-être par le roi Sargon d'Akkad dont la conquête vers le nord visait à anéantir les alliances entre les cités de Haute Mésopotamie, susceptibles de couper la route des approvisionnements en bois depuis les massifs de l'Amanus et du Taurus, indispensables à sa puissance. Mais les interprétations divergent sur le ou les responsables des destructions qui semblent avoir été répétées.

Quoi qu'il en soit, les fouilles révèlent que la cité parvint à se relever de ses cendres lors d'une période que les archéologues appellent « paléo-syrienne » (2000-1600 av. J.-C.), et à devenir à nouveau puissante. La ville, plus grande qu'auparavant, est alors contenue dans une enceinte où furent construits plusieurs palais, plusieurs temples dont l'un certainement consacré à la déesse Ishtar, et des tombes dont trois étaient inviolées : celle de la « princesse », « du seigneur aux capridés », et « des citernes ». Elles contenaient du matériel céramique, des bijoux, des statuettes dont la richesse a conduit les fouilleurs à les rattacher à la famille royale du lieu. Le pied de l'acropole était bordé de quartiers résidentiels aux maisons construites sur des soubassements en pierre et argile crue et pourvues de toits en terrasse. Mais en 1600, la cité est à nouveau détruite à la suite d'un conflit, peut-

---

391. A. Archi, « Les archives royales d'Ebla », dans *Syrie, mémoire et civilisation*, Catalogue de l'exposition de l'IMA, Paris, 1993, p. 108-119.

être par les Hittites, ou l'un de leurs soutiens, qui ravagent à la même époque plusieurs autres villes, dont Mari.

Les découvertes d'Ebla incitèrent d'autres équipes de fouilleurs à entreprendre des recherches en Haute Mésopotamie dans l'espoir de mettre au jour d'autres cités ayant appartenu à divers royaumes prospères aux IIIe et IIe millénaires. C'est ainsi que furent ouverts entre 1979 et 1992 les chantiers de Tell Leilân (antique *Shehna*) en Haute Djézireh[392], Tell Bi'a (antique *Tuttul*) près de Raqqa[393], Tell Beydar (ancienne *Nabada*[394]), et que furent reprises des fouilles anciennes à Tell Chuera en Djézireh[395], Tell Brak/*Nagar*[396], Tell Mishrifeh/*Qatna* près de Homs[397], et à Tell Nebi Mend/*Kadesh*[398]. Tous ces tells prouvèrent l'importance des sites syriens aux époques anciennes. Certains, comme Tell Brak, étaient occupés depuis le VIe millénaire (période Halaf), et ce

---

392. D. PARAYRE, « Cinq campagnes de fouilles à Tell Leilan dans la Haute Jézireh (1979-1987) : Bilan et perspectives », *Journal des Savants*, 1-2, 1991, p. 3-26 ; J. EIDEM, *The Royal Archives from Tell Leilan: Old Babylonian Letters and Treaties from the Lower Town Palace East*, PIHANS 117, Leyde, 2011.

393. P. A. MIGLUS, E. STROMMENGER, *Tall Bi'a Tuttul – VII, Der Palast A* (Wissenschaftliche Veroffentlichungen der Deutschen Orient-Gesellschaft – WVDOG, 114), Wiesbaden, Harrassowitz Verlag, 2007.

394. M. LEBEAU et A. SULEIMAN, *Tell Beydar / Nabada – An Early Bronze Age City in the Syrian Jezirah: 10 Years of Research (1992-2002)*, Documents d'archéologie syrienne VI, Damas, 2008.

395. Décrit en 1913 par M. von Oppenheim et fouillé à partir de 1958 par une mission de l'université de Berlin. A. MOORTGAT, « Tell Chuera in Nordsyrien : Vorlaufiger bericht unber die funfte grabungskampagne 1964 », *AAAS*, 16, 1966, p. 47-62 ; W. ORTHEMANN, « Ausgrabungen in Tell Chuera in nordost-Syrien : I : Vorbericht über die Grabungskampagne 1966 bis 1992 », Saarbrucken, 1995.

396. Exploré par M. Mallowan en 1937-1938, le site était fouillé depuis 1976 par les Britanniques. Voir A. MCMAHON, « North Mesopotamia in the Third Millennium BC », dans H. Crawford, *The Sumerian World*, Londres/New York, Routledge 2013.

397. Fouillé dès 1924 par R. Du Mesnil du Buisson ; repris en 2000 par diverses équipes syrienne, italienne et allemande : M. AL-MAQDISSI, M. LUCIANI, D. MORANDI, M. NOVÁK, P. PFÄLZNER, *Excavating Qatna I – Preliminary Report on the 1999 and 2000 Campaigns of the Joint Syrian-Italian-German Archaeological Research Project at Mishrife*, Damas, 2002.

398. P. J. PARR (éd.), *Excavations at Tell Nebi Mend, Syria: volume 1, Levant Supplementary Series* 16, Council for British Research in the Levant, Oxford, 2015.

sont les changements politiques, liés à l'expansion de certains royaumes dominants, qui expliquent les destructions totales du site, suivies de phases de réoccupation. Les sites ont révélé des éléments d'architecture monumentale (remparts, palais, temples), ainsi que des tombes contenant de nombreux objets de leur culture matérielle (céramiques, statues, bijoux). Plusieurs d'entre eux conservaient des archives en écriture cunéiforme sur des tablettes d'argile qui donnèrent d'importants renseignements sur l'agriculture (Tell Beydar), les relations commerciales et diplomatiques de ces royaumes avec leurs voisins, leurs pratiques religieuses ou des listes des rois qui les avaient dirigés (Qatna), ainsi que de nombreux sceaux-cylindres.

Comme les autres sites archéologiques en Syrie, aucun d'entre eux n'a échappé dès 2011 au pillage et à la destruction.

« La vallée engloutie[399] »

En 1968, la Syrie décidait de construire un grand barrage sur le Moyen-Euphrate, à la hauteur de Tabqa, qui devait créer en amont un lac artificiel de 80 km de long sur 8 km de large. Le barrage avait pour objectifs officiels de favoriser l'irrigation de terres jusqu'alors incultes, de fournir le pays en électricité et de réguler le fleuve. Les autorités attendaient un grand bénéfice de ces travaux pour le développement économique et social du pays, mais le prix scientifique à payer était la disparition définitive d'un nombre considérable de sites, échelonnés tout au long des deux rives d'un fleuve, qui témoignaient de l'installation des hommes depuis des millénaires.

Étrangement, peu de fouilles avaient été entreprises auparavant dans ce secteur malgré les repérages de nombreux tells et sites archéologiques par des voyageurs et des savants qui avaient parcouru ces zones entre la fin du XIXe siècle et le début du XXe (voir *supra*). Dans les quelques chantiers qui avaient été ouverts, les découvertes avaient pourtant révélé leur immense importance

---

399. Titre emprunté à l'ouvrage de J. GABORIT, *op. cit.*, dans lequel sont répertoriés et décrits plus de 199 sites dont 146 en Syrie, essentiellement pour les périodes entre le IVe siècle av. J.-C. et le VIIe siècle apr. J.-C., ayant eu à souffrir de la mise en eau des différents barrages le long du cours de l'Euphrate.

et, pour certains, leur grande ancienneté d'occupation. C'était le cas notamment du site néolithique de Tell Mureybet[400] ou celui de Meskéné[401]. Par ailleurs, on connaissait, grâce à des tablettes en écriture cunéiforme, les noms de plusieurs sites qui avaient fait partie des royaumes établis dans la région aux IIIe et IIe millénaires (Tullul, Karkemish, Yamhad [Alep]), ainsi que ceux occupés par les Mittaniens, les Hittites ou les Assyriens, tous venus soumettre plus ou moins durablement la vallée, sans que l'on sache les localiser précisément. Plusieurs d'entre eux devaient correspondre à certains des tells qui jalonnaient la vallée. D'autres laissaient apparaître en surface des vestiges des époques hellénistique ou romaine, byzantine, pré-islamique et islamique. Afin de ne pas effacer à jamais l'histoire de ces sites, il était urgent d'en explorer le plus possible avant la montée des eaux à 300 m au-dessus du niveau de la mer. Il fut alors décidé de procéder au sauvetage de cette partie de la vallée qui devait totalement ou partiellement disparaître sous les eaux.

La Direction des Antiquités de Syrie effectua dans un premier temps en 1963 une exploration aérienne et topographique systématique de la zone qui répertoria trente-quatre ensembles archéologiques avec des monuments à protéger et des tells à fouiller[402], nombre qui devait passer à cinquante-cinq après la prospection de deux savants étrangers en 1964[403]. C'est ainsi qu'il fut décidé de mettre à l'abri certains sites et monuments qui, bien que non menacés d'un ennoiement total, risquaient d'être fragilisés par les remontées d'humidité. Les services de la Direction des Antiquités de Syrie restaurèrent et consolidèrent notamment la citadelle médiévale de Jaber, qui devait émerger comme une île au-dessus du lac, et ils démontèrent et rebâtirent sur une hauteur voisine le minaret de la mosquée

---

400. Les premiers sondages furent effectués par M. Van Loon et l'Université de Chicago en 1964 et une fouille eut lieu entre 1965 et 1968.

401. Trois tranchées y avaient été ouvertes en 1929 par les Français G. Salles et E. de Lorey, mais les résultats de leurs recherches ne furent pratiquement pas publiés.

402. A. K. RIHAOUI, « Études préliminaires sur la sauvegarde des monuments de la région du barrage de l'Euphrate », *AAAS*, 15-1, 1965, p. 99-101.

403. Cf. M. VAN LOON, *The Tabqa reservoir survey*, Damas, DGAM, 1967.

de Meskéné et de celle de Abu Houreira en le plaçant sur un monticule artificiel dans la ville de Tabqa. Mais, devant le nombre de sites à explorer et l'urgence de la tâche à accomplir avant la mise en eau, les Syriens firent appel à la solidarité internationale par l'entremise de l'Unesco afin d'inviter tous les pays à « apporter leur coopération technique aux opérations de restauration et à envoyer des missions scientifiques pour fouiller les sites et les buttes archéologiques repérées dans la zone de submersion[404] ». Ils espéraient que la réglementation établie, qui permettait aux institutions et aux musées qui organiseraient des missions de disposer de la moitié des antiquités découvertes, sauf trouvailles exceptionnelles, inciterait plusieurs pays à donner leur accord. Neuf pays différents répondirent à l'appel et dépêchèrent seize missions qui, avec les sept missions syriennes[405], entreprirent de fouiller 26 sites jugés importants d'après les repérages systématiques effectués sur les deux rives du fleuve. Il s'agissait de faire vite, car pour les parties de la vallée qui devaient être submergées, tous les travaux commencés en 1972 devaient s'arrêter le 15 octobre 1973[406] ; seuls les secteurs restés insubmersibles purent être fouillés plus longtemps. Ce fut le cas du site d'Emar qui, bien que fouillé jusqu'en 1986, n'a malgré tout pas permis aux archéologues d'atteindre les niveaux antérieurs au XIVe siècle, alors que la cité est attestée depuis le XVIIIe par des archives de Mari (XVIIIe siècle) et d'Ebla (deuxième moitié du IIIe millénaire). Il n'est pas impossible toutefois que la ville du XVIIIe siècle ait été abandonnée au profit d'une nouvelle, plus éloignée de

---

404. A. BAHNASSI, « Le sauvetage des vestiges de la zone de submersion du barrage de Tabqa sur l'Euphrate », *Monumentum*, 17, 1978, p. 57-70.

405. Les Syriens fouillèrent Tell al-Abd, Anab es-Safina, Dibsi Faraj, Tell Sheikh Hassan, Tell Fray et Jaber. Les missions étrangères se répartirent ainsi : missions françaises à Tell Moureybet et Meskéné, suisses à Tell el-Hajj, hollandaises à Taas, Hadidi et Tell al-Hariri, belges à Halaweh, américaines à Dibsi Faraj, Tell Hadidi, Tell al-Fray et Shams ed-din-Tannina, allemandes aux Tells d'Habouba et à Tell Mumbaqat, italiennes à Tell Fray, anglaises à Tell Abu Hureyra et Tell Sueihat et japonaises à Tell Roumeila.

406. Les fouilles prirent fin officiellement le 15 novembre 1973, mais elles se prolongèrent sur certains sites jusqu'en 1978, tant que la montée des eaux ne fut pas totale.

l'Euphrate sans doute responsable de sa disparition sous les eaux déjà à cette époque[407].

Le bilan des découvertes fut largement positif, tant pour l'identification des sites dont le nom n'était connu que par des mentions dans des documents écrits, que pour des objets mis au jour et surtout pour la connaissance de l'histoire de ces sites dont certains remontaient aux périodes les plus hautes[408]. À Abu Houreira par exemple, furent révélés les vestiges d'un habitat temporaire de chasseurs et de cueilleurs du Mésolithique ; à Mureybet les recherches ont permis de suivre depuis le IXe jusqu'au VIIe millénaire les différentes étapes de la néolithisation du site (évolution des habitats, agriculture, céramique et élevage du petit bétail). Les principales phases de développement de l'humanité étaient toutes entières contenues dans les 17 niveaux d'occupation en continu du site sur trois millénaires[409]. D'autres sites (Habuba-Qannass et le Jebel Aruda) contribuèrent quant à eux à éclairer les débuts de l'urbanisation dans ces comptoirs sumériens fondés vers 3300 pour approvisionner la Basse Mésopotamie, *via* le fleuve, en matériaux qui lui faisaient défaut, tel le bois et la pierre à bâtir. L'Euphrate jouait un rôle déterminant dans le développement de ces cités en favorisant les relations commerciales tout au cours des IIIe et IIe millénaires. Une autre richesse apportée par ces fouilles fut celle des centaines de sceaux cylindres et de tablettes en écriture cunéiforme qui témoignaient de la vie, de la culture et des relations commerciales et diplomatiques de ces cités aux XIVe et XIIIe siècles av. J.-C.

Dans de nombreux cas, les niveaux supérieurs des sites dataient des époques hellénistiques ou romaines et plusieurs

---

407. J.-C. MARGUERON, « Emar au IIe millénaire », dans *Syrie. Mémoire et Civilisation*, Paris, Flammarion, 1993, p. 171-175.
408. A. BOUNNI, « Campaign and Exhibition from the Euphrates in Syria », dans D. N. Freedman (ed.), *Reports from the Tabqa Dam Project : Euphrates Valley, Syria*, The Annual of the American Schools of Oriental Research, vol. 44, 1979, p. 1-7 ; J.-C. Margueron (éd.), *Le Moyen-Euphrate, zone de contact et d'échanges : actes du colloque de Strasbourg 10-12 mars 1977*, Leyde, Brill, 1980.
409. J. CAUVIN, « La Syrie au Néolithique », dans *Au pays de Baal et d'Astarté : 10 000 ans d'art en Syrie*, Paris, ministère des Relations extérieures, Éditions de l'Association française d'action artistique, 1984, p. 32-35.

La Syrie indépendante et le développement des recherches 245

d'entre eux avaient continué d'être occupés à l'époque byzantine puis islamique. Trente-six sites ont été répertoriés et dix-huit ont été fouillés avec un intérêt particulier porté à Tell al-Hajj, Dibsi Faraj et Hawigat Halawa. Plusieurs nécropoles, des bâtiments d'habitation ou publics ainsi que du matériel ont permis de documenter les niveaux les plus récents. Mais, soit en raison du temps limité dont les archéologues disposaient, soit par défaut de moyens techniques, soit par la dispersion des équipes après la fouille, beaucoup de publications n'ont jamais vu le jour, ou sont restées partielles. Le préjudice scientifique est d'autant plus grand que plus du tiers de ces sites ont été totalement ennoyés et ne permettront plus jamais de connaître la totalité de leur histoire. Quant à ceux qui sont restés partiellement hors d'eau, les pillages leur ont fait perdre totalement leur intérêt pour la science, pillages dont les effets dévastateurs se sont amplifiés depuis la guerre de 2011[410].

Le Hauran en Syrie du Sud

Il est un autre secteur de Syrie longtemps laissé de côté par les archéologues malgré ses importants et spectaculaires vestiges : la zone qui s'étend du sud de la Damascène jusqu'à la frontière jordanienne et que l'on appelle généralement le Hauran. On a vu dans des chapitres précédents combien cette région, façonnée par les éruptions volcaniques, avait fasciné tous les voyageurs dès le XIXe siècle par l'abondance et la qualité de ses ruines antiques. Les premières recherches scientifiques étaient dues au travail des Français Melchior de Vogüé, William Henry Waddington, René Dussaud et Frédéric Macler, mais surtout à celui de l'équipe américaine de l'université de Princeton, dans les villages du plateau du Leja et dans ceux de la montagne druze à la fin du XIXe et au début du XXe siècle.

Même à l'époque du mandat, très peu de recherches archéologiques avaient été effectuées dans la région. On retiendra les prospections épigraphiques dans le Jebel Druze et des

---

410. J. GABORIT, *op. cit.*, Synthèse, 2015, p. 181-187, et *Catalogue*, p. 144-187 des sites de la rive droite ; p. 309-345 sites de la rive gauche.

dégagements effectués dans la ville de Suweida par Maurice Dunand, les quelques travaux de protection ou de consolidation de monuments, comme à Bosra avec la restauration de la mosquée d'Omar en 1930 ou, en 1941, celle de l'arc central. Le plus grand chantier de la période qui suivit l'indépendance fut celui du dégagement du théâtre de Bosra qui, après avoir été enserré dans une série de bastions à l'époque ayyoubide (XIIe-XIIIe siècles), avait vu sa *cavea* totalement comblée par plusieurs étages de casernements militaires et des citernes. Les travaux d'évacuation de ces éléments commencèrent en 1947 pour se terminer dans les années 1970, et ils redonnèrent à l'édifice son aspect d'origine tel qu'il était lorsqu'il fut achevé à la fin du IIe siècle de notre ère. Le monument, quasi intact (seules la plupart des colonnes du mur de scène manquent à l'appel), est certainement l'un des plus spectaculaires du monde romain (cf. cahier central, ill. 32).

L'essentiel des travaux effectués à Bosra tout au long des années 1950-1980 sont à mettre au compte du directeur des antiquités du site, Sleiman Mouqdad, qui procéda à des dégagements, à de multiples restaurations et à la mise en valeur. Outre le théâtre, Bosra conservait en effet plusieurs gigantesques établissements thermaux, un nymphée[411], des arcs monumentaux, des temples, un cryptoportique en bordure du forum, une grande résidence palatiale, des églises. Tout cela témoignait de l'importance de cette cité qui devint capitale de la province romaine d'Arabie en 106 apr. J.-C. lorsque l'empereur Trajan décida d'annexer le royaume nabatéen[412].

Si ces différents travaux permirent de donner plus de visibilité à ces nombreux édifices, cela se fit malheureusement au détriment des habitants qui occupaient depuis plus d'un siècle ces ruines dont ils avaient fait leurs maisons. On expulsa en effet une grande partie des résidents du village ancien qui furent relogés

---

411. Ce monument appelé improprement Kalybè par de Vogüé, qui en faisait un temple, est bien en réalité une fontaine monumentale, un nymphée, comme l'ont définitivement attesté les fouilles.

412. Il y avait aussi un amphithéâtre et un cirque, mais rien, sinon les emplacements et quelques structures, n'est aujourd'hui réellement perceptible.

La Syrie indépendante et le développement des recherches 247

dans des quartiers neufs en périphérie, mais leur départ fit perdre une grande partie de son charme et de son âme à Bosra, laissant parfois à l'abandon des secteurs entiers qui se dégradèrent. Bosra fut néanmoins inscrite par l'Unesco sur la liste des sites du patrimoine mondial en 1980[413].

Face à l'ampleur de ces travaux de dégagement et de restauration, il fallut là aussi faire appel à plusieurs missions archéologiques étrangères (Danois, Polonais, Italiens, Américains, Allemands) auxquelles furent confiées des tâches ou des secteurs particuliers dans la ville antique ou islamique. Toutefois, la mission qui devait œuvrer le plus durablement fut la Mission archéologique française de Syrie du Sud, conduite à partir de 1974 par Jean-Marie Dentzer, qui travaillait encore à Bosra[414] et dans d'autres villages du Hauran à la veille de la guerre en 2011, notamment sur le site du sanctuaire de Baalshamin à Sia dans le Jebel Druze. L'équipe réunie autour de Jean-Marie Dentzer n'était pas composée que d'archéologues, elle comprenait aussi des épigraphistes[415], des historiens et des historiens d'art, des numismates dont les travaux de synthèse firent considérablement progresser les connaissances sur le Hauran antique en de nombreux domaines : réseau routier, habitat, économie rurale, céramique, société et pratiques funéraires, sculpture, religion, etc.[416]

---

413. Cf. les analyses critiques de L. GILLOT, « Archéologie et processus de patrimonialisation au Moyen-Orient : la mise en valeur du site archéologique de Bosra en Syrie », dans J.-C. David, S. Müller Celka, *Patrimoines culturels en Méditerranée orientale : recherche scientifique et enjeux identitaires.* 2ᵉ atelier (27 novembre 2008) : *Identités nationales et recherche archéologique : les aléas du processus de patrimonialisation (Levant, pays du Golfe, Iran).* Rencontres scientifiques en ligne de la Maison de l'Orient et de la Méditerranée, Lyon, 2008.

414. Pour une présentation complète de l'histoire du site et de ses monuments, cf. J. Dentzer-Feydy, M. Vallerin, Th. Fournet, R. et A. Mukdad (éd.), *Bosra aux portes de l'Arabie,* Beyrouth, Damas, Amman, Presses de l'Ifpo, 2007.

415. La prospection épigraphique en Syrie sera évoquée dans un paragraphe particulier.

416. L'ensemble des travaux publiés le sont en général dans la collection « Bibliothèque Archéologique et Historique » de l'Institut français du Proche-Orient (Ifpo), éditée soit à Paris chez Geuthner, soit pour les plus récents par les presses de l'Ifpo à Beyrouth.

Le Hauran, région largement ignorée par la littérature antique après le Ier siècle de notre ère, sortit ainsi progressivement de l'oubli, et retrouva une identité au sein de l'Empire.

En outre, de nombreux *a priori* et erreurs d'appréciation sur les monuments, leur époque de construction et leur destination, tels qu'avaient cru les définir Howard Crosby Butler et l'équipe américaine, furent redressés. Il apparaît clairement désormais que tout ce qui était considéré comme « nabatéen » dans l'architecture et la sculpture, par les savants des siècles passés, parce que ne correspondant pas aux canons classiques de l'art romain, est essentiellement le fait de pratiques « préprovinciales » dans lesquelles les Nabatéens eux-mêmes n'ont eu aucune part, du moins dans la partie nord de la région. C'est ainsi qu'il est prouvé désormais que le grand sanctuaire de Sia dans le Jebel Druze n'est pas dû aux Nabatéens, mais qu'il a été édifié en grande partie à l'époque où les princes Hérodiens avaient en charge la région, entre la fin du Ier siècle av. J-C. et le milieu du Ier siècle apr. J.-C., et que la divinité principale du sanctuaire n'était pas Dushara, mais Baalshamin[417]. Ces réalités ont néanmoins encore bien du mal à s'imposer dans les esprits, tant en Syrie où cela remet en question des croyances qui étaient utiles pour nourrir le nationalisme arabe, que chez les chercheurs occidentaux, notamment de culture anglo-saxonne, qui persistent à se référer aux conclusions, pourtant obsolètes, mais en anglais, de Butler[418].

La densité des monuments romains, encore visibles dans l'ensemble du Hauran, a longtemps focalisé les recherches sur cette période de l'histoire de la région, bien que des repérages

---

417. J. Dentzer [-Feydy], « À propos du temple dit de "Dusarès" à Si' », *Syria*, 56, 1979, p. 325-332. L. Tholbecq, « Hérodiens, Nabatéens et Lagides dans le Hauran au Ier s. av. J.-C : réflexions autour du sanctuaire de Baʿalshamin de Sʿ (Syrie du Sud) », *Topoi*, 15/1, 2007, p. 285-310 ; J. Dentzer-Feydy, « New archaeological Research at the Sanctuary of Sîʿ in southern Syria : the graeco-roman Divinities invite themselves to Baalshamin », dans M. Blömer, A. Lichtenberger and R. Raja (éd.), *Religious Identities in the Levant from Alexander to Muhammed, Continuity and Change*, Brepols, Turnhout, 2015, p. 313-325.

418. C'est le cas notamment de W. Ball, *Rome in the East. The Transformation of an Empire*, Londres, 2000.

ponctuels aient attesté depuis longtemps l'ancienneté de son occupation. Déjà au XIXe siècle, Gottlieb Schumacher avait signalé et dessiné les dolmens du sud-ouest du Hauran[419], tandis qu'en 1933 Louis Dubertret et Maurice Dunand prospectaient le gisement ossifère de Khirbet al-Umbashi à la limite du Safa, déjà repéré par Cyril C. Graham en 1857[420], et qui fut daté du Bronze Ancien et Moyen (deuxième moitié du IIIe et début du IIe millénaires[421]). Depuis les années 1990, plusieurs prospections et fouilles, soit en reprenant des fouilles anciennes soit en ouvrant de nouveaux chantiers, ont considérablement fait évoluer les connaissances autant sur les périodes pré et protohistoriques que sur la période hellénistique dans la région. Frank Braemer devait en particulier reprendre les fouilles à Khirbet al-Umbashi où il révéla l'existence d'une véritable ville fortifiée sur plus de 60 ha au cœur d'une zone de plus de 10 km^2 en plein désert, dont les sites furent occupés au cours des différents âges du Bronze[422]. Des prospections systématiques, effectuées par le même savant dans les années 2000 sur le plateau du Leja, au sud de Damas, ont permis de repérer une cinquantaine de sites datés entre le IVe et le IIe millénaire[423] dont l'occupation s'est poursuivie en certains points jusqu'à l'Antiquité tardive[424]. Quant à la période hellénistique très mal représentée et documentée, ce sont les travaux de l'architecte Michaelis Kalos à Suweida qui devaient révéler l'existence d'une agglomération avec une citadelle et un palais dont les occupants dominaient la

---

419. G. SCHUMACHER, *op. cit.*, p. 62-72.

420. C. C. GRAHAM, *op. cit.*, p. 226-263.

421. L. DUBERTRET et M. DUNAND, « Les gisements ossifères de Khirbet al-Umbashi et de Hebariyeh (Safa) », *AAS*, IV-V, 1954-55, p. 60-76.

422. F. BRAEMER, J.-Cl. ECHALLIER, A. TARAQI, *Villages et campements de pasteurs dans le « désert noir » (Syrie) à l'âge du Bronze*, BAH 171, Beyrouth, Presses de l'Ifpo, 2005.

423. F. BRAEMER, « Maisons et agglomérations à l'âge du Bronze en Syrie du sud », dans M. al-Maqdissi, F. Braemer, J.-M. Dentzer (dir.), *Hauran V. La Syrie du Sud du Néolithique à l'Antiquité tardive*, t. 1, BAH 191, Beyrouth, 2010, p. 83-102 ; C. NICOLLE, « Le pôle de peuplement protohistorique de Sharaya, à la frange nord du Leja », dans *ibid.*, p. 103-118.

424. Pour l'âge du fer, cf. J. ROHMER, *Hauran VI. D'Aram à Rome*, BAH 217, Beyrouth, Presses de l'Ifpo, 2020.

région avant l'arrivée de Rome[425]. De nombreux sites seraient encore à explorer de manière plus approfondie, notamment les grands Tell al-Ashari et Tell Ashtarah, dont seuls les niveaux les plus récents ont été prospectés. Malheureusement là aussi, les fouilles clandestines et les pillages continus depuis 2011 les ont grandement endommagés et en ont obéré à jamais le potentiel scientifique.

Parallèlement aux fouilles, la Direction des Antiquités de Syrie poursuivait les restaurations et la conservation sur les très nombreux sites du Hauran dont l'objectif s'inscrivait dans la volonté d'ouvrir le pays à davantage de touristes. On citera notamment les travaux effectués sur les sites romains de Shahba, patrie de l'empereur romain Philippe Ier dit « l'Arabe » (244-249) et de Qanawat ou, dans une moindre mesure, celui de Suweida. La tâche était immense, car pratiquement tous les villages actuels dans le Hauran occupent un site antique et rares sont ceux qui, parmi les trois cents répertoriés, ne possèdent pas un vestige de leur passé depuis le temple monumental (Mushennef, Sleim, Atil, Qanawat) jusqu'à la petite sculpture ou la modeste stèle funéraire. Il n'est sans doute que les jebels de Syrie du Nord qui recèlent autant de traces conservées d'un passé lointain, mais les uns et les autres en 2011, face à une démographie galopante et aux besoins d'espaces cultivables, étaient déjà confrontés aux destructions et à la disparition, par ignorance ou par nécessité, de ce qui était considéré comme inutile ou sans lien avec la culture islamique.

Les villes mortes de Syrie du Nord

Un peu à l'image du Hauran, les jebels de Syrie du Nord, depuis les passages de de Vogüé et Butler, n'avaient pas fait l'objet de recherches nouvelles avant la venue de l'architecte Georges Tchalenko. En 1935, Henri Seyrig l'avait chargé d'un programme de restauration du sanctuaire de Saint-Siméon à Qalaat Seman. C'est à cette occasion qu'il fut amené à s'intéresser aux villages du Massif Calcaire, ce que l'on appelle

---

425. M. KALOS, F. RENEL, J.-M. DENTZER, « Suweida (*Soada-Dionysias*) », dans M. al-Maqdissi, F. Braemer, J.-M. Dentzer (dir.), *op. cit.*, p. 147-158.

communément « les villes mortes de Syrie du Nord » en raison de l'absence d'habitants, comme si ces derniers avaient quitté précipitamment leur village. En effet, plusieurs centaines de villages (on répertorie environ 780 sites antiques), désertés progressivement entre le VIIe et le Xe siècle de notre ère, parsèment les différents jebels, et offrent aux regards des maisons, des temples, des églises, des pressoirs, des tombeaux, le tout quasi intact aux toitures près (cf. cahier central, ill. 33).

Les travaux de Georges Tchalenko, accompagné de Jean Lassus, débutèrent en 1939, sur le site de Brad dont ils envisageaient de faire une monographie après en avoir relevé tous les monuments. La guerre interrompit leur travail, mais elle n'empêcha pas Tchalenko de continuer à faire des prospections dans plusieurs villages proches de Qalaat Seman (Taqle, Sheikh Barakat, Qirkbizé et Behyo) et de porter son intérêt non seulement sur les églises, mais aussi sur les maisons et, à partir de là, sur l'organisation des villages, leurs rapports avec le paysage et leur développement économique et social entre le Ier siècle et la conquête arabe. Il étendait ainsi ses réflexions à des domaines que ses prédécesseurs, de Vogüé et Butler, n'avaient pas abordés. M. de Vogüé avait surtout fait un inventaire en 1861 et H. C. Butler, tout en tentant dans un premier temps de classer les monuments, était revenu à une présentation topographique et n'avait fait qu'une tentative de classement des églises à partir de leurs formes architecturales, sans tenter de les comparer avec les autres architectures locales et d'en tirer des conclusions sur la vie religieuse dans le Massif Calcaire[426]. La publication de Tchalenko était largement illustrée de plans, de reconstitutions axonométriques, de cartes et de photographies, mais elle contenait aussi beaucoup d'analyses pour lesquelles il utilisa les données de l'épigraphie et des textes, notamment les sources syriaques pour l'étude des couvents[427]. Bien que Tchalenko dise que son ouvrage « était avant tout un recueil de dessins », il va

---

426. H. C. BUTLER, *Early Churches in Syria. Fourth to Seventh centuries*, edited and completed by E. Baldwin Smith, Princeton, 1929.
427. G. TCHALENKO, *Villages antiques de la Syrie du Nord. Le massif du Belus à l'époque romaine*, 3 vol., Paris, 1953-1958.

en réalité bien au-delà d'une simple étude de toutes les catégories de monuments présents dans les villages de l'ensemble des massifs (Jebel Seman au Nord, Barisha, Ala et Duweili-Wastani au centre et Zawiyeh (ou Riha) au Sud) et dans les plaines intérieures (Dana-Nord et Qatura pour les principales). Sur une zone de 140 km du nord au sud et 20 à 40 d'ouest en est, Tchalenko a tenté de restituer ce que fut l'évolution de la vie économique et sociale de la région durant six siècles au cours desquels la culture de l'olivier, mais aussi celle de la vigne furent dominantes, comme en témoignent les nombreux pressoirs retrouvés sur les sites[428]. De fait, après avoir considéré que l'olivier était une sorte de monoculture, on revient aujourd'hui à des conclusions plus nuancées. Beaucoup de pressoirs, trouvés notamment sur le site de Serdjilla, étaient aussi des pressoirs à vin pour répondre au développement de la culture de la vigne, et ils s'étaient beaucoup perfectionnés, grâce à l'utilisation du mécanisme à vis, évolution technique relativement coûteuse, mais plus efficace, car elle dispensait de la phase de foulage du raisin. C'est sans doute le développement économique et l'enrichissement des ve-vi^e siècles qui ont permis cette évolution ; le vi^e siècle, souvent présenté comme un siècle de récession économique, ne l'est pas pour la production viticole, assurée de trouver des débouchés dans les centres urbains.

Toute la question est de savoir pourquoi une région aussi prospère s'est progressivement dépeuplée à partir du viie siècle pour ne plus être qu'une zone « fantôme » au xe siècle. Pour de Vogüé, le dépeuplement était le résultat de la fuite des esclaves employés sur les grands domaines lors de la conquête islamique. Pour Tchalenko, qui constate que les villages sont encore occupés au viiie siècle, les raisons sont à chercher dans les modifications du mode d'exploitation qui, de grands domaines fonciers aux mains de notables d'Antioche passe à

---

428. O. Callot, *Huileries antiques de Syrie du Nord*, BAH 118, Paris, Geuthner, 1984 ; *Id.*, « Les pressoirs du Massif Calcaire : une vision différente », dans *Villes et campagnes aux rives de la Méditerranée ancienne. Hommages à Georges Tate*. Textes réunis par G. Charpentier et V. Puech, *Topoi*, supplément 12, 2013, p. 97-109.

de petites propriétés, et aussi dans l'interruption du commerce vers l'ouest dû à l'occupation des Perses. La migration totale serait peut-être la conséquence d'un déplacement des populations vers les plaines plus fertiles dont les terres auraient été rendues vacantes par les pertes humaines résultant des guerres et des épidémies.

Dans les années 1970, les recherches sur la Syrie du Nord s'intensifièrent sous le patronage de l'Institut français d'archéologie et de la Direction Générale des Antiquités de Syrie. Une Mission française de Syrie du Nord est constituée sous la direction de Georges Tate avec la mise en place d'une série de thèmes d'études sur quelques villages pour comprendre quels étaient les « traits constants de la civilisation villageoise entre les époques romaines, byzantines et omeyyades », quels changements les ont affectés par rapport à leur environnement, leur démographie et leur économie. En appliquant une méthode de recherche plus poussée, à la fois verticalement par des fouilles et horizontalement en prenant en compte des groupes de villages au lieu d'exemples isolés, les travaux de Georges Tate aboutirent à des conclusions un peu différentes de celles de Tchalenko sur les raisons du déclin de ces villages. En effet, alors que G. Tchalenko procédait d'une façon globale à partir de constatations de surface exclusivement architecturales dans divers sites, G. Tate s'appuya sur une série de données sérielles datées prenant en compte l'architecture, les installations économiques et agraires dans le but de faire émerger l'histoire démographique, économique et sociale du Massif et d'en mesurer les phases d'évolution[429]. Il arriva à la conclusion qu'il avait existé deux phases de développement du Massif, l'une qui allait du IIe siècle à 550 et l'autre, après 550, qui se traduisit par un arrêt de l'expansion économique, parallèlement à un développement démographique. Une évolution qui fut lente et pas forcément continue, ponctuée de crises surtout dans la deuxième phase. Georges Tate explique le déclin du Massif au milieu du VIe siècle par une crise « de type malthusien » où l'économie se révéla incapable de faire face à l'accroissement

---

429. G. TATE, *Les campagnes de la Syrie du Nord du IIe au VIIe siècle*, Paris, Geuthner, 1992.

de la population, entraînant la paupérisation des paysans et une certaine stagnation à laquelle les guerres contre les Perses et les épidémies auraient rajouté leur lot et que la conquête islamique acheva.

Quatre villages principaux de dimensions variées et dans des zones différentes, qui avaient fait l'objet de prospections poussées afin de constituer des inventaires et des relevés tant topographiques qu'archéologiques (Dehès dans le Jebel Barisha au nord, Serdjilla[430], El-Bara et Ruweiha[431] dans le Jebel Zawiyeh au sud), devaient confirmer les hypothèses de Georges Tate.

Ill. 34. La ville morte de Géradè (Jebel Zawiyeh, Syrie du Nord)

---

430. G. Tate, M. Abdulkarim, G. Charpentier, C. Duvette et C. Piaton, *Serǧilla. Village d'Apamène*, t. I. *Une architecture de pierre*, BAH 203, Beyrouth, Presses de l'Ifpo, 2013, vol. I : texte 616 p. ; vol. II : planches 241 p. ; un volume de dépliants.

431. M. Abdulkarim, « Ruweiha, un village du Massif Calcaire de la Syrie du Nord. Nouvelle étude archéologique », dans *Villes et campagnes aux rives de la Méditerranée ancienne. Hommages à Georges Tate*. Textes réunis par G. Charpentier et V. Puech, *Topoi*, supplément 12, 2013, p. 271-284.

Comme dans le Sud, les villes mortes de Syrie du Nord étaient menacées par l'expansion démographique, c'est pourquoi dans les années 2000 une campagne de protection des sites avait été engagée avec un inventaire précis et la réalisation d'une carte archéologique géo-référencée. D'autre part, la DGAMS avait accepté de délimiter huit parcs protégés au titre de « paysages culturels » qui prenaient en compte non seulement les vestiges archéologiques d'une quarantaine de villages, mais aussi leur paysage resté intact. En 2011, onze ans après le dépôt du dossier, l'Unesco acceptait de classer cette zone au patrimoine mondial, mais le déclenchement de la guerre a conduit à l'inscrire depuis 2013 sur la liste du patrimoine en péril.

La grande aventure des corpus des Inscriptions Grecques et Latines de Syrie

Il n'est pas possible de donner une vue exhaustive des nombreuses recherches qui étaient ouvertes en Syrie, mais il en est au moins une qui, par son ancienneté et sa permanence malgré l'arrêt des recherches de terrain en raison de la guerre, mérite que l'on s'y arrête.

Relever les inscriptions grecques et latines en Syrie commence avec la venue des premiers voyageurs dès le XVIIe siècle, comme en témoignent les copies faites à Palmyre par les premiers redécouvreurs du site (voir *supra*). Quelle que soit la région explorée par la suite, tous recopièrent les textes qu'ils voyaient encore en place sur des monuments ou sur des pierres errantes, mais aussi sur des mosaïques, des supports métalliques ou de terre cuite. Le premier corpus réunissant l'ensemble des textes déjà connus avec les inédits relevés par l'auteur date de 1870. Il est dû à William Henry Waddington, diplomate, homme politique et archéologue français, qui le publia à la suite de ses explorations en Syrie du Nord, à Palmyre et en Syrie du Sud dans les années 1861-1862 qui lui avaient permis de recopier des centaines de textes nouveaux (voir *supra*). Réunir toutes ces inscriptions permettait de mettre à la disposition des chercheurs des textes pas toujours accessibles dans leurs éditions originales et de développer ainsi les recherches sur l'histoire de la Syrie.

Grâce aux multiples thèmes abordés dans les textes, l'épigraphie s'est très vite révélée une source essentielle, dans une région largement ignorée des auteurs anciens, pour compléter les recherches archéologiques et aider à faire la synthèse historique de 15 siècles d'histoire du Proche-Orient entre l'arrivée d'Alexandre le Grand au IVe siècle av. J.-C. et la conquête musulmane. En Syrie du Sud par exemple, les inscriptions sont les seuls textes à documenter l'histoire de la région. En effet, on ne peut compter sur aucune source littéraire entre le tout début du Ier siècle apr. J.-C. (Flavius Josèphe) et le IVe siècle (premiers textes chrétiens, comme les listes conciliaires). Sans l'épigraphie, l'histoire des populations de cette région resterait totalement ignorée, et il a fallu plusieurs années avant que les historiens ne prennent conscience de sa réalité et de son importance au sein du monde romain. Les milliers d'inscriptions funéraires qui, en volume, sont les textes les plus nombreux (80 % du total), sont l'un des seuls moyens de connaître les habitants de ces régions. Naturellement, les grandes lacunes auxquelles nous sommes confrontés ne permettent pas d'évaluer précisément les chiffres de population, pas plus qu'il n'est possible de faire des statistiques fiables ou de connaître toutes les catégories sociales, les élites étant plus visibles que les pauvres. Elles autorisent néanmoins des études variées, en particulier des études onomastiques (origine des noms, type de peuplement, migrations etc.), des études sociales (composition des familles, comportements vis-à-vis des morts, âges au décès), culturelles (degré d'assimilation de la culture gréco-romaine), économiques (métiers), civiques (participation à la vie des villages et des cités).

Les textes officiels renseignent quant à eux sur les institutions locales et leur évolution (passage du village à la cité), sur les relations avec le pouvoir central, la présence et le rôle de l'armée et des gouverneurs, le rôle des communautés ou de l'empereur dans les multiples constructions dont se dotent les villes et les villages (remparts, maisons communes, édifices civils ou de spectacle). Les dédicaces aux divinités et les inscriptions monumentales relatives aux constructions de temples ou d'églises illustrent les croyances, les pratiques et leur évolution au fil du temps.

C'est tout un ensemble de documents premiers qui sont ainsi mis à la disposition des chercheurs et qui, au-delà de leur intérêt propre, permettent, non seulement de faire des synthèses locales sur tel ou tel village, mais replacent dans le contexte plus vaste du Proche-Orient romain les réalités d'une région. Réunis ainsi, ils autorisent des comparaisons, des rapprochements ou au contraire la mise en évidence des originalités par rapport à des régions voisines ou à ce qui se passe ailleurs dans le monde gréco-romain.

La poursuite des explorations et la multiplication des missions archéologiques au cours du XIXe siècle, apportant un grand nombre de nouveaux textes, conduisirent le père jésuite Louis Jalabert, archéologue et professeur à la Faculté orientale de Beyrouth, à annoncer au congrès d'archéologie à Athènes en 1905 la refonte du corpus de Waddington. Associé à son collègue le père jésuite René Mouterde, ils publièrent en 1929 le premier volume des *Inscriptions Grecques et Latines de Syrie* (*IGLS*) consacré à la Commagène et la Cyrrhestique, deux régions du nord de la Syrie[432]. Trois autres volumes suivirent : la Chalcidique et l'Antiochène orientale et méridionale en 1939[433] ; l'Amanus et Antioche en 1950[434] ; Antioche et l'Antiochène en 1953. Puis, Louis Jalabert étant mort en 1943, René Mouterde s'associa à un autre père jésuite, Claude Mondésert, théologien à Lyon, avec lequel il publia deux nouveaux volumes : les inscriptions de Laodicée et de l'Apamène en 1955[435], et en 1959 celles de l'Emésène[436].

Après cette date, alors que la Syrie est déjà indépendante, les Français continuèrent leurs prospections épigraphiques en signant des conventions avec la DGAMS. De nouveaux venus poursuivirent l'œuvre des pionniers en étendant les prospections et les publications aux autres régions : la Beqaa et Baalbek au Liban

---

432. L. JALABERT et R. MOUTERDE, *IGLS* I, BAH 12, Paris, Geuthner, 1929. La Commagène est aujourd'hui en Turquie.
433. *Id.*, *IGLS* II, BAH 32, Paris, Geuthner, 1939.
434. *Id.*, *IGLS* III/1, BAH 46, Paris, Geuthner, 1950 ; III/2, BAH 51, Paris, Geuthner, 1953.
435. L. JALABERT, R. MOUTERDE et C. MONDÉSERT, *IGLS* IV, BAH 61, Paris, Geuthner, 1955.
436. *Id.*, *IGLS* V, BAH 66, Paris, Geuthner, 1953.

ainsi qu'*Arados*, l'actuelle île de Rouad sur la côte méditerranéenne de la Syrie, furent publiés en 1967 et 1970[437]. Suivirent les inscriptions forestières du Liban en 1980 qui réunissaient les textes concernant l'exploitation sous forme de domaine impérial de certains arbres de la montagne libanaise sous l'empereur Hadrien[438] ; puis les inscriptions de Bosra, en Syrie du Sud, capitale de la province romaine d'Arabie à partir de 106 apr. J.-C., en 1982[439]. Les volumes suivants furent publiés plus tardivement parce que, entre-temps, l'entreprise s'était étendue à la Jordanie et avait mobilisé certains des mêmes spécialistes. Mais les années 2000 furent particulièrement fécondes avec en 2008 la publication des inscriptions des villages de l'Hermon, la montagne qui s'élève entre la plaine de la Beqaa au Liban et celle de la Batanée en Syrie[440] ; en 2012 ce fut le tour des inscriptions de Palmyre[441] ; et entre 2011 et 2016 plusieurs volumes d'inscriptions du sud de la Syrie (Bosra supplément et la plaine de la Nuqrah en 2011[442], le plateau du Trachôn (Leja) en 2014[443], la plaine de la Batanée en 2016[444], le Jebel Druze en 2020[445]). Dans cette région seule, les prospections commencées en 1970 ont permis de recueillir plus de 4 000 textes, dont plus de 1 000 inédits, et il reste encore quatre volumes à paraître couvrant le sud

---

437. J.-P. Rey-Coquais, *IGLS* VI, *Baalbek et la Beqaa*, BAH 78, Paris, Geuthner, 1967 ; *Id.*, *IGLS* VII, *Arados et sa région*, BAH 89, Paris, Geuthner, 1970.

438. J.-F. Breton, *IGLS* VIII, *Les inscriptions forestières d'Hadrien dans le Mont Liban*, BAH 104, Paris, Geuthner, 1980.

439. M. Sartre, *IGLS* XIII/1, *Bostra*, BAH 113, Paris, Geuthner, 1982.

440. J. Aliquot, *IGLS* XI, *Mont Hermon (Liban et Syrie)*, BAH 183, Beyrouth, Presses de l'Ifpo, 2008.

441. J.-B. Yon, *IGLS* XVII, *Palmyre*, BAH 195, Beyrouth, Presses de l'Ifpo, 2012.

442. M. Sartre (collab. A. Sartre-Fauriat), *IGLS* XIII/2, *Bostra (supplément) et la plaine de la Nuqrah*, BAH 194, Beyrouth, Presses de l'Ifpo, 2011.

443. A. Sartre-Fauriat et M. Sartre, *IGLS* XV, *Le plateau du Trachôn*, BAH 204, Beyrouth, Presses de l'Ifpo, 2014.

444. *Id.*, *IGLS* XIV, *La Batanée et le Jawlan oriental*, BAH 207, Beyrouth, Presses de l'Ifpo, 2016.

445. *Id.*, *IGLS* XVI, 1, *L'Auranitide. Qanawat et la bordure nord du Jebel al-'Arab*, BAH 219, Beyrouth, Presses de l'Ifpo, 2020. *Id.*, *IGLS* XVI, 2, *L'Auranitide. Suweyda et la bordure ouest du Jebel al-'Arab*, BAH 220, Beyrouth, Presses de l'Ifpo, 2020.

de la montagne druze. Certains volumes des pères Jalabert et Mouterde, aujourd'hui vieillis, sont en refonte partielle (Syrie côtière, Emésène, Damascène), en raison de nouveaux textes apparus depuis les premières publications, mais aussi parce que les corpus récents ont considérablement évolué dans leur conception. Aujourd'hui, outre qu'ils offrent une allure plus moderne dans leur présentation générale, les volumes répondent surtout à de nouvelles exigences. On rédige des notices géographiques et historiques pour chaque village, les inscriptions sont systématiquement illustrées en regard (photos, fac-similés), leur texte établi avec un apparat critique, traduit et commenté avec la bibliographie afférente, des index précis et variés ainsi que des cartes complètent chaque publication.

Malheureusement, comme pour l'archéologie, il n'est plus question de poursuivre les prospections épigraphiques sur le terrain depuis 2011 et les plus grandes craintes existent quant à l'état dans lequel se trouvent les villages et les sites antiques après les bombardements et les destructions du patrimoine. Si des photographies de pierres inscrites continuent d'être faites par des personnes habitant les villages, ces dernières ne peuvent malheureusement pas les exploiter, faute de formation et de connaissances des langues anciennes, absentes des programmes scolaires et universitaires.

IV

Bilan depuis 2011 et perspectives d'avenir pour la recherche en Syrie

En mars 2011 débutait en Syrie une guerre dont le déroulement et les conséquences devaient être dramatiques pour les populations, mais aussi pour le patrimoine et la recherche scientifique. Depuis cette date, plus aucune mission étrangère n'a foulé le sol de ce pays ravagé par les combats, les destructions et les pillages. Aucun site archéologique parmi les milliers que compte la Syrie n'a été épargné et certains ont plus souffert que d'autres, affligés par tous les maux à la fois. Malgré la poursuite de certaines fouilles par les Syriens eux-mêmes en de rares endroits, tout est actuellement gelé et la reprise des travaux scientifiques sur le terrain par des missions étrangères est très hypothétique. Il est certain qu'il reste encore beaucoup à faire en Syrie pour faire progresser les connaissances d'un si riche passé, et que l'on ne peut qu'être favorable à la poursuite des travaux scientifiques. Mais cela ne veut pas dire à n'importe quel prix, comme certains l'envisagent.

Tous les belligérants ont une part plus ou moins importante de responsabilité dans les destructions et les pillages : en premier lieu le gouvernement syrien qui n'a pas respecté les protocoles de l'Unesco en matière de protection de son patrimoine[446],

---

446. UNESCO, Protocole à la convention pour la protection des biens culturels en cas de conflit armé 1954, article 4, 1 ; 1a ; 16, 1. UNESCO, Deuxième protocole relatif à la convention de La Haye de 1954 pour la protection des biens culturels en cas de conflit armé 1999, article 10a ; 12.

y compris pour les sites classés au Patrimoine mondial[447], et qui n'a pas hésité à les instrumentaliser. Ensuite l'armée syrienne, instrument du gouvernement de Damas, a systématiquement investi dès le début des événements les citadelles historiques et les tells pour s'y installer en position dominante, et enfin les islamistes radicaux ont détruit par idéologie des monuments chrétiens, pendant que la folie destructrice des djihadistes de Daesh s'attaquait particulièrement à Palmyre. Le lourd bilan de cette guerre, qui n'est pas encore finie et continue de détruire et d'anéantir les hommes et les biens, demande avant tout que l'on se pose la question de savoir avec qui et pour qui reprendre la coopération scientifique. Doit-on aller jusqu'à vouloir effacer ces dix années de guerre féroce en allant jusqu'à reconstruire ce qui a été détruit ? Il faut bien évidemment aller de l'avant et envisager la poursuite des travaux, mais pas à n'importe quel prix.

Les sites de l'Euphrate et de Syrie centrale

La plus grande inquiétude plane pour l'avenir des recherches dans la vallée de l'Euphrate où les tells en cours de fouille, comme ceux encore non explorés, ont tous été pillés et éventrés à la recherche d'objets de prix. À Mari, comme à Doura, dès le début des combats, les deux sites ont été livrés à toutes les déprédations, mais plus que des destructions dues aux combats ou à la volonté de détruire par idéologie, ces sites ont particulièrement souffert de pillage à grande échelle. Les photographies satellites montrent l'étendue du désastre et sa progression entre 2011 et 2018. Des milliers de trous de pillages ont été pratiqués dans les zones archéologiques et ce sont certainement des milliers d'objets qui ont été volés à la science pour, dans quelques années, reparaître sur le marché, le temps de masquer leur provenance exacte par de faux certificats laissant croire qu'ils ont été découverts il y a longtemps. Dans un premier

---

447. Les vieilles villes d'Alep et Damas, le château de Saône (ou de Saladin) et le Krak des chevaliers, Bosra, le Massif Calcaire de Syrie du Nord.

temps, ce sont les villageois des environs qui ont pratiqué pour leur propre compte des fouilles clandestines puis, après l'arrivée de Daesh, l'État islamique délivra des autorisations et des concessions de fouilles, rachetant les objets avec une taxe pouvant aller jusqu'à 50 % du prix. Ils étaient ensuite revendus à des mafias organisées et exportés en Turquie ou en Iraq d'où ils prenaient le chemin des États du Golfe ou de l'Occident. Les pillages s'intensifièrent et ils furent souvent accompagnés de destructions pratiquées au bulldozer, à la tractopelle ou au moyen d'explosifs.

Dans le cas de Mari, outre la disparition d'objets importants pour l'histoire du site, les déprédations causées par les fouilles clandestines auront, selon Pascal Butterlin, « un impact sur la morphologie générale du site, rendant de plus en plus complexe sa lecture stratigraphique et archéologique ». De fait, des tranchées et des tunnels ont été creusés dans les secteurs du palais royal, des bains et des temples d'Ishtar et Dagan – où avaient été trouvées auparavant les plus belles statues et les tablettes en cunéiforme –, et des missiles ont pulvérisé le palais fin 2017. Les intempéries achevant de dégrader l'ensemble. On voit que les fouilleurs clandestins savaient très bien quels étaient les secteurs potentiellement riches et que leurs recherches étaient ciblées sur les objets susceptibles d'être le mieux vendus aux collectionneurs ou aux antiquaires[448].

Le tell d'Ebla a connu les mêmes déprédations et le site de Doura n'a pas été, lui non plus, épargné par les pilleurs et, là encore, les photos satellites sont particulièrement parlantes, notamment pour les nécropoles à l'extérieur des remparts. Et que dire d'Apamée où plus de 14 000 trous de pillage ont pu être répertoriés, de part et d'autre de la grande colonnade.

---

448. Sur le bilan des destructions et les perspectives pour Mari, voir P. BUTTERLIN et M. MURA, « Mari et la crise syrienne », dans J. Bessenay-Prolonge, J.-J. Herr et M. Mura (éd.), *Actes du colloque international de Paris, Archéologie des conflits. Documenter la destruction au Moyen-Orient et en Asie*, Paris, 2019, p. 199-224.

Ill. 35. Vue aérienne d'Apamée avec les trous de fouilles illicites
le long de la grande rue à colonnade qui traverse le site
(photo Google Earth, 2013)

Les pillages d'Apamée ont été effectués sous les yeux de l'armée syrienne qui occupait le site et avait passé un accord avec les pilleurs qui, en échange de l'autorisation de pratiquer des fouilles clandestines à leur guise, renonçaient à manifester leur hostilité au régime. De nombreuses mosaïques du site ont été volées et, en raison parfois de leur taille, ont été découpées pour en faciliter le transport et la vente.

Il faudra attendre de pouvoir retourner sur les différents sites pour faire le bilan de l'immense catastrophe qui a touché tout le patrimoine de la Syrie, mais il est plus difficile de connaître l'étendue des pillages dans les sites non fouillés que de mesurer les destructions de monuments connus et bien visibles.

La Syrie du Sud au Nord

En Syrie du Sud, les pillages n'ont certainement pas été moindres que sur l'Euphrate ; ils ont été documentés à ce jour sur les grands tells de Tell al-Ashari et Tell Ashtarah et, çà et là, des objets de provenance douteuse sont apparus sur le marché. Mais ce sont surtout des dégâts dus aux bombardements aériens et aux tirs de mortiers qui ont affecté les sites. Tout particulièrement à Bosra où le théâtre et plusieurs autres bâtiments (mosquée, basilique, maisons) ont eu à souffrir de dégâts plus ou moins importants. Ailleurs, et en particulier dans la région des Druzes, les affrontements armés ont été beaucoup moins importants et, à notre connaissance, peu de sites ont souffert. Là encore, seule une inspection sérieuse, site par site, pourra permettre d'évaluer les dommages. La DGAMS a toutefois dépêché quelques missions d'inspection, comme à Bosra où des restaurations, plus ou moins heureuses, ont été hâtivement effectuées puis, pour certaines abandonnées, comme à la mosquée d'Omar. Sur l'ensemble des villages de la plaine où des combats et des bombardements sont documentés, peu d'informations sont disponibles à ce jour, les autorités ne communiquant que sur ce qui les arrange, c'est-à-dire sur ce qui a été le fait des « rebelles » et jamais sur ce qui est imputable au régime. Il est par ailleurs difficile de mesurer les dégâts dus aux pillages et aux fouilles clandestines qui se pratiquaient déjà avant la guerre et qui, en l'absence d'autorité, se déroulent désormais sans limites, selon certains témoignages.

On peut d'ailleurs faire le même constat pour la Syrie du Nord où les destructions furent le fait des mouvements islamistes rebelles. À El-Bara on déplore la destruction des grands sarcophages byzantins dans les tombeaux à pyramide ; à Shash Hamdan, ce sont les sculptures avec des personnages grandeur nature qui ont été totalement martelés dans ce tombeau de la fin de l'époque hellénistique-début de l'époque romaine, creusé dans la falaise au-dessus du lac de barrage de Tabqa sur l'Euphrate. Ces deux destructions ont fait l'objet de publicité avec des images, alors que les effets des bombardements russo-syriens sur les « villes mortes » sont passés sous silence. Quelques preuves des destructions nous sont néanmoins parvenues *via* des photographies transmises à l'APSA2011 par des habitants qui, bien souvent au péril de leur vie, effectuaient des clichés ou des vidéos. Les bombardements intensifs des Russes et de l'armée syrienne qui se poursuivent encore sur la région de Maaret en-Noman et d'Idlib ont fait fuir les populations, dont certaines se sont réfugiées dans les sites antiques (Serdjilla par exemple), et plus rien ne filtre des destructions. On parle déjà peu dans les médias occidentaux des souffrances des populations, alors de celles des ruines antiques...

Palmyre et ses destructions irréparables

Sans minimiser les dégâts survenus dans les autres sites archéologiques, il n'est pas erroné de dire que c'est Palmyre qui a le plus souffert de tous les maux à la fois : dégâts causés par les combats, les destructions radicales volontaires et les pillages.

Avant la fin 2011, Palmyre qui s'était associée aux protestations contre le régime des Assad fut occupée par l'armée qui prit position dans la citadelle qui domine la ville. Sur le site archéologique furent installées des infrastructures militaires, notamment sur la nécropole nord, une zone fragile où se trouvaient plusieurs tombeaux souterrains encore non fouillés et qui aurait dû être protégée. En réalité, l'ensemble de la zone fut sillonné de routes, de tranchées, d'abris souterrains pour les engins militaires, des blocs antiques furent enlevés et déplacés pour servir de protection et de défense aux blindés et on éleva des bermes en terre de 2 mètres de haut, prélevée sur le site historique. En plusieurs endroits le rempart du Bas-Empire fut endommagé ainsi que les tombeaux qui se trouvaient à proximité.

Outre ces travaux, sauvagement effectués sans respect des couches archéologiques, les tirs de mortiers et d'obus quotidiens de l'armée contre les mouvements suspects sur le site firent subir des destructions plus ou moins graves aux monuments antiques. Au temple de Baalshamin, un tambour de colonne du portique avec son chapiteau et une partie de l'architrave, touchés par un tir, se sont effondrés. Au cours de l'année 2013, l'enceinte du *temenos* et la cella du temple de Bêl ont été touchées par des bombardements en plusieurs points, entraînant des éclatements de blocs, des effritements de murs, des chutes de colonnes et d'architrave. Tous les monuments furent plus ou moins affectés, comme la grande colonnade, le grand arc, le théâtre, le camp et le rempart de

Dioclétien, les thermes, soit par des tirs soit par des travaux effectués au bulldozer[449].

À ces destructions se sont ajoutés dès 2012 de nombreux pillages. Dans certains cas, ils furent consécutifs aux travaux militaires mentionnés plus haut dans la nécropole nord et la vallée des tombeaux en particulier. Dans les autres nécropoles (sud-est et ouest), des pillages clandestins organisés ont dévalisé plusieurs tombeaux de leurs trésors. Ce fut tout particulièrement le cas de l'hypogée d'Artaban, autrefois appelé l'hypogée au pipe-line, parce qu'il fut découvert en 1958 dans la nécropole sud-est lors de l'installation de l'oléoduc venant d'Iraq. Datant de la deuxième moitié du IIe siècle de notre ère, il était parmi les mieux conservés ; 22 bustes et une tête d'enfant y furent dérobés en novembre 2014[450]. Dans la même nécropole, deux autres hypogées, restaurés en 2001 par une équipe d'archéologues japonais, furent dévalisés : celui de Taybôl (tombe H) fondé en 113 apr. J.-C., privé d'au moins 18 de ses statues et de trois bustes en bas-reliefs qui ornaient le bas d'un sarcophage. Son voisin, l'hypogée de Bôrefâ et Bôlha (tombe F), daté de 128 de notre ère, fut lui aussi dépouillé de plusieurs de ses plaques de *loculi* avec des bustes[451]. À l'évidence, le satyre cornu et barbu qui surmontait l'entrée de la tombe F pour écarter les violateurs de tombes n'avait pas suffi à décourager les voleurs d'aujourd'hui.

Toutes les pièces découvertes fortuitement par l'armée lors de ses travaux n'ont pas pris, comme cela aurait dû, le chemin du musée. Dans de trop rares cas, il a été possible d'en retrouver et d'en saisir plusieurs, avant que les trafiquants ne les fassent passer au Liban, en Turquie ou ailleurs. En novembre 2012, 16 plaques de bustes funéraires et 11 têtes de statues ont été saisies à Homs, à l'ouest de Palmyre ; d'autres, 35 pièces dont les trois bustes volés sur le sarcophage de la tombe de Taybôl,

---

449. Cf. « Palmyre : patrimoine à la dérive ». Rapport détaillé sur tous les dégâts que le site archéologique a subis depuis février 2012 jusqu'à juin 2015, APSA2011 (www.apsa2011.com).
450. Rapport APSA2011, p. 45-46, fig. 61-62.
451. Rapport APSA2011, p. 46-49, fig. 63-65. Cf. T. Higuchi et K. Saito, *Tomb F Tomb of BWLH and BWRP. Southeast Necropolis Palmyra Syria*, Research Center for Silk Roadology, vol. 2, Nara : Nara University, 2001.

l'ont été en 2014. En 2015, 33 autres pièces furent saisies dans des circonstances non révélées par la DGAMS[452]. Dans les pays d'exportation, les pièces volées sont proposées aux collectionneurs par des receleurs, qui n'hésitent pas à se servir d'eBay ou de Facebook pour vanter leur marchandise, ou bien elles sont vendues aux enchères par des antiquaires peu scrupuleux et peu curieux de leur provenance[453]. Les pièces arrachées à des tombeaux qui n'avaient pas encore été fouillés sont de beaux objets, mais leur isolement par rapport à leur environnement prive les scientifiques de pouvoir les analyser et les relier à leur contexte architectural et historique.

Déjà bien éprouvé par les combats des années 2012-2015, le site de Palmyre devait connaître à partir du mois de mai 2015 la plus grande catastrophe patrimoniale que l'on puisse imaginer.

Le 20 mai 2015, le monde apprenait avec stupeur que Palmyre était tombée aux mains des djihadistes de Daesh qui, venus de l'est ou du nord, avaient réussi à traverser des centaines de kilomètres de désert en toute impunité, sans qu'aucun satellite, aucun avion de la coalition internationale, des Russes ou des Syriens, ne les aperçoive et ne tente de les ralentir. Ils venaient rejoindre des groupes déjà infiltrés dans la steppe et dans la ville même. Le pire était prévisible après les déclarations de Daesh : « maintenant nous marchons sur Palmyre, détruire ces monuments païens, tuer les habitants dans le théâtre pour faire des exemples et ensuite ce sera le tour de ceux qui prennent soin de ces cultures idolâtres[454] ».

---

452. cf. http://www.dgam.gov.sy/index.php?d=314&id=1511 ; cf. Cf. le rapport de l'APSA2011, p. 50-56, et les rapports de la DGAMS (http://dgam.gov.sy).
453. Fr. SIRONI, « Rubato in Siria, venduto in Italia », *L'Espresso*, 1er juillet 2013. Cf. http://lc.cx/ZS8f pour le buste mis en vente à Turin en juillet 2013. N. PENNA, « Il collezionista di San Mauro : "Ho comprato un pezzo di Palmira non so come sia arrivato a Parigi" », *La Stampa*, 6 avril 2016. Un couvercle de sarcophage avec des personnages allongés, a été saisi par les douanes il y a deux mois à Londres chez un antiquaire ; on ignore la date à laquelle il a été volé.
454. Cité par Andreas Schmidt-Colinet, dans A. SCHMIDT-COLINET et A. ZEDERBAUER, « We should do nothing. On history, destruction and rebuilding of Palmyra » ; http://www.eurozine.com/we-should-do-nothing-on-the-history-destruction-and-rebuilding-of-palmyra/ English translation of « Wir tun da

Pendant un mois cependant, on se prit à espérer que le site antique ne serait pas touché, certains affirmant même que les habitants de Palmyre avaient passé un accord avec Daesh pour qu'il ne s'en prenne pas aux ruines ; l'un de ses commandants n'avait-il pas affirmé d'ailleurs le 27 mai 2015 : « À propos de la ville historique, nous la préserverons et ne lui ferons subir aucun dommage inch'Allah, en revanche nous pulvériserons les statues que les mécréants adoraient auparavant. Nous ne toucherons pas aux monuments avec nos bulldozers contrairement à ce que certains disent[455] ». Nous ignorons ce qui les fit changer d'avis trois mois plus tard. Après avoir sauvagement assassiné l'ancien directeur des Antiquités du site, Khaled al-Asa'ad, le 18 août, parce qu'ils le considéraient comme faisant partie de « ceux qui prennent soin de ces cultures idolâtres », une attaque en règle et définitive fut portée contre les monuments les plus beaux, les plus emblématiques et les mieux conservés de la ville antique. Le 23 août, le temple de Baalshamin était dynamité et, quelques jours plus tard (peut-être le 27 août, mais la confirmation par un satellite n'a été faite que le 31), ce fut le tour du grand temple de Bêl. Au même moment peut-être, en tout cas avant le 2 septembre, sept des plus grandes et plus belles tours funéraires qui s'élevaient dans la vallée des tombeaux ou sur la butte de Belqîs étaient réduites à l'état de poussière. Début octobre, ce fut le tour du grand arc sévérien, qui marquait la transition entre les deux dernières sections de la grande colonnade, d'être abattu au bulldozer.

Lors de la reprise du site aux djihadistes par l'armée syrienne et ses alliés russes en mars 2016, on put constater *de visu* que ce que les images satellites avaient révélé était bien réel. Du temple de Baalshamin plus rien ne subsistait, la cella avait été intégralement soufflée par une explosion, seules avaient résisté les colonnes des portiques de l'enceinte, situées à quelque distance du temple et, témoin dérisoire, un petit autel qui se trouvait devant la façade. Au temple de Bêl, la cella avait,

---

gar nichts. Über die Geschichte, die Zerstördung und den Wiederaufbau von Palmyra », *Wespennest* 173, novembre 2017, p. 2-8.

455. Clip de IS-linked Amaq news agency, diffusé par la radio syrienne Alwan.

elle aussi, été totalement anéantie avec toutes les colonnes de son portique ; seule la porte monumentale, bien qu'ébranlée, était restée debout[456].

Ill. 36. Palmyre : le temple de Bêl avant et après les destructions
(photo satellite Digital Globe ASOR)

Étaient perdus définitivement les murs, les colonnes du péristyle et toutes les magnifiques sculptures : les poutres historiées, les plafonds des niches cultuelles, les moulures des chambranles. Perdus également étaient les vestiges des occupations postérieures du temple, comme église puis comme mosquée, en particulier la fresque qui représentait la Vierge Marie avec l'Enfant entourée d'anges et de Saints[457], ou les inscriptions en grec à sa gloire[458] et celles en arabe datées, pour l'une d'elles, du XIIIe siècle[459]. Ces deux temples d'apparence gréco-romaine étaient des témoignages uniques de ce que fut la mixité culturelle de l'oasis dans l'Antiquité. Par leur architecture, ils montraient comment, entre le Ier et le IIe siècle de notre ère, les Palmyréniens, intégrés à l'Empire de Rome, avaient su garder leurs tradi-

---

456. Cette porte, restaurée par les Français au cours du mandat, avait été ferraillée et bétonnée, ce qui explique sa permanence malgré le souffle extraordinaire que fut l'explosion du temple avec des tonnes de TNT.
457. E. JASTRZEBOWSKA, « La christianisation de Palmyre : l'exemple du temple de Bêl », *Studia Palmyrenski*, XII, 2013, p. 177-191.
458. *IGLS* XVII, n° 47.
459. J. SAUVAGET, « Les inscriptions arabes de Palmyre », *Syria*, 12-2, 1931, p. 143-153.

tions tout en adhérant à la culture dominante du moment[460]. L'enveloppe gréco-romaine des sanctuaires n'avait pas fait disparaître les particularités de l'aménagement ou du décor, liées aux cultes locaux et aux influences mésopotamiennes.

Non moins déplorable était la disparition de sept des plus belles tours funéraires totalement pulvérisées elles aussi par des explosifs. Dans la nécropole ouest, la tour d'Aténatan, une des plus anciennes encore en place (9 av. J.-C.) et celle d'Elhabel et ses trois frères (103 apr. J.-C.) ne sont plus que des tas de gravats. C'est aussi le cas de celles qui se dressaient fièrement sur la butte de Belqîs – tour de Jamblique (83 apr. J.-C.), des Bene Baa, de Julius Aurelieus Bola et une tour anonyme (n° 71) – ou à proximité : tour de Kitôt (40 apr. J.-C.). Toutes conservaient à divers titres des éléments essentiels à la compréhension des coutumes funéraires et de l'adoption par les notables de l'oasis du répertoire décoratif gréco-romain dans leurs demeures d'éternité. Avec elles ont disparu des exemples d'une architecture funéraire quasi unique, les sculptures, les stucs peints des plafonds, les inscriptions de propriété, les sarcophages surmontés des statues des propriétaires avec leur famille. Au-delà des pertes scientifiques, privé de ses tours emblématiques, le site n'aura plus jamais le même aspect et le même intérêt. Ses bourreaux infligeaient une punition à la fois au monde attaché aux vestiges gréco-romains et au régime de Damas qui avait fait de Palmyre une sorte de vitrine de la Syrie et le symbole, à travers l'histoire de Zénobie, du nationalisme arabe syrien.

Les dégâts constatés pour l'instant dans les hypogées souterrains ont davantage été le fait des pillages sauvagement effectués. En ce qui concerne l'hypogée des Trois frères, dans la nécropole sud-ouest, les atteintes sont en outre liées à son occupation par des djihadistes qui en avaient fait un dortoir et une salle à manger. Les murs peints de la travée principale ont été badigeonnés au ciment et les exèdres bouchées par des parpaings[461].

---

460. P. Gros, « Les choix formels et ornementaux des concepteurs du temple de Bêl : une relecture à partir des recherches récentes », dans P. Ducret, P. Gros et M. Zink (éd.), *Les archives au secours des temples détruits de Palmyre*, Paris, Académie des Inscriptions et Belles Lettres, 2017, p. 95-133.

461. La tombe avait fait l'objet d'une étude scientifique minutieuse et de restaurations récemment publiées avec toutes les photos : H. Eristov, C. Vibert-

Quant au grand arc, renversé semble-t-il par un engin plutôt que soufflé par une explosion, il sera peut-être l'un des seuls monuments détruits à pouvoir retrouver sa splendeur, mais on ignore ce qu'est devenue la grande console de la face nord où était gravée une inscription commémorant la victoire que Haîran et son père Odainath, l'époux de Zénobie, avaient remportée sur les Perses venus piller et détruire les villes de Syrie en 259[462].

La reprise du site aux djihadistes par l'armée syrienne et ses alliés russes en mars 2016 devait occasionner de nouveaux dégâts. La citadelle fut gravement endommagée et le musée touché par des tirs et par un obus qui traversa le toit. C'est alors que l'on put constater que, contrairement à ce qui avait été dit par les autorités syriennes, rien n'avait été protégé ni mis en lieu sûr. Cette négligence était en opposition totale avec les recommandations de l'Unesco dans la Convention de 1954, article 8, 2 qui stipulait qu'« un refuge pour les biens culturels meubles peut également être placé sous protection spéciale, quel que soit son emplacement, s'il est construit de telle façon que, selon toute probabilité, les bombardements ne pourront pas lui porter atteinte ». Ce que l'on pouvait admettre pour les plus grosses pièces comme les sarcophages familiaux ou pour la statue monumentale du lion d'Allat placé à l'extérieur dans le jardin, devenait beaucoup moins compréhensible pour les plaques de *loculi* avec des bustes, les momies et les petits objets des vitrines (textiles, verres, monnaies, stucs). Le musée offrait un spectacle de désolation totale, tous les bustes funéraires avaient été mutilés et cassés volontairement, les statues étaient toutes renversées sur le sol et brisées, la grande statue de la déesse Allat en Athéna *Promachos* était décapitée et démembrée, toutes les vitrines d'exposition brisées, le lion d'Allat, dressé devant l'entrée du musée, renversé et cassé en plusieurs morceaux.

Guigue, W. al-As'ad et N. Sarkis, *Le tombeau des trois frères à Palmyre, Mission archéologique franco-syrienne 2004-2009*, BAH 215, Beyrouth, Presses de l'Ifpo, 2019.
462. A. et M. Sartre, *Zénobie, op. cit.*, p. 38-72.

Les alliés russes du président syrien qui s'étaient présentés comme les « sauveurs » et les « libérateurs » de Palmyre à cette occasion devaient rapidement prouver leurs limites dans la protection du site. Dans les jours qui suivirent la reprise de Palmyre, les Russes installaient leur camp militaire sur la nécropole nord, là où déjà l'armée syrienne avait effectué des travaux destructeurs. Divers bâtiments furent construits, dont des baraquements, une boulangerie, un hôpital ainsi qu'une piste d'atterrissage pour les hélicoptères et des systèmes de défense antiaérienne, le tout occupant une importante surface.

Ill. 37. Palmyre : le camp militaire des Russes sur la nécropole nord du site (photo satellite Digital Globe ASOR)

Si l'on ne peut nier la nécessité de poster des soldats et les équipements qui leur sont nécessaires pour, entre autres, déminer le site, on peut se demander quelle raison impérieuse obligeait à s'installer sur des couches archéologiques parfaitement reconnues au lieu d'aller 1 km plus loin ? Le désert autour de Palmyre offrait suffisamment d'espace pour que l'on installe un camp sans porter préjudice au site archéologique. Le ministère de la défense russe eut beau démentir les faits, via l'organe de propagande Russia Today[463], les images satellites, elles, ne mentent

---

463. RT en français, 17 mai 2016.

pas et montrent de manière très claire l'emplacement et l'emprise du camp qui devait être temporaire, mais qui est toujours là. On n'ose imaginer les dégâts occasionnés par les travaux et les va-et-vient incessants des engins et des hommes. Si l'autorisation a été donnée, comme le prétendent les Russes, par le ministère de la culture et d'autres ministères syriens, c'est tout simplement un nouveau crime contre ce patrimoine déjà bien assassiné.

Malgré l'assurance que toutes les précautions avaient été prises, relayées par la presse du régime et de ses alliés, Palmyre n'était pas réellement protégée. L'exploitation politique qui avait été faite de la reprise des lieux à Daesh devait montrer ses limites lorsque, en décembre 2016, son armée de « sauveurs » déserta totalement les lieux pour aller bombarder Alep-est[464]. Il ne fallut pas longtemps à Daesh, qui était en embuscade à quelques kilomètres du site (entre 10 et 40 km en fonction des zones), pour revenir en force réinvestir l'oasis le 11 décembre et se livrer non seulement à de nouveaux massacres, mais aussi à de nouvelles destructions volontaires. Deux monuments, qui n'avaient pas souffert de la présence antérieure de Daech, furent alors volontairement détruits entre le 26 décembre 2016 et le 10 janvier 2017. Le tétrapyle, qui dressait ses 16 colonnes groupées par groupe de quatre sur de hauts socles au carrefour des deux voies principales à colonnade[465], fut en partie renversé et la partie centrale du mur de scène du théâtre fut détruite par des explosifs. Les hommes en noir furent à nouveau chassés en mars, mais Palmyre reste toujours sous la menace d'éventuels pillages et de décisions hâtives de déblaiement des gravats. Car, le problème qui est désormais posé, en l'absence de nouvelles destructions massives, est celui des restaurations et des reconstructions du site.

---

464. Lors de l'abandon du site en décembre 2016 par l'armée russe, une vidéo postée par Daech a permis d'identifier les armements qui avaient été laissés sur place et dans lesquels ces derniers n'ont eu qu'à se servir. Cf. la vidéo dans *Inform Napalm*, 22 décembre 2016.

465. Seule une colonne était authentique, les autres étaient des colonnes en béton rosâtre, censé imiter le granit rose des origines, datant de la restauration du monument dans les années 1960.

Restaurer ou reconstruire les sites détruits ? : le cas de Palmyre

Au lendemain de la reprise de Palmyre en mars 2016, le Directeur Général des Antiquités et des Musées de Syrie de l'époque déclarait aux médias : « Il nous faudra cinq ans pour restaurer et relever les bâtiments détruits de Palmyre ». Cette déclaration, faite sous le coup de l'émotion et dans un désir compréhensible des autorités syriennes d'effacer un désastre qu'elles avaient contribué à créer par incapacité et négligence, suscita de nombreuses réactions dans le monde scientifique. Les 21 et 22 avril 2016 à Varsovie, un colloque réunissait tous les spécialistes du site (archéologues, historiens, historiens d'art) qui signèrent unanimement une motion mettant fermement en garde contre toute précipitation. Ils estimaient qu'avant toute chose il fallait dans l'immédiat « se limiter à un état des lieux, consolider ce qui menacerait de s'écrouler, collecter toute information utile en vue de travaux de restauration ultérieurs, scientifiquement préparés et documentés ». Ils concluaient « qu'aucune restauration ou reconstruction intempestive ne saurait être envisagée, telles celles dont certains médias se sont fait l'écho ces derniers jours et qui risqueraient de porter irrémédiablement préjudice à l'authenticité du site ».

Il s'entend, avant toute chose, que l'on soit sûr que la guerre est terminée et que de nouveaux combats ne se dérouleront pas dans le site historique. La moindre des choses serait de tirer les leçons des défaillances des dernières années en la matière et de mettre le site sous surveillance afin d'éviter de nouvelles dégradations. On peut en douter en voyant le nombre de va-et-vient de l'armée, des journalistes et des tour-opérateurs qui s'y rendent. L'évaluation des dégâts exigerait de ne rien dégager précipitamment et de faire au contraire des relevés précis de tous blocs à terre et, parmi eux, de sélectionner ceux qui sont réutilisables. En effet, du pourcentage de pierres authentiques dépend l'opportunité de restaurer, voire de reconstruire. Toute cette phase des travaux prendra largement plus de cinq ans. Nous sommes en 2021 et rien n'est encore commencé ; seul le lion d'Allat a été restauré par des techniciens polonais et trône désormais dans le jardin du musée de Damas. Les bustes funéraires et les statues mutilés, évacués depuis à Damas, font également l'objet de restaurations pour tenter de recoller les morceaux.

Mais bien d'autres paramètres doivent encore être pris en compte. Il faut notamment s'assurer des compétences de ceux à qui sera confié le chantier et surtout bien définir ce que l'on souhaite faire, pour quoi et pour qui. Les scientifiques russes, qui n'ont jamais fait de fouilles ni participé à la mise en valeur de Palmyre à quelque moment que ce soit, entendent aujourd'hui profiter de leur situation de « vainqueurs » et du crédit dont ils disposent auprès du régime de Damas pour se faire attribuer la remise en état du site[466]. En novembre 2019, un accord de coopération entre la Russie et le régime syrien a été officiellement signé à Damas en vue de restaurer les antiquités syriennes et plus particulièrement Palmyre[467]. Un an plus tard, le 12 novembre 2020, un autre accord a été signé entre la Direction Générale des Antiquités et des Musées de Syrie, le ministère de la Culture syrien et l'Association pour l'industrie de la pierre en Russie dans le but de commencer la restauration du grand arc, suscitant l'inquiétude des milieux scientifiques concernant l'aspect que prendra cette restauration. L'expression « ne pas faire un Disneyland » ou « un Palmyraland » a beaucoup été employée et parfois raillée, mais la crainte qu'une reconstruction inadaptée soit entreprise dans le but de faire revenir davantage de touristes en est à l'origine. La situation économique dans laquelle se trouve le pays appelle évidemment à créer des ressources et, compte tenu de la notoriété dont le site a bénéficié, on peut penser qu'un grand nombre de personnes sont susceptibles d'être attirées, mais les motivations culturelles ne seront peut-être

---

[466]. Le seul lien des Russes avec Palmyre est celui de l'exposition au musée de l'Ermitage à Saint Pétersbourg, depuis 1901, des quatre dalles où est gravé le dénommé « Tarif de Palmyre ». Celles-ci avaient été données par le sultan Adulhamid II à un voyageur russe, archéologue amateur, le prince Abamalek Lazareff en 1891 (voir *supra*, p. 197).

[467]. Cf. le site internet de la DGAMS et celui de l'agence de presse syrienne Sana qui donnent l'information.

pas leur priorité[468]. Veut-on faire du site un parc d'attractions pseudo-archéologique, comme on en connaît déjà en Orient ? Les exemples de Jérash ou Umm al-Jimal avec les manœuvres d'une armée romaine d'opérette dans les ruines, ou de Césarée entièrement bétonnée sur fond de cimenterie, ne sont pas des modèles à suivre. On n'ose imaginer à quoi ressemblera Palmyre quand les temples et les tours seront remontés avec des matériaux trop neufs, trop blancs, taillés mécaniquement, comme l'a été le mur extérieur du théâtre dont on ne peut pas dire que c'est une réussite, ou pire quand ce sera du béton ! Or, l'un des charmes des monuments de Palmyre était leur patine que seul le temps peut donner. Dans ces conditions, mieux vaut laisser les ruines tranquilles, comme témoin de la barbarie humaine, et imaginer d'autres solutions pour les reconstituer.

On connaît déjà les maquettes animées exposées dans certains musées, mais il existe aujourd'hui des façons plus modernes et interactives, au moyen de matériel adéquat (lunettes, Ipad...), qui permettent de se promener sur un site et de voir en 3D les monuments (extérieur et intérieur) dans leur environnement, d'en suivre la construction et leur altération au cours du temps, car, dans le cas d'une reconstruction, que va-t-on privilégier ? Concernant le temple de Bêl, refera-t-on le temple tel qu'il était lors de son achèvement au IIe siècle de notre ère, ou tel qu'il était en 2012 ? Le temple a été aussi une église, puis une mosquée, plus longtemps d'ailleurs qu'il ne fut un temple païen ; pourquoi occulter ces évolutions qui avaient laissé des traces émouvantes sous la forme de fresque et d'inscriptions dans la cella du temple ? Et avec cette méthode on pourrait même faire revivre le village médiéval qui avait occupé l'enceinte du temple depuis le XIIe siècle jusqu'en 1930, date à laquelle il fut évacué pour les travaux de restauration et de mise en valeur du monument.

---

468. Des groupes de Chinois et de Tchèques sont déjà venus et une agence de voyages en France programme des tours en Syrie passant par Palmyre depuis 2019. D'après des témoins, faire des selfies devant les ruines les intéresse davantage que l'histoire du site.

Certes, il faudra rester vigilant aussi face aux multiples propositions d'officines privées spécialisées dans le 3D qui se sont emparées rapidement du sujet, car nous ne sommes pas à l'abri de projets farfelus qui, dans le but de retombées économiques ou de notoriété, risquent d'être peu respectueux de la réalité scientifique. On fonde cette crainte sur ce que l'on a vu avec cet arc reconstitué à Londres, censé reproduire le grand arc, et qui ne respecte ni les proportions ni les décors du monument. Des modèles qui font frémir circulent sur le Net, ne tenant aucun compte de la réalité des monuments tels que les études des archéologues les ont reconstitués. Car il est impératif que l'on utilise l'abondante documentation réellement scientifique dont nous disposons sur les monuments détruits. Ce sont notamment les archives des travaux effectués au temple de Bêl par R. Amy[469], conservées à l'Institut de Recherches sur l'Architecture Antique (IRAA) d'Aix-en-Provence, dans lesquelles plus de six cents documents (photos, plans, dessins, côtes précises) sont la mémoire du temple et de sa fouille[470]. Il en est de même pour le temple de Baalshamin et de son étude scientifique approfondie par des archéologues suisses et Paul Collart, qui avait dirigé la mission. Son importante documentation, très complète, est conservée à l'université de Lausanne[471].

Dans les déclarations faites lors des accords passés avec les Russes, il est prévu d'associer les spécialistes internationaux « pilotés par l'Unesco, la DGAMS, le musée de l'Ermitage et la Fondation Agha Khan ». Dans quelle mesure tout ceci est-il crédible quand on connaît les moyens financiers considérables à mettre en œuvre et ceux dont dispose l'État russe ? Le directeur du musée de l'Ermitage est lui-même resté très prudent en

---

469. Voir *supra*.
470. S. Binninger, « Le temple de Bêl à Palmyre. Étude préliminaire des archives produites par Robert Amy (fonds IRAA) », dans *Les archives au secours des temples détruits de Palmyre*, Académie des Inscriptions et Belles Lettres, Paris, 2017, p. 45-72.
471. P. M. Michel, « Le sanctuaire de Baalshamin à Palmyre dans les archives de Paul Collart à l'Université de Lausanne », dans *Les archives au secours des temples détruits de Palmyre*, Académie des Inscriptions et Belles Lettres, Paris, 2017, p. 11-25.

déclarant : « nous nous préparons pour l'après-demain, il ne sera pas encore possible de faire quoi que ce soit demain[472] ». Par ailleurs, les sanctions imposées au régime syrien actuel par l'Union européenne interdisent toute collaboration et l'Unesco se doit de respecter cet état de fait, s'agissant en outre d'un site classé au patrimoine mondial de l'humanité.

Enfin, il est une autre perspective fondamentale à prendre en compte avant d'envisager une restauration ou une reconstruction des monuments détruits de Palmyre : celle de la poursuite des recherches scientifiques sur le site. On sait que le temple de Bêl était bâti sur un édifice plus ancien, datant de l'époque hellénistique, installé sur le tell arasé de la ville du IIIe millénaire. Nous ne savons quasiment rien ni de ce temple antérieur (quelques fragments subsistent dans les fondements du nouveau), ni de l'occupation humaine du IIIe millénaire qu'il serait opportun de mieux connaître afin de documenter les périodes anciennes dans l'oasis. Avant de songer à reconstruire le temple, ne serait-il pas plus urgent de procéder à des sondages, voire des fouilles dans les couches inférieures ? Par ailleurs, seuls 20 % du site avait été fouillé en 2012, il subsiste encore de vastes zones enfouies dans lesquelles des informations essentielles à l'histoire sont peut-être intactes. Palmyre a encore beaucoup à nous apprendre, mais encore faut-il que la science prime sur le profit et le spectaculaire.

---

472. Cité par S. Kishkovsky dans l'édition française de *The Art Newspaper*, 28 novembre 2019.

Conclusion

Mettre en lumière les millénaires d'histoire de la Syrie et les siècles qu'il a fallu pour en retrouver les traces et les étudier, depuis les premiers intrépides voyageurs jusqu'aux derniers savants qui travaillaient encore dans ce pays en 2011, tel était l'objectif de ce livre. Certains lui reprocheront peut-être ses lacunes, le fait que certains sites ne soient pas évoqués ou que d'autres soient insuffisamment décrits. La raison n'est pas qu'il y aurait des sites insignifiants ou des découvertes de peu d'intérêt, mais dans un ouvrage qui se situe aux franges de l'érudition et des attentes du grand public, on ne pouvait citer en détail chacun des milliers de sites archéologiques de Syrie. On a donc privilégié de mettre en lumière quelques grands sites majeurs, les voyageurs les plus importants et les chercheurs dont les travaux sur la longue durée ont contribué à révéler le riche passé de la Syrie et à renouveler les connaissances sur son histoire.

L'intérêt porté aux vestiges archéologiques n'a pas été immédiat, car les voyageurs de passage ne prenaient en considération que les grandes villes, Damas et Alep, et ne s'aventuraient pas au-delà, même lorsque les traces du passé étaient à portée de vue. C'était notamment le cas sur la route qui reliait Antioche à Alep, le long de laquelle on pouvait apercevoir plusieurs « villes mortes » intactes. L'observation des mœurs des musulmans, la possibilité de rapporter des objets de collection (manuscrits, monnaies) et de faire du commerce sont restés longtemps les seuls objectifs de ceux qui venaient en Orient, sans parler des pèlerins en transit dont la destination était essentiellement Jérusalem.

C'est curieusement l'alliance entre commerce et curiosité de la part de marchands anglais présents à Alep en 1678, qui constitua le point de départ de l'exploration de la Syrie et la révélation des richesses archéologiques qui s'y trouvaient. Peu à peu à partir de cette date, on vit arriver régulièrement des voyageurs occidentaux qui, quel que soit le danger encouru, se lançaient à l'aventure. Le grand succès de leurs récits de voyage dans lesquels ils décrivaient l'abondance et l'intérêt des sites attirèrent l'attention des scientifiques. Ceux-ci, moins désireux d'aventure, mais soucieux d'analyser et de comprendre la riche documentation inédite qui s'offrait à eux, furent à l'origine des premières fouilles dont les résultats dépassèrent parfois les attentes, renouvelant totalement les connaissances que l'on pouvait avoir sur ce pays du Proche-Orient, carrefour de civilisations. Les fouilles de Mari, Ebla, *Ougarit*-Ras Shamra, avec d'autres sites de la vallée de l'Euphrate ou de Syrie moyenne, ont profondément fait évoluer les connaissances sur les IIIe et IIe millénaires ; pour Palmyre sur la période romaine et Doura-Europos sur l'époque hellénistique, encore peu documentée dans le pays. L'entreprise des *Inscriptions Grecques et Latines de Syrie* (*IGLS*) est venue révéler quant à elle la riche documentation épigraphique, tout particulièrement dans la région du Hauran où elle est venue suppléer l'absence de littérature antique et s'ajouter aux recherches archéologiques pour les éclairer et les compléter.

Les savants français ont joué un rôle prédominant dans cette mise en lumière archéologique, notamment lors du Mandat sur la Syrie accordé à la France après la Première Guerre mondiale. Toutefois, devant l'immensité de la tâche, dès les années 1920, puis après l'indépendance de la Syrie, d'autres nations ont aussi apporté leur contribution par des missions temporaires ou de longue durée.

En 2011, au moment où durent cesser toutes les activités de recherches des chercheurs étrangers, la Syrie était encore bien loin d'avoir livré tout son potentiel scientifique. Après dix ans d'une guerre féroce, aucun espoir de reprise ne se dessine et la perspective de retrouver les sites dans un état acceptable

Conclusion

s'éloigne. Or, les destructions massives et les pillages quasi systématiques sur tous les sites laissent entrevoir un avenir très sombre. Tout un pan de l'histoire de la Syrie et de l'humanité s'en est allé, et, en même temps, disparaît à tout jamais la possibilité d'accéder à de nouvelles connaissances. On ne pouvait s'attendre en 2011 à un tel désastre scientifique, dont les hommes dans leur folie sont les seuls responsables. Mais avec le recul de 10 années de guerre, on ne peut que se rendre à l'évidence : que comptaient pour eux ces millénaires d'histoire quand ils ont été capables de massacrer des centaines de milliers de personnes, d'en obliger des millions à se déplacer et à périr sur les routes de l'exil ?

Bibliographie

Sources anciennes

Ancien Testament, 2 vol., sous la direction d'E. Dhorme, Paris, Gallimard, coll. « La Pléiade », 1956 et 1959.
DAMASCIUS, *Vita Isidori reliquiae*, Hildesheim, éd. C. Zintzen, 1967.
DIODORE, *Bibliothèque historique*, édit et trad. P. Bertrac et Y. Vernière, Paris, CUF, Les Belles Lettres, 1993.
EUSÈBE, *Démonstration évangélique* GCS 23, édit. Ivar A. Heikel, Leipzig, 1913.
FLAVIUS JOSÈPHE, *Antiquité Judaïques*, dans *Œuvres complètes*, trad. Th. Reinach, Paris, 1926.
FLAVIUS JOSÈPHE, *La guerre des juifs,* trad. P. Savinel, Paris, 1977.
FLAVIUS JOSÈPHE, *The new complete work of Josephus*, trad. W. Whiston, Dublin, 1741, rééd. P. L. Maier, Grand Rapids (MI), 1999.
HÉRODOTE, *Histoire*, Livre II, texte établi et traduit par Ph.-E. Legrand, introduction et notes C. Jacob, Paris, CUF, Les Belles Lettres, 1997.
Histoire Auguste, trad. A. Chastagnol, Paris, R. Laffont, coll. « Bouquins », 1994.
L'Anonyme de Bordeaux, « Itinerarum a Burdigala Hierusalemusque », *Itinera et alia geographica*, Corpus christianorum, series latina, Turnhout, Brepols, 1965.
LUCIEN DE SAMOSATE, *On the Syrian Goddess,* J. L. Lightfoot éd., introduction, traduction et notes, Oxford, 2003.
Nouveau Testament, édit. et trad. J. Grosjean et M. Léturmy, collab. P. Gros, Paris, Gallimard, coll. « La Pléiade », 1971.
PLINE L'ANCIEN, *Histoire Naturelle*, trad. E. Littré, Paris, Les Belles Lettres, 2016.

PORPHYRE, Πέρι Στύγον, trad. de C. Castelletti, Milan, 2006.
STRABON, *Géographie*, Livre XVI, éd. et trad. H. L. Jones, 7ᵉ éd., Cambridge (Ma), Loeb Classical Library, 2000.
STRABON, *Géographie*, Livre XVII, trad. P. Charvet, Paris, Nil éditions, 1997.

Bibliographie sélective

AL-MAQDISSI Michel, BRAEMER Franck, DENTZER Jean-Marie (dir.), *Hauran V. La Syrie du sud du néolithique à l'Antiquité tardive*, t. 1, BAH 191, Beyrouth, 2010.
« An extract of the Journals of two several Voyages of the English Merchants of the Factory of Aleppo, to Tadmor, anciently called Palmyra », *Philosophical Transactions*, vol. 19, 1695-1697, p. 129-160.
APSA2011, « Palmyre : patrimoine à la dérive ». Rapport détaillé sur tous les dégâts que le site archéologique a subis depuis février 2012 jusqu'à juin 2015. www.apsa2011.com
ARCHI Alfonso, « Les archives royales d'Ebla », dans *Syrie. Mémoire et civilisation*, Catalogue de l'exposition de l'IMA, Paris, 1993, p. 108-119.
BALTY Janine, *Mosaïques antiques de Syrie*, Bruxelles, Centre belge de recherches archéologiques à Apamée de Syrie, 1977.
BALTY Janine et Jean Charles, *Apamée et l'Apamène antique, Scripta varia historica*, Bruxelles, Académie royale de Belgique, 2014.
BELL Gertrude, *The Desert and the Sown. Travels in Palestine and Syria*, Londres, W. Heinemann, 1907.
BELL Gertrude, *Amurath to Amurath*, Londres, W. Heinemann, 1911.
BRODIE Fawn, *The Devil Drives : A Life of Sir Richard Burton*, Eland Publishing, 1967 ; trad. française : *Un diable d'homme. Sir Richard Burton ou le démon de l'aventure*, Paris, Libretto, 2013.
BUCKINGHAM John Silk, *Travels among the Arab Tribes inhabiting the countries East of Syria and Palestine including a journey from Nazareth to the mountains beyond the Dead Sea and from thence through the plains of Hauran to Bozra, Damascus, Tripoly, Lebanon, Baalbeck and by the valley of the Orontes to Seleucia, Antioch and Aleppo*, Londres, Longman & co., 1825.
BUCKINGHAM John Silk, *Autobiography of James Silk Buckingham including his Voyages, Travels, Adventures, Speculations, Successes and Failures, faithfully and frankly narrated*, 2 vol., Londres, Longman & co., 1855.

BURCKHARDT Johan Ludwig, *Travels in Syria and the Holy Land*, Londres, J. Murray, 1822.

BURTON Isabel, *The Life of Sir Richard F. Burton*, 2 vol., Londres, Chapman and Hall, 1893.

BURTON Isabel, *The Romance of Isabel Lady Burton. The story of her life told in part by herself and in part by W. H. Wilkins*, 2 vol., Londres, Hutchinson & co., 1897.

BUTTERLIN Pascal et MURA Mathilde, « Mari et la crise syrienne », dans J. Bessenay-Prolonge, J.-J. Herr & M. Mura (éd.), *Actes du colloque international de Paris Archéologie des conflits. Documenter la destruction au Moyen-Orient et en Asie*, Paris, 2019, p. 199-224.

CHEVALLIER Nicole, *La recherche archéologique française au Moyen-Orient 1842-1947*, Paris, Éditions Recherche sur les Civilisations, 2002.

COOPER Lisa, *In Search of Kings and Conquerors. Gertrude Bell and the Archaeology of the Middle East*, Londres-New York, L. B. Tauris, 2016.

DELPLACE Christiane, *Palmyre. Histoire et archéologie d'une cité caravanière à la croisée des cultures*, Paris, CNRS Éditions, 2017.

DENTZER-FEYDY Jacqueline, VALLERIN Michelle, FOURNET Thibaud, MUKDAD Riad et Anas (éd.), *Bosra aux portes de l'Arabie*, coll. « Guides archéologiques de l'Institut français d'archéologie du Proche-Orient », n° 5, Beyrouth, Damas, Amman, 2007.

FINATI Giovanni, *Narrative of the Life and Adventures of Giovanni Finati, Native of Ferrara*, Londres, Murray, 1830.

GABORIT Justine, *La vallée engloutie. Géographie historique du Moyen-Euphrate*, 2 vol., BAH 199, Beyrouth, Presses de l'Ifpo, 2015.

GRAN-AYMERICH Eve, *Naissance de l'archéologie moderne 1798-1945*, Paris, CNRS Éditions, 1998.

HALIFAX William, « A Relation of a Voyage from Aleppo to Palmyra in Syria ; sent by the Reverend Mr. William Halifax to Dr. Edw. Bernard (Late) Savilian, Professor of Astronomy in Oxford, and by him communicated to Dr. Thomas Smith. Reg. Soc. S. », *Philosophical Transactions*, vol. 19, octobre 1695-1697, p. 83-110.

HOPKINS Clark, *The Discovery of Dura-Europos*, New Haven et Londres, Yale University Press, 1979.

LABORDE (de) Léon, *Le voyage de la Syrie*, Paris, Firmin Didot, 1837.

MARAVAL Pierre, *Lieux saints et pèlerinages d'Orient. Histoire et géographie des origines à la conquête arabe,* Paris, Éditions du Cerf, 2004 ; rééd. Paris, CNRS éditions, 2011.

MARGUERON Jean-Claude, *Mari, métropole de l'Euphrate*, Paris, Picard, 2004.

MATTHIAE Paolo, *Aux origines de la Syrie. Ebla retrouvée*, Paris, Gallimard, coll. « Découvertes Gallimard », n° 276, Paris, 1996.

NORDIGUIAN Levon et SALLES Jean-François, *Aux origines de l'archéologie aérienne. Antoine Poidebard (1878-1955)*, Beyrouth, Presses de l'Université Saint-Joseph, 2000.

PARROT André, *L'aventure archéologique*, Paris, R. Laffont, 1979.

POCOCKE Richard, *A Description of the East and some other Countries*, vol. II, 1ʳᵉ partie, Livre 2, *Observations on Palaestine or the Holy Land, Syria, Mesopotamia, Cyprus and Candia*, Londres, Bowyer, 1745.

PORTER Josias-Leslie, *Five Years in Damascus : including an Account of the History, Topography and Antiquities of that City ; with Travels and researches in Palmyra, Lebanon and the Hauran*, 2 vol., Londres, Murray, 1855 ; 2ᵉ éd., Londres, 1870.

SARTRE Maurice, *La Syrie antique*, Paris, Gallimard, coll. « Découvertes Gallimard », n° 426, 2ᵉ éd., 2016.

SARTRE Annie et Maurice, *Palmyre. Vérités et légendes*, Paris, Perrin, 2016.

SARTRE-FAURIAT Annie, *Les voyages dans le Hawran (Syrie du Sud) de W. J. Bankes (1816 et 1818)*, Ausonius Mémoires n° 11, BAH 169, Bordeaux-Beyrouth, Institut Ausonius, Institut français du Proche-Orient, 2004.

SARTRE-FAURIAT Annie, « Palmyre, pillage d'un site d'hier à aujourd'hui », dans *Life in Palmyra, life for Palmyra*, Varsovie, à paraître.

SARTRE-FAURIAT Annie et SARTRE Maurice, *Palmyre. La cité des caravanes*, Paris, Gallimard, coll. « Découvertes Gallimard », n° 523, 2ᵉ éd., 2018.

SEETZEN Ulrich-Jasper, *Reisen durch Syrien, Palästina, Phönicien, die Transjordan-Länder, Arabia Petraea und Unter-Aegypten*, Berlin, G. Reimer, 1854.

SEYRIG Henri, AMY Robert, WILL Ernest, *Le temple de Bêl à Palmyre*, BAH 83, Paris, Geuthner, 1968 pour l'album, 1975 pour le texte et les planches.

TATE Georges, *Les campagnes de la Syrie du Nord du IIᵉ au VIIᵉ siècle*, Paris, Librairie orientaliste Geuthner, 1992.

TCHALENKO Georges, *Villages antiques de la Syrie du Nord. Le massif du Belus à l'époque romaine*, 3 vol., Paris, 1953-1958.

VOGÜÉ (de) Melchior, *La Syrie centrale : architecture civile et religieuse du Iᵉʳ au VIIᵉ siècle. Planches*, t. 2, Paris, 1865.

VOGÜÉ (de) Melchior, *La Syrie centrale : architecture civile et religieuse du Iᵉʳ au VIIᵉ siècle. Texte*, t. 1, Paris, J. Baudry, 1877.

WOOD Robert et DAWKINS James, *Les ruines de Palmyre autrement dit Tedmor au désert*, Londres, A. Millar, 1753.

YON Marguerite, *La cité d'Ougarit sur le tell de Ras Shamra*, Guides archéologiques de l'Institut français d'archéologie du Proche-Orient, n° 2, Paris, 1997.

Index des lieux

Abu Houreira : 243-244
Abu Kemal : 191, 216
Afrin (rivière) : 70
Ain Mousa : 126
Aintab (Gaziantep) : 58, 66, 236
Airè, voir aussi Iré : 117
Alep : 16, 18-19, 26-31, 33-34, 37-42, 47-48, 54-56, 58, 60-62, 64-72, 74-75, 79, 88, 92, 103, 112, 116, 118, 124, 127, 134, 136-137, 154-155, 165, 185, 187-189, 200-201, 206, 215, 237, 242, 262, 274, 281-282
Alexandrette : 15, 55, 60, 62, 68-69, 71, 176, 185
Alma : 105, 123
Amanus (massif) : 239, 257
Amra : 114
Amrith : 56, 60, 68, 74
Anab es-Safina : 243
Anat : 30, 56, 187, 189
Anderin : 39, 41
Anti-Liban (chaîne de l') : 160
Antioche/Antiochène : 15, 17, 30, 32, 60-61, 67-69, 72, 74, 87-88, 92, 103, 124, 183, 185-186, 236-237, 252, 257, 281
Antioche de Pisidie : 18
Apamée sur l'Oronte, voir aussi Qalaat Mudiq : 17, 25, 29, 32, 65, 74, 185, 201, 232-236, 263-264

Apamène : 257
Arados, voir aussi Rouad : 258
Argob, voir aussi Trachôn ; Leja : 140
Arslan Tash : 200
Ataman : 128
Atil : 105-106, 117-118, 123, 126, 138-139, 141, 143, 145-146, 250
Atneh : 162

Baalbek (*Héliopolis*) : 27, 31, 33, 50-52, 58, 60, 63-64, 71, 84, 92, 94, 107-108, 142, 153, 162-163, 165, 173-174, 184, 198, 228, 257
Bab : 187-188
Bab el-Hawa : 88, 186
Babisqa : 186
Baghouz : 191
Banaqfur : 70
Banias, voir aussi Césarée de Philippe : 60
Baqira : 186
Barada (vallée du, sources du) : 57-58, 64, 106, 163
Bashan (pays de) : 140, 144, 181
Basir : 142
Basufan : 185
Batanée (plaine de la) : 101, 104, 118, 128, 141, 152, 258
Behyo : 251
Beit ed-din : 116, 163

Beqaa (plaine de) : 27, 57, 60, 218, 257-258
Beshindeleya : 68
Beyrouth : 57, 68, 79, 116, 137, 153-155, 164, 167, 172, 187, 195, 199, 208, 212-215, 222, 228, 257
Birecik : 56, 67, 70, 188
Bludan : 163
Bosra : 25, 105, 115, 117, 120, 122-123, 126, 128-129, 134, 137-138, 140-143, 145-146, 166, 173, 182-183, 246-247, 258, 262, 265
Brad : 185, 251
Breikeh : 106, 127
Briadîn : 39
Buraq : 117, 126, 182
Burj Baqira : 186
Burj el-Kass : 185
Burj Haidar : 185
Burjkeh : 185
Busr al-Hariri : 126, 137, 143
Byblos : 172, 203-204

Césarée de Philippe, voir aussi Banias : 27, 60
Chalcidique : 220, 257
Commagène : 27, 257
Cyrrhestique : 257
Cyrrhus : 58-59, 66, 70

Dail : 123, 128
Damas : 15, 18, 25-28, 31, 33-34, 52-53, 57, 60, 63-64, 71-72, 74, 79, 92, 99-100, 102-107, 111, 113, 116-117, 123, 125-127, 134, 136-138, 143-145, 149, 152, 154, 156-157, 159-161, 163-166, 171-173, 181-185, 199, 208, 210, 212, 215, 221-222, 233, 249, 262, 271, 276, 281
Dana-Nord : 67-68, 71, 186, 252
Dana-Sud : 165, 185
Dar Qita : 68
Dara : 115, 128
Dayr-Atiyeh : 52
Dehès : 186, 254

Deir Dami : 115, 126
Deir Eyub, voir aussi Sheikh Saad : 128
Deir ez-Zor : 216, 227
Deir Sambil : 185
Deir Tazzé : 67-68
Dera : 107, 115, 128, 134, 136, 141, 163, 167, 175-176, 181
Dhakir : 117, 126
Dibsi Faraj : 243, 245
Diyarbekir : 56, 67
Djeblet al-Beida : 201
Djézıreh : 218, 220, 240
Djuwaniyeh : 68
Dmeir : 173
Doura-Europos : 150, 192, 201, 205-206, 208, 215, 227, 233, 262-263, 282
Dur : 106

Ebla, voir aussi Tell Mardikh : 225, 236-238, 240, 243, 263, 282
Édesse, voir aussi Ourfa : 56, 66
Edreï : voir Ezra
Efqa (source) : 44, 46, 53, 83, 232
Égypte : 16-17, 26, 28, 31, 33, 38, 51, 54, 60, 63, 71, 78, 83-84, 91-92, 101, 113, 115, 119-122, 125, 127-129, 153, 164, 169, 187-188, 195, 200, 210
Eib : 107, 116
El-Asim : 141
El-Bara : 65, 72-73, 88, 116, 165, 185, 254, 265
Emar, voir aussi Meskéné : 243
Émèse, voir aussi Homs : 25, 58, 87
Émésène : 257, 259
Euphrate (fleuve/vallée) : 19, 28-30, 42, 45, 47, 55-56, 66-67, 70, 93, 113, 141, 150, 160, 179, 187-189, 191-192, 199, 201, 205, 215-216, 218-219, 222, 236-238, 241, 244, 262, 264-265, 282
Ezra : 25, 101-102, 104-106, 111, 113-115, 120, 123, 126, 130, 137, 140-141, 143, 145, 163

Index des lieux

Fafertin : 185
Fidjé : 64, 106
Frikya : 65

Ghabagheb : 107, 123, 137
Ghouta : 165

Habuba-Qannass : 244
Halabiyeh : 190-191
Halaweh : 243
Hama : 27, 29, 32-33, 58, 65, 71, 95, 97, 103, 116, 164-165, 185, 201, 233
Harân : 56, 67
Harim : 186
Harra (plaine de la) : 171
Harran al-Awamid : 165
Hass : 165
Hassya : 64, 79, 84
Hauran : 34, 72, 92, 97, 99-101, 103-104, 106-111, 113, 116-125, 127-129, 133, 135, 137-140, 142-146, 149, 152, 154-157, 164, 166, 173, 175-177, 181-183, 188, 213, 218, 245, 247-250, 282
Hawarin : 85
Hawigat Halawa : 245
Hayat : 127, 138, 143, 146
Hebran : 126, 137, 178
Heit : Voir Hit
Hermel : 27, 184
Hermon (Mont) : 107, 163, 165, 258
Hiérapolis-Bambikè, voir aussi Membidj : 58, 67, 70, 188-189
Hit : 114, 127, 137-138, 141, 143, 146
Homs, voir aussi *Émèse* : 25-27, 29, 31, 33, 43, 64, 71, 74, 84-85, 91, 95, 103, 164, 184-185, 203, 240, 267
Hosn al-Suleiman : 185
Hrak : 105, 123
Hrayek : 123

Idlib : 265
Iré, voir aussi Airè : 114-115, 117, 123, 126, 136, 182

Iskanderun : voir Alexandrette
Isriyeh : 41

Jaber : 42, 242-243
Jaddel : 115
Jawlan (plateau du) : 99, 104, 106-108, 157, 174-176
Jayrud : 162
Jebel Ala : 155, 177, 186, 252
Jebel Aruda : 244
Jebel Baghouz : 191
Jebel Barisha : 177, 186, 252, 254
Jebel Druze/al-Arab : 99, 107, 113-114, 126-127, 141, 145, 165, 171, 178, 180, 182, 184, 192, 245, 247-248, 258
Jebel Duweili-Wastani : 252
Jebel Eshloun [Ajloun] : 107
Jebel Halaqa : 155, 177
Jebel Kuleib : 114, 182
Jebel Riha : 65, 72-73, 116, 155, 252
Jebel Seis : 155
Jebel Seman : 75, 155, 176-177, 185, 252
Jebel Sheikh Barakat : 67, 70-71
Jebel Zawiyeh : 65-66, 73, 185, 252, 254
Jéblé : 33, 60-61, 68, 74, 197
Jerablous : 67, 187
Jérusalem : 15-16, 23-25, 27-28, 34, 56-57, 106-107, 117-118, 123-124, 145-146, 153, 164-165, 180-181, 183, 192, 198, 212, 282
Jizeh : 182
Jmerrin : 105, 182
Jneineh : 114
Joun : 94, 179
Jourdain (rivière) : 27, 121, 123, 156-157, 175

Kafr : 106, 126
Kafr Ambil : 185
Kafr el-Awamid : 64
Kafr Lab : 185
Kafr Laha : 106
Kafr Lata : 65, 72, 116

Kafr Nabu : 185
Kara Kazak : 189
Karkemish : 189, 242
Kenakir : 115
Kérak : 105
Khabab : 104, 115-116, 126, 143
Khabour (rivère) : 220, 226
Khan Sheikoun : 201
Kharab Shams : 185
Kharaba : 105
Khirbet al-Umbashi : 249
Khirbet Ghazaleh : 123
Khirbet Hass : 185
Kissoueh : 107, 123
Krak des chevaliers : 164, 185, 262
Kubbè : 189

Laboué : 27, 184
Lattaquié (anc. *Laodicée*) : 57, 60-61, 68-69, 74, 94, 155, 209, 257
Leja, voir aussi Trachôn : 34, 101, 104-107, 114-119, 123, 126, 137, 140-141, 143, 145-146, 152, 164, 182-183, 188, 219, 245, 249, 258
Léontès (Litani) : 156

Maaloula : 183
Maaret en-Noman : 27, 65, 265
Majdal : 106, 126
Mar Élias : 123
Mari, voir aussi Tell Hariri : 150, 172, 215-217, 223-226, 236, 240, 243, 262-263, 282
Massif Calcaire : 67, 171, 177, 250-251, 253, 262
Massyaf : 185
Mayadin : 28, 187
Membidj, voir aussi *Hiérapolis* : 58, 67, 70, 187-189
Meskéné, voir aussi *Emar* : 42, 192, 242-243
Mésopotamie : 56, 66, 123, 169, 179-181, 187-188, 205, 210, 216, 226, 236-240, 244
Mghara : 185

Minet el-Beida : 209
Mismiyyeh : 116, 126-127, 133-134, 138, 141, 146, 177
Mjaidel : 126
Mleihat Hizqin : 126
Mnaidrè : 115
Mont Liban : 31, 33, 116
Muhadjeh : 106, 118, 123
Mujeimir : 142
Murduk : 114
Mureybet : 244
Mushennef : 166, 184, 250
Mutbin : 123
Mzerib : 105, 107, 109, 117, 120, 123, 128

Nahiteh : 115, 128
Nahr el-Qalb (rivière) : 57
Nahr er-Rukkad (rivière) : 175
Namer : 128
Nawa : 106, 109, 175
Nebek : 103
Nedj (plateau) : 160
Nejran : 123, 126
Nimreh : 118
Nisibe/Nusaybin : 56, 58
Nuqrah (plaine de) : 105-106, 115, 128, 152, 258

Obta : 128
Orman : 115, 128, 184
Oronte (rivière) : 25, 32, 73-74, 116, 156, 171, 186, 235
Ougarit, voir aussi Ras Shamra : 209-210, 215, 223-224, 282
Oum al-Hartein : 117
Ourfa, voir aussi *Édesse* : 56, 66

Palestine : 15, 23-24, 48, 51-52, 63, 78, 100, 104, 113, 121, 123, 153, 155, 163, 165, 170, 174-175, 198-200
Palmyre, voir aussi *Tadmor* : 19, 29-30, 37-42, 44-53, 64, 66, 77, 79-80, 82-89, 91-97, 110, 113,

Index des lieux

127, 135, 138-140, 153-154, 157, 160-163, 173-174, 179-181, 183, 190, 192, 197, 200-201, 206, 210-211, 213-214, 219, 227-232, 255, 258, 262, 266-271, 273-277, 279, 282
Perse : 19, 50-51, 55, 123
Persique (golfe) : 28, 45, 188
Phénicie : 47, 52, 56, 60, 63, 68, 78, 170-171, 197, 203-204, 209

Qalaat Jaber : 190
Qalaat Mudiq, voir aussi Apamée : 74, 185, 233
Qalaat Qalota : 67, 185
Qalaat Seman, voir aussi Saint-Siméon : 250-251
Qalb Lozeh : 186
Qanawat : 105, 107, 114, 123, 126, 138-139, 141-143, 145-146, 165, 178, 182, 250
Qaryatain : 53, 85, 160-162, 183
Qasr al-Abyad : 184, 220
Qasr al-Hair al-Sharqi : 30
Qasr al-Hair Gharbiyeh : 53, 85, 183, 220
Qassioun (Mont) : 33
Qatna, voir aussi Tell Mishrifeh : 240-241
Qatura : 60, 62, 68, 70-71, 252
Qirata : 107, 126
Qirkbizé : 251
Qreyeh : 115, 126, 129, 135
Quneitra : 34, 164
Qutayfeh : 64

Rahba : 192
Rakkam : 105
Ramé : 65
Ramtha : 136, 163
Raqqa : 25, 240
Ras Shamra, voir aussi *Ougarit* : 172, 209, 223, 236, 282
Rdeimeh : 117
Réfadé : 68

Resafa-Sergiopolis : 25, 42, 47
Rimet al-Lohf : 105, 127, 143
Rimet Hazem : 127
Rouad, voir aussi *Arados* : 68, 258
Roum Kalè : 66
Ruweiha : 65-66, 185, 254

Sadad : 84
Safa : 114, 135, 141, 144-145, 152-153, 155, 164, 166, 171, 184, 218-219, 249
Sahwet al-Khodr : 115, 184
Saïda, voir aussi Sidon : 33, 52, 54, 75, 214
Saint-Siméon, voir aussi Qalaat Seman : 55, 60, 62, 67, 70-71, 87-88, 185, 250
Salamyeh : 164
Saleh : 184
Salihiyeh : voir Doura-Europos
Salkhad : 115, 118, 123, 126, 128, 182, 184
Sanamein : 101-102, 104, 107, 113, 120, 123, 126, 129, 131, 137, 145
Saneh : 184
Sarmada : 68, 186
Sawarat : 117, 128
Saydnaya : 58, 183
Séleucie de Piérie : 200
Serdjilla : 185, 252, 254, 265
Serrîn : 190
Shaara : 107, 116, 126
Shahba : 105, 114, 118-119, 123, 138, 141-143, 145-146, 173, 250
Shams ed-din-Tannina : 243
Shaqqa : 114, 118, 126-127, 129, 137, 143, 165-166
Shaqra : 126, 141, 166
Shash Hamdan : 265
Sheikh Barakat : 251
Sheikh Hussein : 128
Sheikh Meskin : 102, 117, 128
Sheikh Saad, voir aussi Deir Eyub : 201
Sia : 157, 165, 178, 182, 247-248

Sidon, voir aussi Saïda : 57, 94, 136, 203-204, 219
Sijin : 106
Sitt er-Roum : 68
Sleim : 106, 117, 127, 141, 143, 178, 182, 250
Soukhneh : 42, 93
Styx (rivière mythique) : 16
Sur : 141
Surkanya : 185
Suweida : 105-106, 114, 117-118, 123, 126, 129, 131, 137-139, 141, 143, 145-146, 182, 246, 249-250
Syrie du Nord : 20, 25, 27, 34, 55-56, 59-60, 66, 73-74, 149-150, 155, 164-165, 171, 176, 179, 183, 187, 197, 226, 237, 250-251, 253-255, 262, 265
Syrie du Sud, voir aussi Hauran : 16, 19-20, 25, 97, 99, 131, 139, 155, 166, 177, 180, 183, 219, 245, 247, 255-256, 258, 264

Taas : 243
Tabqa : 236, 241, 243, 265
Tadmor, voir aussi Palmyre : 37, 47, 84
Tafas : 107, 123
Tahleh : 115, 128
Taqle : 251
Tartous : 27, 33, 48, 56, 60-61, 68, 74
Tarutin : 185
Taybé : 29-30, 42, 47, 56, 187
Tell Afis : 237
Tell Ahmar : 189, 200-201, 236
Tell al-Abd : 243
Tell al-Ashari : 250, 264
Tell al-Fray : 243
Tell al-Hajj : 243, 245
Tell Arfad : 201
Tell Ashtarah : 250, 264
Tell Beydar (anc. *Nabada*) : 240-241
Tell Bi'a (anc. *Tuttul*) : 240
Tell Brak (anc. *Nagar*) : 201, 219, 240

Tell Chuera : 240
Tell Hadidi : 243
Tell Halaf : 200-201, 210, 236, 240
Tell Hariri, voir aussi Mari : 215-216, 243
Tell Leilân (anc. *Shehna*) : 240
Tell Mardikh, voir aussi *Ebla* : 236-238
Tell Mishrifeh, voir aussi *Qatna* : 240
Tell Mumbaqat : 243
Tell Mureybet : 242-243
Tell Nebi-Mend (Kadesh) : 203, 240
Tell Roumeila : 243
Tell Sammak : 128
Tell Sheikh Hassan : 243
Tell Sueihat : 243
Tellô : 215, 236-237
Tibné : 113, 118
Tourmanin : 197
Trachôn, voir aussi Leja : 25, 34, 104, 153, 258
Transjordanie : 94, 138, 200
Tripoli : 15, 27, 33, 50, 52, 58, 60, 68-69, 71, 92, 102, 107, 116, 185
Tullul : 242
Tyr : 47, 57, 203, 219

Umm al-Jimal : 115, 117, 122-123, 125-126, 128-129, 134-135, 144, 154, 183, 277
Umm ar-Ruaq : 184
Umm az-Zeitoun : 117, 126
Umm Niran : 166
Uyyun : 115

Walgha : 114-115

Yabroud : 103
Yamhad : 242
Yarmuk (rivière) : 16

Zbair : 115
Zebireh : 115
Zelabiyeh : 190, 192

Index des personnes

A'sad, Mahmoud : 227
Abass, Hussein : 41-42
Abdallah Pacha : 179
Abdul Hamid II : 173
Abel, Félix-Marie : 192
Ainsworth, William F. : 188
Al-Abbassi, Ali bey : 136-137
al-Asa'ad, Khaled : 269
Albi (d'), Pierre Gilles : 26, 32
Albright, William Foxwell : 216, 237
Al-Hamdan, Shibley : 123, 126, 134, 136, 182
Allat : 46, 81, 86, 145, 230, 272, 276
Al-Maqdissi, Michel : 232
Al-Muhana (Mahanah), Hamad : 93, 97
Amy, Robert : 211, 278
Anazeh : 106, 109, 117, 135, 144, 161, 165, 172
Anderson, Philip : 215
Anjad : 164
Anonyme de Bordeaux : 23
Antonin (saint) : 25
Arculf : 23
Arsu : 231
Arvieux (d'), Laurent : 61
Assyriens : 242
Atargatis : 58, 71, 189, 228
Azem : 157, 199
Azzanathkôna : 228

Baal : 224
Baalshamin : 46, 81-82, 178, 228-229, 247-248, 266, 269, 278
Babelon, Ernest : 196
Bacchus (saint) : 25, 142
Badia y Leblich, Domingo : 137
Balbi, Gasparo : 18
Balty, Jean Charles : 233
Bambino, M. F. : 164
Bankes, William John : 73-74, 93-95, 119-120, 122-129, 131-136, 138, 140, 144, 178
Banks, Joseph : 112
Barker, John : 116, 134
Barrère (de), Edmond : 146
Barski, Vassili Grigorovitch : 100, 102, 104
Barthélémy, Jean-Jacques : 49-50, 83
Bêl : 30, 40, 44-45, 50, 53, 80-81, 86, 88-90, 93, 127, 211, 231-232, 266, 269-270, 277-279
Bell, Gertrude : 178-191, 205, 236
Belon, Pierre : 26, 28-29, 31-32, 34, 60, 65
Belzoni, Giovanni Battista : 122
Beni Hassan : 165
Beni Sakker : 135, 172
Berggren, Jakob : 137
Bernard, Edward : 44

Bertou (de), Jules : 145
Bignon (abbé) : 50
Borra, Giovanni Battista : 78-80, 82-83, 88, 90, 92, 140
Bounni, Adnan : 231
Bouverie, John : 77, 79
Braemer, Frank : 249
Breasted, James : 205-206
Brossé, Charles : 203
Browne, William John : 136
Bruce, James : 137
Bruijn (de) Cornelis, voir aussi Le Brun Corneille : 47
Brünnow, Rudolf Ernst : 173
Buckingham, John Silk : 68, 73-74, 119-126, 128, 132-133, 135-137, 140, 144
Burckhardt, Johan Ludwig : 68, 72-74, 92, 111-112, 126, 128, 132-138, 140, 144-146, 156, 164-165, 184
Burton, Isabel : 160-164
Burton, Richard Francis : 159-166, 171
Butler, Howard Crosby : 176-178, 185, 248, 250-251
Butterlin, Pascal : 226, 263
Byron (Lord) : 124

Caius César : 26, 29, 31, 65
Calvet, Yves : 223
Cantineau, Jean : 212-213
Caracalla : 235
Carcavy (de), Pierre : 33
Cassas, Louis-François : 77, 83-92, 95, 140, 214
Chaboceau : 134, 136-137
Chabot, Jean-Baptiste : 51, 154
Chamonard, Joseph : 197-199
Chamratè : 114, 138-139
Chenet, Georges : 209
Chesney (capitaine) : 141, 188, 190
Choiseul-Gouffier (comte) : 83
Clermont-Ganneau, Charles : 170, 195, 198

Colbert : 32-33
Collart, Paul : 82, 228, 278
Constantin : 23-24
Contenau, Georges : 203
Contenson (de), Henri : 223
Contesini : 127
Coupel, Pierre : 211
Cumont, Franz : 174, 201, 206
Cunningham (général) : 205
Cuper, Gisbert : 67

Daesh : 262-263, 268-269, 274
Dagan : 217, 263
Damascius : 16
Dawkins, James : 49, 51, 77, 79, 92-93
Delbet (docteur) : 146
Della Valle, Pietro : 28-29, 47, 187
Dentz (général) : 221
Dentzer, Jean-Marie : 247
Devey, George : 215
Di Costa : 134
Digby el-Mezrab J. : voir Ellenborough
Djelaes (tribu) : 114
Domaszewski (von), Alfred : 173
Drummond, Alexander : 59, 68-71
Druzes : 105, 109, 111, 114, 134-135, 142, 149, 155, 164-165, 172, 265
Du Mesnil du Buisson, Robert : 201, 207, 232, 240
Dubertret, Louis : 249
Dumas, Tancrède R. : 167
Dunand, Maurice : 204, 221, 246, 249
Durighello, Edmond : 214
Durighello, Joseph-Ange : 214
Duru, René : 211
Dushara : 248
Dussaud, René : 170-172, 184, 188, 200-201, 204, 210, 215, 221, 245
Duthoit, Edmond : 155-156

Écochard, Michel : 211
Égérie : 24

Index des personnes

Egmont (van), Johanes Aegidius : 59-61
Elahbel : 46, 88
El-Atrash : 182
Élie (saint) : 25
El-Inglizi, Ibrahim : 113
Ellenborough, Jane : 161
El-Mezrab, Mijwal : 161
El-Shamy : voir El-Inglizi, Ibrahim
Enlil : 216
Eusèbe de Césarée : 23

Fakhr ed-Din : 43
Farah : 214
Finati, Giovanni : 125, 127, 133-134, 136
Fleischer, Heinrich : 103

Garett, Robert : 176
Gawlikowski, Michal : 228, 230
Georges (saint) : 25, 102
Ghiselin von Busbeck, Augier : 18
Ghiyas : 164
Giraud : 49-51
Godinho, Manuel : 29-30
Goodyear, Aaron : 37, 39, 41
Gosche, Giovanni : 67
Gouraud (général) : 198-199, 203
Graham, Cyril : 129, 144-145, 153, 164, 249
Granger : 49, 51-54, 87
Gudéa : 237

Hadrien : 17, 29, 46, 229, 258
Haîran : 38, 272
Halifax, William : 41-45, 47-48, 54, 77, 79
Hamdy Bey : 197
Hamilton, William Richard : 71
Hammurabi : 217, 226
Hélène (sainte) : 23, 25
Henderson, P. : 189
Hertzfeld, Ernst : 192
Heyman, John : 59-61

Hofstede van Essen, Gerard : 41-42, 79
Hogarth, David : 189, 236
Hopkins, Clark : 207-208
Hrozny, Bedrich : 201, 233

Ibbit-Lim : 238
Ibrahim ibn Abdu'llah el-Inglizi (ou el-Shamy) : voir El-Inglizi, Ibrahim
Ingholt, Harald : 201, 213
Ionine : 160
Irby, Charles : 96, 127
Ishtar : 216, 226, 238-239, 263
Ishtarat : 224
Isidore de Gaza : 16

Jacobsen, Carl : 213
Jalabert, Louis : 257, 259
Jamblique : 46, 54, 88, 271
Jaussen, Antonin : 192
Jean-Baptiste (saint) : 25

Kalos, Michaelis : 249
Kiepert, Richard : 188
Koldewey, Robert : 188, 236
Krencker, Daniel : 174
Kruse, Friederich : 103

La Roque (de), Jean : 31, 34
Laborde (de), Léon : 95-96, 137-140, 142, 146
Lacoste, Henri : 233
Lamartine (de), Alphonse : 94-95, 179
Lanoy, Timothy : 37, 39, 41
Lassus, Jean : 251
Lawrence, Thomas E. : 189, 192
Lazareff, Abamalek : 197, 276
Le Brun, voir aussi Bruijn : 47-48, 60
Le Lasseur, Denyse : 203
Leachman (colonel) : 205
Leake, William Martin : 71
Léonce (saint) : 25, 142
Leriche, Pierre : 227

Linant de Bellefonds, Louis Maurice Adolphe : 138
Lindsay (Lord) : 145
Littmann, Enno : 176-177, 184
Lorey (de), Eustache : 199, 203, 242
Louis XIV : 18-19, 32-33
Lub, Henri : 48
Lucas, Hans : 188
Lucien de Samosate : 57
Lucius César : 65
Luetz (de), Gabriel : 26
Luynes (duc de) : 211
Løytved, Julius : 213, 215

Macler, Frédéric : 171, 245
Madox, John : 137
Mallowan, Max : 201, 240
Mangle, James : 96, 127
Maraval, Pierre : 24
Maresh, P. : 192
Margueron, Jean-Claude : 223-224, 226
Mariette, Pierre-Jean : 49-50
Matoyan, Valérie : 223
Matthiae, Paolo : 237
Maundrell, Henry : 56-58, 60, 68, 70-71, 187
Maurice (saint) : 25
Mayence, Ferdinand : 201, 233
Mazarin : 18, 32
Medledj : 116
Melkam : 39, 41
Melqart : 57
Merrill, Selah : 166-167, 181
Meryon (docteur) : 94
Mezrab : 161-162
Michalowski, Kazimierz : 228
Mithra : 208
Mitri : 214
Mohamed Pacha : 125
Mondésert, Claude : 257
Monk, Charles James : 146
Montet, Pierre : 203-204
Montluc (de), Jean : 26
Moritz, Bernard : 187

Mouqdad, Sleiman : 246
Mouterde, René : 219, 257, 259

Nabatéens : 178, 248
Nabi Abel : 58, 64
Nabu : 81, 230-231
Nazim Pacha : 172
Nini-Zaza : 224
Norris, F. A. : 177

Odainath (Septimios) : 38, 41, 44, 91, 213, 272
Og : 99, 140, 144, 181
Olivier, Guillaume-Antoine : 136
Oppenheim (von), Max : 188, 190, 192, 200-201, 210, 236, 240
Ostrup, Johannes Elith : 213
Ouaballathos : voir Wahballath

Palmer, Edouard Henry : 163
Parrot, André : 215-217, 223-224, 226
Parthes : 44, 234
Paul (saint) : 25, 27-28, 33, 57, 63
Perdrizet, Paul : 49, 174, 200
Perrochel (de), Fernand : 160, 163
Perrot, Georges : 154
Perses : 38, 208, 234, 253-254, 272
Pézard, Maurice : 203
Philippe l'Arabe : 105, 250
Pignon, Pierre-Jean : 51
Pillet, Maurice : 197, 207
Pitt, William : 94, 179
Planchet, Benoît : 141-142
Pococke, Richard : 58, 62-69, 77
Pognon, Henri : 190
Poidebard, Antoine : 218-220
Pollard, A. : 71
Pontchartrain (comte de) : 50
Porter, Josias Leslie : 143-144, 146, 165
Poullard, P. : 50
Prentice, William Kelly : 176-177
Puchstein, Otto : 174

Index des personnes

Rachid Pacha : 165
Ramsay, William : 186
Rayet, Olivier : 169
Reignier Conder, Claude : 165
Reinach, Salomon : 215
Reland, Hadrian : 48
Renan, Ernest : 57, 153, 197
Rey, Emmanuel Guillaume : 145-146
Riccadonna, Pierre-Marie : 141-142
Richter (von), Otto Friedrich : 119-120
Robinson, George : 141, 188
Ronzevalle, Sébastien : 215
Rostovtzeff, Mikhail : 207

Sachau, Eduard : 188
Saint-Martin, Antoine-Jean : 51
Saliby, Nassib : 231
Salles, Georges : 242
Sampsigérames : 185
Sargon d'Akkad : 225, 237, 239
Sarre, Friedrich : 192
Saulcy (de), Frédéric : 198
Sautet : 49-51
Savignac, Raphaël : 192
Schaeffer, Claude : 209-210, 223
Schmidt-Colinet, Andreas : 231
Schröder, Paul : 213
Schultz, Bruno : 174
Schumacher, Gottlieb : 175, 181, 249
Seetzen, Ulrich Jasper : 102-111, 113, 115, 117-118, 123, 133-134, 137-138, 146
Ségur-Dupeyron (de), Pierre : 215
Séjourné, Paul-Marie : 192
Séleucides : 185, 190
Seller, Abednego : 48
Serdies : 109, 113-115
Serge (saint) : 25
Seyrig, Henri : 200, 208, 210-211, 221, 228, 250
Shamash : 81, 224
Shemtob : 214
Sheraka : 114-115
Shitaya : 164

Siméon (saint) : 25, 55, 62
Solut : 164
Squire, John : 68, 71-72
Stanhope, Hester : 94-95, 97, 123, 137, 162, 179
Subah : 165
Swinton, John : 49, 83

Taher : 171
Taleb Effendi : 116
Tate, Georges : 253-254
Tavernier, Jean-Baptiste : 18-19, 55-56, 61
Tchalenko, Georges : 250-253
Tcheleby Effendi Toha Zade : 116
Thévenot (de), Jean : 31
Thomson, William : 145, 166
Thureau-Dangin, François : 201
Tourtechot, Claude : voir Granger
Trébonien Galle : 235
Tychè : 140, 232
Tyrwhitt-Drake, Charles Frederick : 163-166

Van Berchem, Max : 197
Van Maseyk, Jan : 116
Vansleben, Johann Michael : 32-33
Vignes, Louis : 161, 211
Villamont (de), Jacques : 27
Virolleaud, Charles : 199-200, 204
Viviers, Didier : 233
Vogüé (de), Melchior : 150-156, 171, 176, 184-185, 197, 215, 245-246, 250-252
Volney (comte de), Constantin-François Chasseboeuf de la Giraudais : 91-92, 137

Waddington, William Henri : 39, 74, 151-157, 171, 212, 245, 255, 257
Wahabites : 100, 109, 121, 135, 149
Wahballath : 38, 44
Wetzstein, Johann Gottfried : 151-152, 156, 164, 171, 181
Weygand (général) : 203

Wiegand, Theodor : 173-174
Will, Ernest : 212
Williams, Charles : 163
Willibald (saint) : 25
Witte (de), Jean : 154
Wood, Robert : 49-51, 77-83, 86, 92-93, 95, 97
Wooley, Leonard : 189
Wright, John : 166-167
Wuld Ali : 165

Yarhai : 212
Yon, Marguerite : 223

Zach (von), Franz Xaver : 110
Zénobie : 29, 38, 44-45, 91, 163, 190, 213, 271-272
Zeus Mégistos : 46, 53, 228
Zimri-Lim : 217, 224

Table des matières

Sommaire 7
Abréviations 9
Introduction 15
PRÉAMBULE. Pèlerinages, affaires commerciales
et premières observations (IVe-XVIIe siècle) 21

PREMIÈRE PARTIE. Le temps des « antiquaires »
aventuriers (fin XVIIe-début XIXe siècle) 35
  I. L'aventure passe par Palmyre 37
    Les voyages des Anglais Timothy Lanoy
    et Aaron Goodyear (1678 et 1691) 37
    Le voyage de 1678 37
    Le voyage de 1691 41
    Les Français se lancent aussi dans l'aventure :
    Giraud et Sautet (1705), Granger (1735) 49
  II. En route vers la Syrie du Nord
    et la vallée de l'Euphrate 55
    Premières explorations (1644-1723) 55
    Le voyage de Richard Pococke (1737) 62
    Les successeurs de Pococke : Drummond, Squire,
    Burckhardt et Buckingham (1751-1816) 68
  III. Retour à Palmyre : Wood, Cassas
    et autres aventuriers 77
    Le voyage décisif de Wood et Dawkins en 1751 77
    Le séjour de Louis-François Cassas en 1785 83
    Volney : Palmyre et la Syrie vues à travers les yeux
    des autres (1783-1785) 91

La poursuite des visites à Palmyre
au début du xixe siècle 92
IV. La découverte d'un nouvel espace :
le Hauran en Syrie du Sud 99
Une première reconnaissance par Vassili Grigorovitch
Barski en 1734 100
Une exploration plus complète : Ulrich Jasper
Seetzen (1805-1806)... 102
Johann Ludwig Burckhardt (1810 et 1812)....................... 112
Otto Friedrich von Richter (1815), James Silk
Buckingham (1816) et William John Bankes
(1816 et 1818)... 119
La poursuite de l'exploration du Hauran
(1821-1857).. 137

DEUXIÈME PARTIE. Le temps des savants
et des expéditions scientifiques
(milieu xixe-début xxe siècle) 147

I. Les premiers savants : Wetzstein,
Waddington et de Vogüé... 151
II. La permanence des aventuriers...................................... 159
Les explorations du consul d'Angleterre Richard
Francis Burton (1869-1872).. 159
Palmyre (1870)... 160
Liban, Syrie centrale et Palestine (1870-1871) 163
Safa, Hauran et Syrie du Nord (1871-1872) 164
III. De l'exploration individuelle aux expéditions
collectives... 169
Les Français étendent leurs explorations en Syrie........ 169
Les missions allemandes et américaines
de la fin du xixe et du début du xxe siècle................. 172
Gertrude Bell : première femme à explorer
la Syrie (1900, 1905 et 1909).. 178
1er voyage en Syrie du Sud et à Palmyre (1900)........... 180
*2e voyage en Syrie du Sud, au Liban et en Syrie
du Nord (1905)* 183
La route de l'Euphrate (1909) 187

TROISIÈME PARTIE. L'archéologie en Syrie
du mandat français à la guerre civile (1920-2011) 193

I. Le mandat français et l'organisation
de l'archéologie au Levant.. 195
La formation d'un service des Antiquités 196
L'organisation de la recherche... 199

Table des matières 303

Les débuts de l'ouverture aux autres nations 200
**II. Les grands chantiers archéologiques en Syrie
sous le mandat** 203
La poursuite des recherches en Phénicie 204
Doura-Europos : une découverte fortuite
d'importance considérable (1920) 205
Ougarit/Ras Shamra : un nouveau chantier
sur la côte syrienne (1928) 209
Palmyre : restaurations de grande ampleur
et fouilles sur le site (1929-1930) 210
Tell Hariri : un coup de pioche providentiel
et la découverte de Mari (1933) 215
Antoine Poidebard et la prospection aérienne
(1925-1934) 218
**III. La Syrie indépendante et le développement
des recherches** 221
La reprise des anciens chantiers 222
Ougarit/Ras Shamra 223
Mari 224
Doura-Europos 227
Palmyre 228
Apamée-sur-l'Oronte 232
Les chantiers archéologiques nouveaux 236
Tell Mardikh/Ebla 236
« La vallée engloutie » 241
Le Hauran en Syrie du Sud 245
Les villes mortes de Syrie du Nord 250
*La grande aventure des corpus des Inscriptions
Grecques et Latines de Syrie* 255
**IV. Bilan depuis 2011 et perspectives d'avenir
pour la recherche en Syrie** 261
Les sites de l'Euphrate et de Syrie centrale 262
La Syrie du Sud au Nord 264
Palmyre et ses destructions irréparables 266
Restaurer ou reconstruire les sites détruits ? :
le cas de Palmyre 275
Conclusion 281
Bibliographie 285
Index des lieux 289
Index des personnes 295

Composition et mise en pages
Nord Compo à Villeneuve-d'Ascq